통 영 그 리 고

근대 나전칠기의 기억

통영 그리고 근대 나전칠기의 기억

초판 1쇄 발행 2023년 4월 25일

지은이 | 하 훈
펴낸이 | 윤관백
펴낸곳 | 선인
등 록 | 제5-77호(1998.11.4)
주 소 | 서울시 양천구 남부순환로 48길 1(신월동 163-1) 1층
전 화 | 02) 718-6252 / 6257
팩 스 | 02) 718-6253
E-mail | sunin72@chol.com

정가 24,000원
ISBN 979-11-6068-809-2 93910

· 잘못된 책은 바꿔 드립니다.
· www.suninbook.com

통영 그리고 **근대 나전칠기**의 기억

하 훈 지음

한때 좀 산다는 집은 여지없이 자개농 혹은 나전칠기로 만든 가구를 하나씩을 품으면서 살았다. 눈을 홀리는 다양한 목기, 칠기 등도 많지만 영롱한 패각에서 삼라만상을 그토록 아름답게 그려낸 나전칠기만한 것이 없었다. 명장이 만든 나전칠기 작품집을 보면, 그냥 사용 가치만이 아니라 그 안에는 마치 혼이라도 있는 듯 예술품, 제의(祭儀)품처럼 여길 때도 있다. 게다가 나전칠기는 한번 제작하면 천년을 간다, 만년을 간다고 한다. 수천 년 전에 만든 낙랑시대의 칠기가 아직도 어제 만든 것인 양 기품을 뽐내는 것은 보노라면 참으로 천년이 하루 같다는 생각도 들게 한다.

이처럼 나전칠기 문화는 특유의 불변성과 고급성으로 인해 많은 사람의 사랑과 관심을 받아 왔다. 그러다 보니 많은 사람이 나전칠기란 조상 대대로 이어온 우리 문화의 일부라는 사실도 알고 있고, 이것이 집집마다 부와 행복의 상징이었다는 사실도 안다. 하지만 그것이 끝이었다.

정작 우리 문화라고 하면서 언제 어디서 우리 문화로 만들어졌는지, 근대 이후 일본의 나전칠기 문화가 전래되면서 어떻게 변용되었는지, 혹은 누가 봐도 고급스러운 나전칠기가 어쩌다가 최고 고급품에서 오늘날 극히 제한된 수요층만 보유한 사양산업이 되었는지 역사적으로 제대로 이해하고 분석한 연구를 찾아볼 수 없다. 나전칠기 만드는 기술서는 있지만 나전칠기가 인간 사회와 연대하면서 만든 역사나 문화적 전승에 대한 이해는 일천하기 그지없다.

그러던 중 우리 하훈 박사가 근현대 한국의 나전칠기에 관한 종합적인 연구를 시도하였고, 마침내 오늘『통영 그리고 근대 나전칠기의 기억』이라는 이름으로 그 결실을 담은 저작을 도서출판 선인에서 공간하게 되었다. 초고를 보면서 곳곳에서 저런 나전칠기와 그 이야기가 있구나 하는 경탄을 자아낸 것이 한두 번이 아니었다.

사실 하훈 박사는 나전칠기 공(工)의 집안에서 태어나 누구보다 나전칠기에 대해서 많이 알고 있는 사람이다. 그것도 대학원 석사까지 예술대학에서 공예를 전공한 사람이 그 어려운 일반대학원 역사학과 박사과정을 수료하였고, 스스로 근현대 한국 나전칠기의 역사를 개괄할 수 있는 박사논문에 이어서 저작까지 내었다. 지도교수로서 이런 저작을 완성한 모습을 보는 즐거움도 솔솔 나지만 어쩌면 수백 년 이어온 한국 나전칠기 전통에서 기념비적인 작업이므로 나전칠기를 사랑하는 사람이라면 누구나 이 저작을 궁금해하고 보고 싶어 할 것 같아 마음이 설렌다.

누군가는 했어야 할 일이었다. 이제 특별히 하훈 박사가 그것을 이루었다는 점을 생각한다. 아무쪼록 학문적 소명을 달성한 저자에게 가장 먼저 감사의 말을 전하고 싶다. 부디 근현대 한국 나전칠기의 역사를 복원한 수고가 잊히지 않도록 많은 독자로부터 사랑받기를 기대한다.

동의대학교 역사학부 교수 김 인 호

필자는 통영 나전칠기 밥을 먹고 자랐다. 통영에서 태어났으며 문화동 골짜기에서 시작한 아버지 나전칠기 공장은 필자가 초등학교(당시 통영 국민학교) 시절 부산으로 이주하여 공장을 운영하였으며, 그러다 보니 통영에서 부산으로 학교를 옮겨야 했고, 늘 아버지가 운영하던 나전칠기 공장을 지나 등교하였다. 지금도 당시 아버지가 작업하시던 모습이 눈에 선하다.

나전칠기 공장에 관한 모습 또 그곳에서 작업하던 직공들, 당시 나는 그들을 '삼촌'이라 불렀다. 아버지를 비롯하여 그들이 공장에서 작업하던 모습이 지금도 눈앞에 그려진다. 어찌 보면 이 글 작업을 시작하게 된 목적도 막연하나마 사명감에서 출발하였다.

나전칠기 밥을 먹고 성장한 필자로서는 당연한 이유이지만 한편으로는 내가 태어난 고향의 이야기, 그것도 통영 나전칠기 문화가 쇠락하고 사라지는 모습을 보면서 안타까웠다. 그래서 비록 대를 이은 장인이 되지는 못하였으나 나전칠기라는 토양 위에서 자라고 인생을 살아온 사람이라는 인연을 가지고, 통영지역 나전칠기에 대한 기억을 복원하고 싶었다.

이 저작은 2018년 취득한 박사학위 논문 「근대 통영지역 나전칠기 산업 연구」를 보완해서 엮은 것이다. 나전칠기를 주제로 학위 논문을 쓰게 된 동기는 박사과정을 수료하고 논문을 써야 할 시기에 무엇을 주제로 할까 하고 고민하고 있었다. 물론 나전칠기에 대한 주제는 예전부터 생각하고 있었으나 학부와 석사과정을 예술대학에서 수료한 사람으로 사학과 학위 논문은 좀 막막하여 고민이 되었다. 그러던 중 지도교수로부터 나전칠기 장인에 관한 이야기를 주제로 하여 논문의 내용을 구성해 보자는 권유를 받았다.

이에 나전칠기 관련 연구사를 정리하여 보니 나전칠기와 관련된 논문은 거의 미술학과에서 주로 다루어지고 있고, 정작 역사학에서는 단편적인 것에 불과하였다. 그래서 한번 해보자는 결심을 하였지만 막상 나전칠기 장인 이야기를 연구하려니, 관련 자료가 무척 부족하였다. 그나마 자료라고 해봤자 조선총독부 자료와 신문 기사가 대부분이었다. 물론 통영지역에 은사금을 이용한 일본인 나전칠기 주식회사가 설립 운영된 사실이나 또한 전람회 입상을 통하여 장인 신분에서 예술가의 반열에 오른 인물에 대한 자료는 흥미로웠다. 더구나 일본이 패망하기 직전 전쟁으로 인하여 군수물자인 옻칠 부족으로 제품 제작에 영향을 주었다는 기사도 확인하였다. 하지만 이런 문헌 자료는 무척 빈약하기 이를 데 없다. 이처럼 통영 나전칠기에 관한 문헌 자료는 빈약하지만 장인들의 기억 속에는 나전칠기의 전승(傳承)과 기법, 판매 등에 관한 정보들이 많이 남아 있을 것으로 보였다.

사실 지금도 나전칠기 산업이 침체 일로이지만 여전히 장인의 길을 묵묵히 걸어오고 있는 사람들이 있다. 이분들의 기억을 잘 정리한다면 나전칠기 연구에 중요한 실마리를 제공할 것이라 여겨졌는데, 다만 현재까지 장인(匠人) 관련 정보는 정상적인 연구 성과가 아닌 장인들의 발표문 정도 수준으로만 남아 있다는 점은 참 아쉬웠다.

어쨌든 지도교수의 권유에 따라 구술사 방법론을 동원하기로 하고,

구술자는 지인의 도움을 받아서 총 5명을 선정하였다. 이분들은 모두 통영 출신으로 명장 혹은 명인으로 일컬어 지만 사회적으로는 널리 알려지지 않은 이른바 '나전칠기 분야의 야인'이라 해도 과언이 아닐 정도였다. 설령 친분이 있다고 해도 연구자가 의도하는 내용을 담아내는 것은 부족하였다. 이에 적은 표본으로 일반화하기에는 많은 무리수가 있어 몇몇 장인의 개인 경험을 정리할 수밖에 없는 아쉬움이 차기의 연구 과제로 남았다.

이분들에게 처음 인터뷰를 허락받았으나 정작 인터뷰를 시작할 때는 여러 면에서 많이 불편해하는 모습이 역력하였다. 이유는 알 수 없으나 질문 내용을 보고 오랫동안 마음속에 구겨 넣었던 자신의 과거 기억과 경험을 복원하고, 다시 세상에다 내놓는 것이 굉장히 부담스러운 것처럼 보였다. 사람의 인생살이가 그렇듯이, 장인으로 살아오면서 의도하지 않은 어쩔 수 없는 선택이라든가 밝히고 싶지 않은 이야기가 많이 있었기 때문으로 여겨졌다.

인터뷰를 통하여 이들이 통영 나전칠기 역사의 일부로서 살아온 흔적을 복원할 수는 있었으나, 장인 이전에 현실에서 밥 먹고 살아야 하는 노동자의 마음으로 나전칠기업에 종사하고 희로애락을 함께했던 인물들이었음을 느낄 수 있었다. 화려하지 않았고, 이익을 쫓기도 하다 힘든 삶을 살아야 했고, 어떤 경우는 세상의 불공평과 직접 마주해야 하기도 했고, 굴절하기도 했다.

하지만 구술의 모든 부분은 선악과 시비의 대상이 아니라 이제는 지나가 버린 과거에 실제 있었던 사실을 담은 것이었다. 오히려 진솔한 기억의 복원에 애써주고, 몰랐던 그늘 혹은 희망과 가슴 벅참으로 나전칠기 장인의 하루하루를 이러한 모습에서는 인생을 값지게 살아온 데 대한 깊은 존경심마저 북돋아졌다. 그러므로 구술이 비록 삶의 일부만 겨우 조명한 대단히 제한적인 기록이지만 장인으로 살아온 생애를 통하여 통영지역 근대 나전칠기 산업의 역사적 전개를 이해하는 데 더 없이 도움이 된 소중한 기록이었다. 그래서 이런 기록을 잘 정리하여 대중화함으로써 통영 나전칠기의 성쇠를 제대로 이해할 기회를 가진다는 면에서 나름의 보람이 크다.

예술대학을 졸업하여 작업이라는 한계를 벗어나지 못하다가 만학도가 되어 박사과정에 입학해서 나전칠기 역사를 공부할 수 있었던 것은 무척 행운이었다. 이 저작을 쓰기까지 많은 주위 분들의 도움이 있었다. 먼저 학문의 길을 이어 가도록 길을 열어 이끌어 주시고 중간에 포기하고자 한 부족한 사람의 논문을 끝까지 마무리할 수 있도록 이끌어 주시고 지도하신 김인호 교수께 감사의 인사를 올린다. 앞으로 좀 더 연구에 천착하여 의미 있는 연구 성과를 만드는 것이 지도에 대한 보답으로 생각된다.

박사과정 중 수업 지도에서 연구자가 되는 과정과 갖추어야 할 소양과 또 연구자로서 앞으로 살아가는 자세와 태도를 알려 주시고 항상 지켜보아 주신 박순준 교수님께 감사의 인사를 올린다. 부족한 논문 내용에 있어서 조사까지 지적해 주시며 지도해 주신 최연주 교수님, 그리고 항상 따뜻한 격려와 말씀을 주셨던 김형열 교수님께도 머리 숙여 감사의 인사를 드린다.

부족한 저의 연구와 저작을 위해 자신의 글처럼 읽어 주시고 연구실에서 관심과 함께 격려해 주시고 아낌없이 도와주신 조봉휘 박사님, 성강현 박사님, 안환 선생님, 이준영 박사님, 선우성혜 박사님, 김예슬 박사님, 이용호 선생님께도 감사 인사를 전한다. 또한 나전칠기라는 소중한 유산을 물려주신 부모님께는 어떤 감사의 표현이 옳을지 모르겠다. 옆에서 만학도의 공부를 묵묵히 지켜본 가족에게 고마움을 전한다. 또 어린 시절부터 지금까지 늘 옆에서 지켜 주시고 길을 펼쳐 살펴주신 통영옻칠미술관 관장 김성수 선생님, 귀한 사진 자료 사용을 허락하여 주신 통영 예술의 향기 박우권 선생님께 깊은 감사의 말씀을 전합니다.

끝으로 졸고를 기꺼이 맡아 주신 도서출판 선인의 윤관백 대표님을 비롯해 좋은 디자인으로 구성하여 주신 편집진에게도 깊은 감사를 드린다. 부디 이 저작이 고향 통영의 나전칠기 연구에 조금이나마 도움이 되었으면 하는 마음 간절하다.

2023년 4월 구미에서 하 훈

【표】

【 그림 】

잠자던 **전통**이 날카로운 **근대**와 만나다

螺鈿漆器

머리말: 잠자던 전통이 날카로운 근대와 만나다

1. 통영에는 나전칠기 역사가 있다

전통 시대 우리나라 나전칠기 제작은 국가 주도의 관영 체제로 운영
되었다. 신라, 고려에서는 해당 직무를 담당하는 관청을 설치하여 각
종 수요에 적응하였고, 조선시대에는 경공장(京工匠)과 외공장(外工匠)
에 소속되어 있었으며, 통제영 공방1)에서는 임진왜란 이후 진상(進上),
진헌(進獻),2) 공상(供上)을 위하여 제작되었다. 통제영 공방이 해체되
면서 관영 체제도 함께 붕괴하여 여기에 종사하던 각 분야 나전칠기
장인들은 통영에 정착하거나 혹은 지역을 벗어나 전국에서 활동하면
서 지역 문화를 형성하였다. 통제영에 소속되어 있던 장인들이 자기가
보유한 기술을 바탕으로 숙련된 기능을 발휘하는 민간 공방을 만들어

---

1) 통제영 공방은 많게는 19 공방에서 13 공방 또는 12 공방으로 변화의 과정을 지나
세분화 혹은 변화하였다. 장인들의 수가 4백여 명에서 2백여 명으로 줄어들었다(통
영시사편찬위원회, 『統營市地』(상), 1999, 244~247쪽).

2) 조선시대에는 각 도의 감사, 수사, 병사, 계수관 등이 국가적인 제사를 진행하는 기관
에 철에 따라 새로 나오는 제물을 바치거나 왕실에 예물을 바치는 것을 의미했다. 우
리나라 임금에게 바치는 것은 진상, 중국의 황제에게 바치는 것은 진헌이라 구별하였
고, 대전(임금)과 왕비전에 바치는 물품을 신상, 나머지 각전(各殿)에 바치는 물품은
공상이라 일컬어 구분하기도 하였다(한국학중앙연구원, 한국향토문화전자대전).

지역 전통문화를 만들었으며 나전칠기도 여기에 함께하였다. 그러나 장인들 개인 역량으로는 지역의 전통문화를 지키고 이어 가기는 버거워 점점 쇠락하고 있었으며 통영지역에 정착하여 생계를 이어 가면서 활동하던 나전칠기 장인도 그러했다.

통영지역 나전칠기 문화는 개항과 일제강점기를 거치면서 새로운 위기를 맞이하였다. 재료의 변용과 제작 공정 변화 등 종래에 익숙하지 않은 새로운 환경으로 과거 통제영 시절부터 이어오던 전통 제작 방법으로는 채산성을 형성하지 못하였다. 워낙 가난한 자들의 힘든 직업으로 영세성을 면치 못하다 보니 변용된 환경에서 제작된 제품이 몰려오자 전통 기술과 재료만으로 경쟁하기 역부족이었다.

이러한 경향은 해방 이후 더욱 확대되었으며 광복 이후 급속한 산업화와 황금만능의 사고가 팽배해지는 과정에서 예술과 상업성이 함께 존재한 통영지역 나전칠기 장인과 업계는 큰 시련에 봉착하였다. 통영지역 근대 나전칠기 문화와 업을 지탱한 근간은 장인이었으나 이들은 시대 흐름에 함께하지 못한 채 전통 장인 정신과 나전칠기 문화는 꽃을 피우지 못하고 점점 우리 기억에서 희미해지고 있었다.

통영지역 근대 나전칠기 문화는 무명(無名) 장인들이 주체가 되어 이어져 왔다. 이들이 입문하여 최고 장인의 반열에 오르는 과정이 통영지역 근대 나전칠기 문화와 산업을 이끌어 온 본바탕이라 여겨진다. 특히 해방 이후 6·25전쟁을 겪고, 산업화 과정을 생생하게 체험하면서 어린 나이에 입문하여 나전칠기를 고수한 장인들 이야기는 '전통산업 사의 축소판'이라고 해도 과언이 아니었다. 그럼에도 이들 장인의 발자취들은 제대로 정리되거나 공유된 적이 없다는 것은 대단한 아쉬움이다. 더구나 오늘날 이들은 시대 흐름에 동화되지 못한 채 좌절과 생활고에 찌들면서 통영지역 나전칠기 문화와 함께 짙은 안개 속으로 사라질 판이 되었다.

이런 이유로 이들의 이야기에 대한 조명을 더 이상 미룰 수 없었다. 지난 10여 년 동안 이들과 시간을 함께하면서 자료를 얻고, 기억을 복원하고, 녹취물로 정리하는 등의 작업을 진행하였다. 그리고 더 늦기 전에 이것을 풀어내어 통영 나전칠기 문화를 꽃피워 낸 장인들이 걸어온 길과 그들의 삶에 대한 여정을 정리하고 복원하고자 하였다. 그리고 짐짓 사라져 간 나전칠기 문화에 대한 회한을 넘어 현재 통영 나전칠기 산업이 과연 무엇이 문제이고, 무엇이 미래를 새롭게 열어 가게 하는 동력일 것인지 고민도 하였다.

요컨대, 본 저작은 근대 이후 통영지역 나전칠기 산업을 연구 대상으로 하여, 신문 자료, 관찬 자료 등 문헌을 위시하여 장인과 관계자 인터뷰 등을 종합하여, 우선 개항 이후 일제강점기 시기 나전칠기 기술의 형성 과정, 은사 수산 산업으로서 나전칠기 교육체계 및 교육과정의 실상, 민간 나전칠기 제조업체의 형성과 전개, 쇠퇴 및 장인에서 예술가로 신분이 변하는 요인과 과정을 살핀다. 이어서 광복 이후 통영 나전칠기 산업을 주도한 장인들의 인터뷰를 통하여 해방 이후 나전칠기업의 전개(성장과 쇠락)와 장인의 계보와 유통과 시장 구조 등을 구체적으로 분석하고 장인으로 살아온 그들의 여정을 확인하는 것을 목표로 한다. 이것을 통하여 궁극적으로 통영지역 나전칠기 산업이 변화된 여정을 역사적으로 조망하고 몇 가지 발전 방안 제언하고자 한다.

2. 나전칠기 문화의 연구사

나전칠기(목물)는 목재를 포함하기에 아무리 견고하게 제작되었어도 현존하는 유물을 연구 대상으로 하는 것은 제한적이다. 그러므로 실물을 가지고 나전칠기의 역사를 연구할 수 있는 여건은 매우 어려운 상황인데, 더하여 연구 방면에서도 목공예(목칠공예, 목가구)와 나전칠기 분야를 분리하여 독자적인 연구 대상이 된 것도 최근으로 그동안 연구를 정리하면 다음과 같다. 지금까지 나전칠기에 관한 연구는 주로 목공예(목가구, 목칠공예) 분야의 하나로 인식되어 연구가 진행되어 왔다.

첫째 통일신라, 고려, 조선 시기별 사진 자료를 바탕으로 문양 및 의장의 특징을 나열하여 설명하고 제작 기법, 문양 및 형태의 크기, 표현 기법, 문양이 가지는 시기적 특성과 종교적 역할에 초점을 맞추어 서술하였다. 나전칠기에 포함된 기법과 문양이 사용된 시기별 사회적 배경을 주로 문헌과 사진 자료를 중심으로 문양의 특징과 의장이 가지는 의미와 상징성을 연구하였다. 시문(施文: 무늬 새기기) 방법 및 의도와 문양의 적용에 있어 형태적 특성과 상징성이 연구되었으며 유물의 종류, 문양의 분류, 용도와 기형 면의 특징, 문양과 기법의 특징을 부분적이지만 나전칠기를 목공예 부분에 포함하였다.[3]

둘째 근대 이후 나전칠기 보존(교육)과 발전, 물질적인 문화 및 무형 문화유산의 기술 문화적 관점에 관한 연구가 있다. 통영지역 나전칠기 제작에 사용되는 재료와 기법으로 자개의 가공과 끊음질 기법과 주름질(줄음질)에 관하여 연구하였다. 근대 통영지역 목칠공예 문화의 발달 배경과 제작 기술의 변화, 생산 현황과 유통망 등을 배경으로 활성

---

3) 이란희, 「朝鮮時代의 螺鈿研究」, 이화여자대학교 대학원 석사학위논문, 1993; 이광웅, 「조선시대 나전칠기 문양의 조형적 특징에 관한 연구」, 『기초조형학 연구』 제10권 제2호, 2009; 최영숙, 「고려시대 나전칠기 연구」 미술사 연구 15호, 미술사연구회, 2001; 김원룡, 『韓國美術史』, 범문사, 1968; 곽대웅, 『高麗時代螺鈿漆器 硏究』, 미진사, 1984; 이종석, 『韓國美術史』, 예술원, 1984; 김종태, 『韓國手工藝美術』, 예정 산업사, 1991; 노기욱, 『朝鮮時代 生活 木家具 硏究』, 전남대학교 대학원, 문화재 협동과정, 박사학위 논문, 2011.

화 전략과 문제점을 지적하였다. 통영 공예의 발달 배경, 무형문화재로 지정된 소목장과 두석장의 두 분야 기능보유자에 한정하여 제작 기술의 변화, 장인의 생계 전략을 분석한 연구가 있었다. 근대 공예 기술의 생산과 보급, 공업전습소가 실시한 공예 기술교육 내용과 일제강점기 전통 공예가의 위상과 공업전습소 교육과 위상 및 전승자로서 장인정신의 형성과 계보를 기술하였다.

인간문화재 전승자의 전수 계보와 생애 및 나전칠기 제작 과정, 나전칠기 예술성과 장인의 실제를 분석하면서 특별히 중요무형문화재로 지정된 이형만을 집중 조명하였다. 또한 나전칠기 제작 기법 및 작업 순서를 장인별로 비교한 점과 전성규 – 김봉룡 – 이형만으로 이어지는 전승 계보를 기술한 점에서 의미가 있었다. 이형만이 김봉룡의 문하에 들어가 나전칠기 장인이 갖추어야 할 정신 형성과 기술 습득 과정을 소개하였다.[4] 나전칠기의 제작과 재료 수급, 장인의 제작 활동과 경향, 나전 도구의 사용과 절삭 기술, 일제강점기 개량 정책에 관한 연구가 있었으며 조선총독부의 나전칠기 정책과 제작 주체 및 수요층 연구가 있었다.[5]

세 번째 연구 경향은 나전칠기와 관련된 심미적, 미학적, 미술사적 접근이 있었다.[6] 이 방면에는 박명도, 주영하 등의 연구 업적이 주목

4) 김성수, 「統營螺鈿漆器의 硏究」, 홍익대학교 산업미술 대학원 석사학위논문, 1974; 이종애, 「근대 한국공예의 사회적 양상 연구」, 숙명여자대학교 대학원 석사학위논문, 1990; 최공호, 「朝鮮末期와 近代期의 螺鈿漆器硏究」, 홍익대학교 대학원, 미술사학과, 석사학위 논문, 1987; 성윤석, 「통영지역 목가구 제작 기술의 전승과 변화」, 안동대학교 대학원 민속학과 물질문화전공 석사학위논문, 2007; 최공호, 「韓國 近代 工藝史硏究 制度와 理念」, 홍익대학교 대학원 미술사학과 박사학위 논문, 2000; 김헌선, 「한국 장인의 예술과 정신세계: 나전칠기 인간문화재를 중심으로」, 『한국학연구』 9, 고려대학교 한국학연구소, 1997.
5) 강연경, 「조선 후기 나전칠기의 기술 문화적 특질」, 한국 전통문화 대학교 대학원 석사학위 논문, 2019; 한단아, 「일제강점기 나전칠기 정책과 제작 연구」, 홍익대학교 대학원 미술사학과 석사학위 논문, 2020.

되며, 이어서 곽대웅은 나전칠기의 유물에 대한 설명으로 자개, 꽃 당초무늬, 국화 당초무늬, 구슬 무늬, 거북 등 꽃무늬 등 문양의 시문 기법과 색채 표현의 효과를 분석하였다. 이동일은 칠 및 건칠 공예의 역사성, 칠의 어원, 역사, 건칠 제작 기법 및 출토품과 중국 칠의 시대별 특성(전국시대, 한 시대, 육조시대, 당, 송, 원, 명, 청 시대)과 한국의 칠공예(삼국시대, 고려시대, 조선시대, 광복 이후의 현황)에 대하여 분석하였다. 곽대웅은 통제영 공방을 언급하였으며 이곳에서 생산된 물건의 제작 기법에 주목하였고 또 황칠[7]에 주목하고 황칠과 관련된 물건과 기법의 물리적 성격과 특성을 파악하였다.

이상과 같은 선행 연구를 통하여 다음과 같은 논점을 파악할 수 있었다. 첫째, 그동안 문헌과 사진 자료에 의존한 문양의 상징성이나 형태, 제작 기법, 시문 기법 등 의장에 관한 연구에 집중하여 구성되었

---

[6] 박명도, 「전통공예 의장 의미체계의 전승과 변화」, 경북대학교 고고인류학과 석사학위논문, 1992; 주영하, 「문화체계로서의 기술: 중국 이족의 옻칠 기술을 중심으로」, 『비교문화연구』 제5호, 서울대학교 사회과학연구원 비교문화연구소, 1999; 곽대웅, 「韓國螺鈿漆器研究: 기법과 무늬의 상관성」, 홍익대학교 대학원 공예도안과 석사학위 논문, 1978; 이동일, 「漆工藝의 歷史的 起源에 關한研究」, 계명대학교 교육대학원, 미술교육 전공, 석사학위 논문, 1981; 곽대웅, 「통영 소목 공방의 특성」, 『전통공예의 산실 통영 공방의 재조명 학술발표회』, 문화재청, 1999.

[7] 황칠(黃漆): 황칠나무는 아열대성 식물로 그 분포지는 제주도·완도·보길도·어청도·진도·홍도·거문도와 보령의 연열도 등 주로 남부지방 해안이나 섬지방에서만 자생하고 있다. 황칠은 정유성분(精油成分)이 주성분으로 되어 있으며, 담황색의 진한 유상액체(油狀液體)로서 상쾌한 향기를 지니며 맛은 쓰다. 황칠 안에 들어 있는 정유는 주로 고불점(高弗點) 부분으로, 그 주성분은 세스퀴테르펜(Sesqui-terpene)이며, 그밖에 알코올·에스테르 등이 함유되어 있다. 황칠 정유의 세스퀴테르펜은 D2, 0.9215; ∩2, 1.5052; α 2, -0°87이라는 특정 수치를 지니며, 이중결합이 두 개가 있는 양(陽) 이온과 비슷한 쌍환성(雙環性) 스퀴테르펜으로서, 이의 염화수소(鹽化水素) 화합물은 결정성(結晶性)을 만들지 않는다. 황칠을 칠할 때 사용하는 용제(熔劑)는 알코올·아세톤·에스테르·벤·신나(시너) 등 유기용매이며, 광택은 무광택으로서 내열성·내습성에 침투력이 뛰어나다. 색상은 황금색이나 목재에 칠하면 무늬[木理]가 선명하게 나타나기 때문에 투명도가 약한 도료로 한다. 황칠을 칠한 후 건조시킬 때는 17~23℃의 온도가 적합하며, 금속에 칠할 때는 금속을 불에 달구어 칠하는 방법을 사용한다(한국학중앙연구원, 한국민족문화대백과).

다. 고려시대나 조선시대의 나전칠기에 대한 논의가 많았다는 점으로 유물이나 문헌에 있어서 불교와 관련된 종교적인 관찰 이상의 범위를 넘어서지 못하였다. 또 조형적인 특징과 의미 및 색채학적 표현의 효과와 상징성에 있어 민간신앙을 상징하는 의미로 한계를 두어 문헌이나 현재 남아 있는 유물에 대한 관찰 이상의 범주로 한정되었다. 지금까지 미술사, 공예사, 산업사 분야 그 어디에도 우리 나전칠기 역사성에 대해서 검토하고 그 왜곡과 변화와 계승에 대한 체계적인 이해가 없었다. 특히 통제영에서 비롯되어 개항기를 지나 식민지 시기 사회 상황으로 이어지는 근대 통영지역 나전칠기 산업의 실상은 물론이고, 일제강점기 장인에서 예술가로 격상되는 통영지역 출신 장인에 관한 연구는 극히 제한적이거나 일부분이었다.

둘째, 기술 전승의 근간이 되고 주체들인 근대 장인에 관한 이야기가 부족하였다. 이들이 전승의 주체로 어떠한 삶을 살고, 다른 영역과 상호작용을 어떻게 하였는지 등 생태적 측면의 이해는 거의 이뤄지지 않고 있다는 점이다. 장인에서 예술가로 사회적 신분 상승이 이루어지는 과정 바꿔 말해 나전칠기 장인들이 어떤 환경에서 성장했으며, 어떤 조건에서 입문했으며, 입문과 기술 습득 과정은 어떠하였고, 그들이 장인이 되었을 때 사회나 국가 혹은 동종의 업계와는 어떠한 상호작용을 하면서 재생산되었는지 제대로 규명한 연구는 없었다.

이에 본 연구는 '장인의 이야기'에 논점을 주목하였다. 일제강점기 암울했던 시기 그들이 살아오면서 닥쳤던 '상당히 우울했던' 시대 환경에 대해서 어떻게 극복하려 했고, 실제로 어떻게 극복했는가를 살핀 연구는 없었다. 장인 인터뷰를 통하여 근대 나전칠기업을 둘러싼 사회적 격변과 시장 조건, 제작 환경은 어떠했는지 그들의 생각을 통해서 근대의 통영 나전칠기업이 가지는 역사적 성격을 분석할 필요성이 있었다.

3. 어떻게 연구하고 무엇을 이야기할 것인가?

1) 저작의 구성

본 저작 제1장 머리말에서는 통영 나전칠기 이야기 전개에 있어 연구사 정리를 통하여 조선시대를 거쳐 근대로 이어지는 역사적 흐름을 살펴보고자 한다. 이를 통하여 통영지역 나전칠기 문화를 새롭게 인식하고 현재 전승되는 장인의 활동은 구술을 통하여 문화적 맥락을 서술한다.

제2장에서는 나전칠기 문화는 삼국과 고려시대를 거쳐 조선 후기에는 특정 계층을 위한 전유물로 이용되었으며 왕실에서는 진헌품과 각종 의례에 사용되었다. 장인은 국가의 관리 아래에 있었으며 제작에 참여한 이들의 현황과 조선 조정의 나전칠기 정책, 통제영 공방 체제 하의 나전칠기에서 일제강점기와 근대로 이어지는 흐름을 알아보고자 한다.

제3장에서는 개항기 통영지역에 일본인 정착과 함께 새로운 나전칠기 문화가 전개되는 과정을 서술한다. 통영지역 일본인 진출과 나전칠기 전래에서 일본인의 통영지역 정착과 나전칠기업의 진출 사례, 기록 등을 발표된 문헌 자료와 신문 자료를 중심으로 살펴보고자 한다. 나전칠기 의장은 일본인 진출로 그들이 선호하는 의장으로 변형되었으며 은사금 수산산업과 이를 통하여 공업전습소가 설립되고 이를 사기업으로 전환하여 운영되는 과정이 있었다. 일본인 자본의 지배와 조선미술전람회에서 활동한 통영 출신 장인의 활동 및 전쟁으로 인하여 군수품으로 사용되는 옻칠의 공급 제한으로 나전칠기 산업이 정체되었다.

제4장에서는 일제강점기 조선총독부의 나전칠기 정책으로 침략 전

쟁하 나전칠기 정책과 일본인 자본가(식민자본가)의 진출 등을 신문자료 및 연구 문헌 등을 통하여 살피고자 한다.

제5장에서는 정부의 나전칠기 정책(나전칠기기술원 양성소와 공예학원) 구성과 나전칠기 산업의 규모 및 자본가 동향, 주요 공장 위치 등과 나전칠기 조합 및 특별소비세 이야기 및 이직에 관한 내용을 간략하게 정리한다.

제6장에서는 나전칠기 제작 주체인 장인의 구술을 통하여 그들의 인생 여정과 활동 및 나전칠기 입문 동기, 입문 방식, 수련 생활, 노동 조건과 기술 축적의 경험, 기술자 조직의 체계, 개인 공방의 창업, 판매의 실상과 유통구조와 수단화된 수상 등을 살피고자 한다.

2) 나전칠기 장인의 구술 연구

본 저작에서는 통영지역 나전칠기 주체인 장인들의 이야기가 중요한 비중을 차지한다. 통영지역 나전칠기는 이들이 익힌 기술과 정신을 바탕으로 보존되고 전승되어 우리나라 나전칠기 문화의 한 축으로서 '나전칠기' 하면 바로 '통영'이라는 확고한 이미지를 구축하였다. 그러나 통영지역이 나전칠기를 대표하는 도시이지만 나전칠기에 관한 문헌적인 기록이 많지 않은 상황에서 통영지역 나전칠기 전승사를 이해하려면 장인들의 이야기에 주목하지 않을 수 없다. 통영지역 나전칠기에 관한 문헌과 실증적 자료가 빈약하여 일제강점기 나전칠기의 전승 부분은 조선미술전람회에서 활약한 장인에 관한 이야기를 도록을 통하여 전개하였다.

본 저작은 이러한 나전칠기 장인의 근대적 궤적에 관한 관심에서 출발하였다. 이에『조선총독부 관보』,『경남 통영군 안내』,『토미타 기사쿠 전(富田儀作傳)』,『조선총독부 시정 25주년 기념 표창자 명감』및

『조선은행 회사 요록』, 『조선 공장 명부』 등 일제강점기 당시 나전칠기와 관련 있는 자료를 기초로 하였다. 특히 당시의 신문 기사를 많이 활용하였는데 신문에 실린 기사는 당시 시대 상황에 관한 단순한 정보 전달 수단 이상의 역할을 하는 매게 자료로서 매우 유익하고 실증적인 가치를 지니고 있어서 이를 적극적으로 활용하고자 한다. 일제강점기에는 신문 기사가 식민지 조선인을 교화시키거나 동화시키는 하나의 방편이 되었으며 일본인들에게는 식민지 사회의 현황과 정보를 전달하는 훌륭한 수단으로 활용되었다.

위에 열거한 자료를 통하여 식민지 시기 통영 나전칠기 산업이 공업 전습소를 시작으로 조선총독부와 연결고리에 의한 형성과 은사 수산 산업으로 이어지는 과정을 살피고자 하였다. 이러한 분석을 통하여 식민지 시기 통영지역 일본인 나전칠기 산업의 형성과 실태 그리고 그 과정에서 빚어진 조선의 전통 나전칠기 문화의 왜곡을 확인하고, 새로운 형태로 변이된 통영 나전칠기의 실상을 검토하고자 한다. 또 일제강점기 하찮은 무명 장인에서 예술가로 사회적 신분이 격상되는 부분과 해방 이후 그 명성을 이어 가고자 하였으나 이들이 꽃을 피우지 못하고 사라져 버린 현상을 그려 보고자 한다.

해방 이후의 근대 장인들에 관한 이야기만큼 중요한 사료는 없다. 근대 나전칠기에 대해서는 기법, 판매 등 나전칠기 전반에 관해서 오랜 기간 나전칠기의 장인에서 장인으로 이어져 내려온 이야기는 나전칠기 연구의 실마리를 제공할 것으로 보인다. 통영지역에서는 나전칠기 장인이 활동하고 있으나 그들을 인터뷰하려면 관련 자료가 충실하게 있어야 하나 이들에 대한 구체적이고 실질적인 문헌 자료나 논문 및 기타 학회 등의 연구 성과는 무척 단편적이다. 따라서 이러한 한계를 극복하기 위해 방법으로 구술을 녹취하여 이용하고자 하였다.

〈표 1-1〉 구술 대상자 인적 사항

이름	출생	출생지	부모 직업	생활 정도	학력	가족 관계	입문	경력	권유	입문 공장	주요 활동
박○○	194○년	통영시 태평동	어업	하	중졸	둘째	1967년	48년	친척	충무시립 공예학원 (원장 김형근)	대한민국 나전 명장
김○○	195○년	통영시 태평동	일용직	하	초졸	셋째	1966년	49년	부친	자개 床 공장 (대표 김○○)	나전칠기 탱화저작권 특허
박△△	195○년	통영시 ○○면	어업	하	초졸	여섯째	1967년	48년	동네 이웃	충무공예사 (대표 송철조)	경상남도 최고의 장인 선정
하○○	193○년	통영시 태평동	공장 점원	하	초졸	장남	1954년	30년	삼촌	동양미술사 (대표 김종남)	나전칠기 협회
김△△	193○년	통영시	공무원	중	·	장남	1951년	30년	부친	경상남도 도립 나전칠기 기술원 양성소	지방공예전 각종 기능 경기대회

위 〈표 1-1〉의 번호 순서에 의하여 구술 대상자를 살펴보았다.

1. 박○○은 1940년대에 경남 통영시 태평동에서 출생하였으며 아버지는 영세한 어업에 종사하는 어부였다. 48년의 나전칠기 경력보유자로 대한민국 나전 명장으로 박○○의 최종학력은 중학교 졸업으로 당시 성적도 좋았으나 고등학교에 진학할 기회가 주어지지 않았다. 경제적 여유가 없음에도 불구하고 형님에게 기회가 먼저 돌아가서 더 이상 진학을 못 하였다고 증언하고 있다. 당시에 나전칠기 입문자로서 비교적 보기 드물게 중학교 과정을 졸업하였으며 중학교를 끝으로 정규과정을 멈추고 당시 충무시에서 운영하던 시립 공예학원에 입학하면서 나전칠기 배움이 시작된다. 이것은 다른 구술자보다 먼저 학원이라는 곳에서 나전칠기에 대한 정보를 습득하고 공방으로 진출하게 되는 것이다. 더 이상 배움의 기회가 주어지지 않은 상황에서 나전칠기의 입문은 박○○으로서는 당연한 선택이었다고 볼 수 있었다.

2. 김○○은 1940년대에 경남 통영시 태평동에서 출생하였으며 통영

초등학교가 최종 졸업이다. 49년의 나전칠기 경력으로 나전칠기 탱화 저작 특허권을 보유하고 있다. 아버지는 배가 항구에 도착하면 하역된 물건을 배달하는 일용직 노동자이다. 초등학교도 졸업하지 않은 아이를 아버지가 평소 눈여겨 보아둔 공장으로 데려간 것을 보면 아버지로서 자식에 대한 애증의 흔적이다. 아버지는 평소 여기저기 배달 일 하면서 통영지역에서 아들이 어떤 직업을 가지면 될까 하는 고민이었다. 통영지역 경제적 사회 상황에서 생활인으로서 살아가는 데 불편하지 않았으면 하는 마음을 짐작할 수 있었다.

3. 박△△은 통영의 ○○섬에서 태어나서 초등학교 입학하기 전에 통영 시내로 이주하였다. 통영에서 초등학교를 졸업하고 나전칠기 경력은 49년으로 경상남도 최고 장인으로 선정되어 있다. 동네 이웃 아저씨의 손에 이끌려 나전칠기를 시작하게 되었다. 여섯째로 형제들 가운데서 스스로 나전칠기 장인이 되기 위한 선택은 아니었다. 그들 앞에 놓여 있던 생활 여건이 가족 구성원으로서 부여되었던 역할 때문이었다. 이 역할은 단지 얼마 되지 않는 약간의 돈이라도 벌어서 스스로 밥을 해결하는 것이었다.

4. 하○○은 1930년대에 경남 통영시 태평동에서 출생하였으며 통영 초등학교가 최종학력으로 부친은 일본인 고바야시가 운영하는 어묵 공장 점원을 하였다. 입문하기 전까지 일정한 직업이 없이 이곳저곳을 전전하다가 삼촌이 장석을 제작하여 납품하는 동양미술사에 늦은 나이에 점원으로 들어가게 된다. 그 후 한국전쟁이 발발하여 잠시 중단하고 군 복무를 마치면서 본격적인 나전칠기의 길로 들어선다.

5. 김△△은 1930년대에 경남 통영시에서 출생하였으며 김△△은 군청 공무원으로 근무하던 부친께서 김봉룡 선생이 나전칠기강습소 개설을 알게 되어 아버지의 권유로 나전칠기 배움의 길로 들어서게 된다. 입문 시기는 정확하게 밝히지 않고 있으나 1951년에 한국전쟁 중

에 세워진 나전칠기기술원 강습소에서 시작하였을 것으로 추정하고 있다.

구술 대상은 출신 지역(통영), 경력, 나이 등의 기준에 의거 주로 1950년 이후 나전칠기에 입문하고 소위 최고 장인의 반열에 오른 인물로 구성하였다. 구술자는 모두 통영지역 출신이며, 30년 많게는 50년의 경력을 가졌다. 선정 과정에서 지인 소개를 통하여 현재 활동을 하는 3명과 은퇴한 2명의 장인을 추천받았으며, 각각 방문하여 허락받고 인터뷰를 진행하였다. 처음 방문할 때 인터뷰 목록을 정하였고, 내용을 설명하고 연구에 필요한 설문임을 공시하였다. 인터뷰 초기에는 불편해 하는 인상도 있었으나 점차 감정적인 소통이 진행되면서 소기의 성과를 거둘 수 있었다.

구술 녹취는 입문을 시작으로 장인의 반열에 오르기까지의 수련 과정, 기술의 습득 과정, 공장에서의 생활을 비롯하여 공모전 출전, 자격의 취득, 그들의 최종 목표에 관한 이야기를 언급하였다. 그 외 판매와 유통, 조직의 체계, 고용과 대우 등을 소상하게 청취하였다. 이러한 인터뷰 자료에 기존의 문헌과 연구 성과를 종합하여 조금씩 논의를 발전시켰으며, 구술 활용 면에서도 모든 인터뷰의 전후 상황을 종합하여 검증이 가능한 내용만 연구 대상으로 활용하였다.

제2장

/

전근대 **나전칠기 문화**의 **전승**

螺鈿漆器

전근대 나전칠기 문화의 전승

1. 삼국 및 고려시대의 나전칠기 문화

우리나라 칠기의 기원은 정확하게 구분하여 이야기할 수는 없으나 경남 고성지역 두호리에서 발견된 청동기 시대의 유물과 경주 안압지 등 기타 여러 지역에서 출토된 옻칠로 제작된 유물에서 흔적을 찾을 수 있었다. 경남 창원시 다호리 고분, 황해도 천곡리 석관묘, 평안남도 남포시 태성리 등의 유물들은 부장품으로 모두 옻칠 제품이었으며 낙랑시대 평양 부근 고분에서 출토된 채화칠협, 채화칠우 등의 유물이 출토되었다.

고려시대로 이어지면서 자개를 부착하고 옻칠한 화려한 나전칠기가 나타났다. 현재 우리나라에서 현존하는 가장 오래된 나전공예품으로 는 통일신라시대(8~10세기)에 나타난 〈그림 2-1〉의 나전단화금수문동경(螺鈿團花禽獸文銅鏡)[1]이다. 신라 때는 칠전(漆典)[2] 양전(楊典)[3]이

---

[1] 나전단화금수문동경은 현재 리움미술관에 소장되어 있다. 문화재보호법 시행규칙 제2조 제4항의 규정에 따라 문화재청 공고 제2009-162호에 의거, 나전화문동경(螺鈿花文銅鏡)으로 명칭이 변경되었다. 거울 뒷면 가장자리에는 둥근 구슬 모양의 띠를 두르고 그 안에 작은 꽃 모양들이 있고, 꽃잎 안에는 호박을 박혀 있다. 뒷면 전체에 화려한 모란 문양을 장식하고 좌우에 각각 사자와 새를 배치하였는데, 문양 사이에는 두꺼운 칠을 한 푸른색 옥을 박아 넣었다.

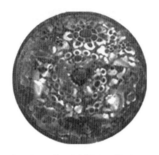

〈그림 2-1〉 나전화문동경(螺鈿花文銅鏡). 출처: 문화재청.

라는 공예품 관련 관청 및 7~10세기경 통일신라시대에 칠 공예품 제작소가 있었다. 통일신라시대 경덕왕은 통일 이전의 칠전을 식기방(飾器房)으로 확장했으며 식기방이 단순 옻칠하는 데 그치지 않고 주칠(朱漆)이나 채색무늬를 그려 넣었던 사례를 가리키는 것으로 칠전 이전보다 옻칠, 나전 등의 전문화가 이루어졌다. 식기방은 얼마 지나지 않아 다시 칠전으로 환원되었으나 나전과 옻칠을 담당하는 관청을 두어 관리할 정도로 나전과 옻칠은 중요시하였다. 옻칠과 관련된 관청의 존재로 기술 숙련과 축적이 이루어졌고 이는 고려시대 나전칠기가 발전하는 밑거름이 되었다. 공예품 양식은 불교를 국가 이념으로 건국한 고려의 귀족 중심 세력이 선호하는 방향으로 화려하고 세련된 고려 공예 의장과 양식에 통일신라의 칠기 문화가 많은 영향을 주었다.

고려 나전칠기[4]는 청자와 함께 시대를 대표하는 공예품이었다. 고려시대 나전에 관한 문헌상의 첫 기록은 『동국문헌비고』에서 찾을 수 있으며 정교하고 세밀하여 전성기를 누렸다고 볼 수 있었다. 그 내용은 11세기에 문종이 요(堯) 왕실에 나전칠기를 선물로 보낸 것으로[5]

2) 칠전(漆典): 신라 시대 칠기구(漆器具)의 일을 맡았던 관서 내성(內省) 소속으로 각종 기구(器具)의 칠(漆)을 담당하였다(한국민족문화대백과, 한국학중앙연구원).

3) 양전(楊典): 신라 시대에 유기(柳器)·죽기(竹器) 등을 만들며 이를 관장하던 관서(한국고전용어사전, 2001.3.30, 세종대왕기념사업회).

4) 최영숙, 「고려시대 나전칠기 연구」, 『미술사 연구』 제15호, 미술사연구회, 2001. 현존하는 고려시대 나전칠기 유물은 출토품 5점, 전세품 14점, 잔 편 1점 등 총 20점 정도이다. 20점에 불과한 고려의 나전칠기 중 출토품 5점은 파손이 심해 형태의 파악이 어렵다.

5) 『東國文獻備考』 卷 172 交聘考 16, "文公元 嘗使遼 私贈儐者 以白銅螺鈿繪畵 屛扇奇玩."

중국인의 눈에도 고려 나전 기술은 훌륭한 것으로 인식되었다. 1123년 고려에 와서 1달 동안 체류한 송의 서긍(徐兢)이 쓴『선화봉사고려도경(宣和奉使高麗圖經)』에는 고려 나전칠기에 관해 다음과 같이 기록하였다.

> 그릇에 옷칠하는 일은 그리 잘하지 않지만 나전(螺鈿) 일은 세밀하여 귀하다고 할만하다.[6] 기병이 탄 안장은 매우 정교하다. 나전으로 안장을 만들고[7]

서긍 눈에 비친 고려 나전은 중국의 것에 비해 매우 우수하였다. 고려의 옷칠하는 기법이나 기교는 송의 기술에 미치지 못했으나 나전 기술이 송보다 뛰어났다고 파악하였으며 서긍의 눈에 고려 나전은 송의 나전에 비해 매우 정교하였다. 또한 왕족이나 귀족의 사치품인 목가구 등으로 제작된 것이 아니라 다양하게 고려 나전이 활용되었음을 보았으며 기병의 말안장에 조각될 정도로 발달한 고려의 나전 기술을 보고 그는 그 가치를 귀하게 여겼다.

나전 제품은 송나라로 가는 사신들의 예물에 포함되었다. 11세기 초에 오칠갑(烏漆甲)이 송나라로 예물로 보내졌다는 기록이 『교빙지』에 있었다.[8]

---

[6] 『宣和奉使高麗圖經』卷第二十三 雜俗(二), "器用漆作. 不甚工. 而螺鈿之工. 細密可貴."
[7] 『宣和奉使高麗圖經』卷第十五 車馬, "騎兵所乘鞍韉. 極精巧. 鈿爲鞍."
[8] 『해동역사』제35권 교빙지 3 조공 3 고려조, "3년(1019, 현종 10) … 11월에 최원신 등이 들어와 알현하고서 계금의(罽錦衣), 계금욕(罽錦褥), 오칠갑(烏漆甲), 금으로 장식한 장도(長刀)와 비수(匕首), 계금안마(罽錦鞍馬), 저포(紵布), 약물(藥物) 등을 조공하고, 또 중포(中布) 2,000단(端)을 올렸다."

선화(宣和) 6년 9월(고려 仁宗 2년) 고려에서 上使로 金紫光祿大夫檢校司空知樞密院事上柱國 李資德과 副使로 中大夫尙書禮部侍郎柱國賜紫金魚袋 金富轍을 보내, 本朝에 와서 사례하였다. …(중략)… "黃毛筆 20管‧松煙墨 20挺‧松扇 3合‧摺疊扇 2隻‧나전연갑(螺鈿硯匣) 1부(副)‧나전필갑(螺鈿筆匣) 1부‧剋絲藥袋 1매‧剋絲篦子袋 1매‧繡繫腰 絛‧茯苓 2斤‧白朮 2‧白銅器 5事 뿐입니다." 하였다.[9]

고려 인종 2년(1124년)에 송나라로 사신 갔던 이자덕(李資德) 일행이 사신으로 갔을 당시에 관한 것으로 송 황실에 보낸 예물은 총 20종으로 그중에는 나전연갑(螺鈿硯匣) 1개와 나전필갑(螺鈿筆匣) 1개가 포함되어 있었으며 나전연갑(螺鈿硯匣)과 나전필갑(螺鈿筆匣) 용도는 벼루함과 붓함으로 함의 표면에는 나전이 장식되어 있었다. 나전공예품은 고려를 대표하는 공예품으로 중국에 진상하는 일 등을 관장하는 관청에서 관리하였다.

또한 고려시대 나전의 발전은 불교와 관련이 있었다. 〈그림 2-2〉는 불교 경전을 보관하기 위한 나전경함(螺鈿經函)으로, 나전 기술을 바탕으로 제작되었으며 조칠 기법의 중국이나 금칠 위주의 일본 칠기와 구별되는 독창성을 보였다. 나전경함은 중국 황실에까지 알려졌으며 원 황실의 요청에 따라 전함조성도감(鈿函造成都監)을 설치하기도 하였다. 전함조성도감(鈿函造成都監)은 1272년(원종 13년) 원나라 도종의 비(妃)가 요청함에 따라 나전경함(螺鈿經函) 제작을 전담하기 위한 것이었다.[10] 고려 나전은 통일

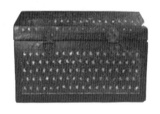

〈그림 2-2〉 나전경함(螺鈿經函).
출처: 국립중앙박물관.

9) 『청장관전서』 제58권 앙엽기 5(盎葉記五).
10) 『高麗史節要』 第 19卷 元宗順孝大王 2년조, "置戰艦兵糧都監, 又置鈿函造成都監, 以皇后欲成藏經, 而求之也."

신라처럼 관련 부서를 두어 조정에서 직접 운영했으며 나전장은 왕이 사용하는 기구와 장식물을 만들어 바쳤다. 부서는 중상서11)에 소속되었고 뒤에는 공조서로 하였다.12) 이 기관은 각 공정을 분업화하고 전문 영역13)을 확대하여 고급품을 대량 생산할 수 있도록 하였다.

이러한 기술 축적을 토대로 독자적으로 발전한 고려 나전칠기는 높은 예술성을 갖춘 예술품으로 중국에서까지 그 가치를 인정받았다.

2. 조선의 나전칠기 문화

1) 장인 관리 정책

조선은 건국 명분 및 왕실 권위와 상징을 위해 예치(禮治)로 나라를 다스린 유교 국가로 오례[五禮: 길례(吉禮) · 가례(嘉禮) · 빈례(賓禮) · 군례(軍禮) · 흉례(凶禮)]를 매우 중시하였고, 특히 길례는 특별히 여겼다. 제기 등 의례용 기명을 조정의 관리 아래 제작하였으며 이것은 고려 때부터 이어온 규범에 따라 실시되었다.

조선시대 나전칠기는 상류사회 전유물로 왕실 혼례용품이나 일상생활 사치품, 제례14)나 상례15) 및 순장 풍속에 의한 부장품으로 사용16)

---

11) 『연려실기술』 별집 제7권, 관직전고(官職典故) 제사(諸司), "고려에서는 또 중상서(中尙署)를 설치하여 임금이 쓰는 그릇과 완호품(玩好品)을 관장하게 하였는데, 뒤에는 '공조서(供造署)'라 고쳤다."

12) 『高麗史』 百官志 2, "供造署掌御用器". 목종 때 중상서가 설치되었고 문종 때 중상서의 정원과 품질의 직제가 정비되었다. 충선왕 2년(1310)에 이름을 공조서(供造署)라 고쳤다가 공민왕 5년(1356)에 다시 중상서로 복명 하였다. 공민왕 11년(1362)에 다시 공조서로, 공민왕 18년(1369)에 다시 중상서로, 공민왕 21년(1372)에 또다시 공조서라 하였다.

13) 『高麗史』 卷 八十 志 卷 第 三十四 食貨 三, "畵匠, 小木匠, 螺鈿匠, 漆匠" 등의 명칭이 나타난다. 이를 통해 나전장을 비롯한 각 부분의 공장들로 전문화가 이루어졌다.

되었다. 왕실 의례 용품과 중국 진헌 방물은 궁중의 일상용 기물과는 다르게 제작되었으며 부장품은 소품으로 용도에 따라 다양한 형태로 제작되었다.

제작자들을 공장(工匠)이라 불렀는데, 조정에서는 이들 나전칠기 장인들을 관장제(官匠制)로 관리하였다. 관장제를 담당하는 기구는 공조였다. 공조(工曹)에 소속된 장인들은 경공장, 외공장으로 분류되어 중앙과 지방 관청의 관리 아래 소속되어 활동하였다. 경공장(京工匠)은 조선의 서울인 한양을 중심으로 물품을 제조하는 관장에 소속된 장인이며, 외공장(外工匠)은 지방 감영과 병영 및 지방 관아의 관장에 소속되어 일하는 장인이었다.[17] 경공장은 왕실과 국가와 관청에 필요한 다양한 제품을 만들었으며 외공장은 지방 관청에 소속되어 필요한 기물과 재료를 조달하면서 활동하였다.

조선 초기 경공장들은 직종에 따라 팀을 이루어 교대로 일하였다. 이렇게 만들어진 관장제에서 동원된 우수한 장인들에 의하여 제작된 조선의 나전칠기는 중국 사행 시 방물이나 진상품, 하사품, 가례 예물, 궁중 제물로서 취급되던 아주 귀한 물건이었다.

『경국대전』에 나타난 나전칠기와 관련된 공장(工匠) 수를 보면 〈표 2-1〉과 같다. 여기서 나전장은 경공장의 공조 소속으로 2명, 상의원 소속으로 2명만 있고 외공장에는 존재하지 않았다. 특히 나전장 보다 칠장이 많은 숫자를 보였으며 이것은 나전뿐만 아니라 옻칠한 기물 및 왕실 물건을 비롯한 궁중의 연회에서도 그 수요가 많이 있었다. 나전

---

14) 『朝鮮王朝實錄』, 세종 2년(1420) 9월 13일(무인).

15) 『世宗實錄』, 오례, 흉례조.

16) 『朝鮮王朝實錄』, 단종 즉위년(1452) 9월 1일(경인).

17) 김영애, 「전통수공업과 장인 사회의 변천에 관한 연구」, 이화여자대학교 대학원, 석사논문, 2009, 10쪽.

제품은 주로 진헌 방물[18]과 궁중 물품[19]을 제작한 것이어서 장인은 주로 경공장에 소속되었다. 외공장에 칠장이 많은 수가 나타나고 있는 것은 칠 나무가 전국에 걸쳐서 식재되어 있었기 때문이었다.

〈표 2-1〉『경국대전』에 나타난 칠장과 나전장

구분	경공장(京工匠)					외공장(外工匠)									계
	공조	상의원	군기시	귀후서	소계	경기	충청	경상	전라	강원	황해	함경	평안	소계	
칠장	10	8	12	2	32	3	56	73	61	28	26	20	27	294	331
나전장	2	2	·	·	4	·	·	·	·	·	·	·	·		4

경공장과 외공장의 공장(工匠)은 약 100여 종으로, 역(役)은 60세가 되어야 면제되었다.[20] 칠장은 각 도 단위 지역 외 공장에 특별히 많이 배치되었다. 『경국대전』 재식(裁植) 편에 따르면 각도와 고을의 칠 나무 생산은 대장을 작성하여 공조와 그 고을에 비치하고 3년에 한 번씩 그 수량을 파악하도록 하였다. 도성 밖과 안에 칠 나무가 있는 산에 표식을 세워 부근 주민에게 분담시켜 벌목을 금지하고 병조에서 정한 감역관과 산지기를 정하여 간수 하도록 하였다. 한성부는 당상관과 협의하여 감찰하고 만일 벌목하는 자가 있으면 곤장 90대의 형에 처하고 그 수대로 심게 하였다.[21]

공조(工曹)를 비롯하여 상의원(尚衣院), 군기시(軍器寺), 장례에 필요한 물품 공급을 담당하던 관서인 귀후서(歸厚署)가 있는 경공장에 칠장이 배정되었다. 외공장은 나전장을 두지 않았으며 지역별로 진상

18) 『朝鮮王朝實錄』, 세종 12년(1430) 2월 26일(정유).
19) 『朝鮮王朝實錄』, 성종 18년(1487) 4월 27일(병신); 『朝鮮王朝實錄』, 연산 11년(1505) 1월 20일(병오).
20) 『經國大典』, 卷之六 工典, 법제처, 579쪽.
21) 『經國大典』, 卷之六 工典 裁植, "諸邑漆木·桑木·果木條數及楮田·莞田·箭竹産處, 成籍."

품 및 생필품을 만들기 위해서는 나전장들이 필요하였으나 민영으로 운영되었다. 나전장은 경공장의 공조 소속 2명과 상의원 소속 2명으로 이것을 보면 경공장과 외공장에 지역별로 진상품 및 생필품을 만드는 나전장보다 칠장(漆匠)이 많았다.

특히 칠장이 경공장의 공조, 군기시(軍器寺), 상의원에 많이 소속되어 있는 것은 왕실의 가례 용품과 진상한 방물 및 군수품이 나전보다 칠기가 주류를 이루고 있음을 말하였다. 공조에서 원래는 공장별로 적정 수의 기술자를 필요한 만큼 정하여 배정하였으나 수요에 비하여 제작 장인이 양성되지 못하여 수가 부족하였다. 부족한 장인 수급을 위하여 양민이고 공천(公賤)이고 사천(私賤)이라도 재주 있는 자는 공장이 스스로 채워 정하게 하고 또 번갈아 일에 나오게 했다.

나전장은 사사로이 배운 자가 없으면, 각 관청의 노자(奴子)로 정한 숫자 외에 수를 추가하여 수습생으로 두었다가 빈자리가 생기는 대로 숫자를 채우게 하였다.[22] 수요층이 제한적으로 일반 백성들이 제작자가 되어 생계유지를 위한 방편으로 마땅하지 않았으며 또한 기술자 부족의 요인으로 기술 습득이 어려웠던 것도 하나의 원인이었다.

태종 7년(1407년) 기명(器皿)을 금과 은으로 제작하는 등 사치가 심하였다. 조선 초기에는 금속 부족을 이유로 제기를 도자기로 만들게 하였으며 같은 시기 교서에도 금은은 본국에서 생산되는 것이 아니므로, 진상하는 물건도 오히려 계속하기 어렵다고 하였다. 금과 은으로 만든 기명은 궁궐 안에서 사용하는 것을 제외하고 일체 사용을 금지하고 전국적으로 칠기명(漆器皿)을 사용토록 했다.[23] 세종 1년(1419년) 6월의 기록에는 주 칠기를 비롯한 진상하는 모든 기명에 만든 장인의

---

[22] 『朝鮮王朝實錄』, 세종 7년(1425) 4월 28일(정묘).
[23] 『朝鮮王朝實錄』, 태종 7년(1407), 1월 19일(갑술).

이름을 밑바닥에 새기게 하여 불량품을 만들지 못하게 했다.[24]

궁중에서 칠기와 유기는 해마다 사들이고 있으나 연회(宴會)를 치르고 나면 반수 이상 분실되어서 이를 맡아서 관리하는 자들에게 나누어 물어넣게 하였다. 만일 변상하지 않으면, 맡아서 관리하는 자가 조심하지 않을 것이며, 이것을 물린다면 맡아서 관리하는 자의 피해가 염려되지 않을 수 없으니 크고 작은 연회가 있을 적마다 모두 문지기에게 수색하게 하였다. 함부로 분실되거나 잃어버리는 폐단을 없애기 위하여 궁중에서 연회가 있을 적에는 따로 담당자를 지정하여 수를 세어서 들여갔다가, 수를 세어서 내어 오게 하였다.[25]

나전칠기 제품은 부장품과 하사품, 예단 등 다양한 용도로 사용되었다. 붉은 선을 두르고 전부 흑칠(黑漆)하여 자개를 박은 둥근 합(盒) 1개를 칙사의 반사(頒賜)품으로 제작하였으며[26] 조잡하고 크기가 작은 일용품으로 자개 빗집, 주칠(朱漆) 간자 등이 부장품으로 사용되었다.[27] 나전으로 시문한 붓을 영돈령(領敦寧)과 경연당상(經筵堂上) 및 홍문관원(弘文館員)에게 각각 하나씩 내려주고 승정원에서 함께 쓰도록 하였다.[28]

인조 20년(1643)에는 청나라 장수 용골대(龍骨大) 집안에 혼사가 있었는데 여기에 보낼 예단 가운데 하나로서 나전 함(函) 2부가 포함되었다.[29] 또 나전 함(函)이 부족하여 동지사(冬至使)에 사용할 나전을 먼저 사용함으로써 실제 동지사에 사용할 나전 함(函) 제작이 지연되어 다른 방물보다 뒤에 보내는 일이 있었다.[30]

24) 『朝鮮王朝實錄』, 세종 1년(1419), 6월 11일(갑신).
25) 『朝鮮王朝實錄』, 세종 2년(1420), 윤 1월 29일(무술).
26) 『朝鮮王朝實錄』, 세종 12년(1430), 7월 17일 (을묘).
27) 『朝鮮王朝實錄』, 단종 즉위년(1452), 9월 1일(경인).
28) 『朝鮮王朝實錄』, 성종 18년(1487), 4월 27일(병신).
29) 『朝鮮王朝實錄』, 인조 20년(1642), 10월 28일(을축).
30) 『承政院日記』, 인조 20년(1642), 10월 28일 (을축).

제작 관리하는 관원을 문책하였다. 연산군 11년(1505년)에 나전 함(函) 150부를 제작하여 들이게 하였으나,[31] 같은 해 7월 제작을 늦춘 일로 공조의 관원을 국문(鞫問)하도록 명하였다.[32] 선조 20년(1587년) 동지사 진헌 방물 중 하나인 나전 함(函) 안의 소합(小合) 4개를 도둑맞자 사헌부에서 담당 관원을 잡아들여 국문하고 경기에 귀향 보냈다.[33]

효종 2년(1651년)에는 황태후에게 보낼 예물인 나전소함(螺鈿梳函)과 중국에 보내는 국서를 넣는 표통을 제작할 수 있는 장인의 부족함을 공조에 호소하였다.[34] 효종 4년(1653)에는 진헌 방물로 준비 중인 나전 함(函)을 제작하였으나 칠의 색이 변하자 해당 장인들을 가두어 죄인으로 취급하고 벌을 내리게 하였다.[35]

사치품으로 여겨 사용을 제한하도록 했던 시기도 있었다. 영조 33년(1757)에는 명기(明器)와 복완(服玩) 가운데 나전으로 된 작은 함은 사치품으로 여겨 나전을 없애도록 『상례보편(喪禮補編)』[36]에 기재하도록 하였다.[37] 영조 45년(1770)에는 백금으로 진주와 자개를 사들이는 등 쓸모없는 물건인데도 사치가 지나치게 심하여 낭비하고 있어 이를 엄격하게 금지하도록 하였다.[38] 이렇게 되니 나전장들의 설 자리는 점점 위축되었으며 경공장에서 나전 제작을 담당하던 장인들은 늘 부족하

31) 『朝鮮王朝實錄』, 연산 11년(1505), 1월 20일(병오).

32) 『朝鮮王朝實錄』, 연산 11년(1505), 7월 18일(신축).

33) 『朝鮮王朝實錄』, 선조 20년(1587), 1월 1일(경인).

34) 『承政院日記』, 효종 2년(1651), 10월 10일(갑인).

35) 『承政院日記』, 효종 4년(1653), 10월 30일(임진).

36) 조선 시대에, 홍계희 등이 『國朝五禮儀』의 「상례」 부분을 보완하여 엮은 책. 영조 28년(1752)에 5권을 펴냈으며, 영조 33년(1757)에는 청(廳)을 설치하여 그 이듬해에 완성하였다. 원편(原篇) 6권을 개정·증보하고 도설(圖說) 1권을 붙였다. 영조 34년(1758)에 간행되었다. 7권 6책. 어학사전.

37) 『朝鮮王朝實錄』, 영조 33년(1757), 6월 20일(경진).

38) 『朝鮮王朝實錄』, 영조 45년(1769), 4월 15일(정묘).

여 이들의 위상은 축소되고 생산품 또한 한정되어 제작되었다.

하지만『대전회통(大典會通)』편찬 당시(1865년경)까지 공조와 상의원에 나전장이 소속되어 있었던 점으로 볼 때, 19세기 후반까지 경공장의 나전장에 의해 궁중용 용품이 계속 제작되었다.[39]

조선 전기(16세기), 중기(17세기), 후기(18세기), 이후 19세기로 나누어 대표적인 나전칠기 작품을 정리하면 〈표 2-2〉와 같다. 조선 초기의 의장은 고려시대 의장의 연장이지만 문양의 가지런함이 없어졌고 표현이 자유스러워 조선 나전 장인들은 고려의 화려한 나전보다는 조선시대 분위기에 맞는 변화를 시도하였다. 조선 후기로 올수록 신선한 민중 취향으로 기울어지는 자취를 나타내고 있었으나[40] 조선 초기에 바로 양식 변화는 없었다. 따라서 16세기까지 고려의 귀족적인 의장에 의한 작품이 제작되었으나 문양의 정교함이나 세밀함이 고려시대에 비해서 현저히 뒤떨어졌다.[41]

17~18세기로 넘어오면 성리학의 극성기를 맞아 나전칠기 표현 방법이 변하여 꽃무늬도 커지고 바탕의 칠이 보일 정도로 여유로운 구성으로 회화적이거나 사실적으로 표현하는 특징이었다.[42] 19세기는 수(壽), 복(福), 강(康), 녕(寧) 등의 글자 문양과 운룡(雲龍), 십장생(十長生), 운학(雲鶴) 등의 상스러운 의장을 가진 다양한 나전 문양이 나타났다.

39) 최공호,「조선 말기와 근대의 나전칠기 연구」, 홍익대학교 대학원 석사학위논문, 1987, 21쪽.
40)「목칠공예」,『한국 미술 전집』, 동화출판공사, 1974, 7쪽.
41) 신희경,「조선 후기 나전 유물에 관한 연구: 나전 베갯모(민족 1172)의 분석을 중심으로」,『한국디자인문화학회지』제19권 제4호, 2013, 407쪽.
42) 신희경,「조선 후기 나전 유물에 관한 연구: 나전 베갯모(민족 1172)의 분석을 중심으로」,『한국디자인문화학회지』제19권 제4호, 2013, 408쪽.

〈표 2-2〉 조선시대 시기별 작품 양식과 표현의 특징

시기	제목	작품	설명
1. 조선 전기 16세기 국립중앙박물관 소장	자개 빗접 26.5*26.5*26.5		정방형 입체로 꾸민 흑칠 상자이다. 면마다 서의 빈틈없이 자개를 시문하였다. 개판의 개창 안에는 학 문양을 봉황으로 대치하여 시문했다. 귀 상사와 측면 꽃 문양이 국, 목단과 같아 고려시대부터 이어온 양식으로 본다. 앞면은 3등분하여 2단 서랍을 설치하였으나 한 그루의 모란을 개판에서 내린 주석 장식의 자물쇠 고리를 두 번째 서랍까지 걸치게 했다. 다른 측면은 소나무에 새 한 쌍, 매죽에 새 한 쌍을 놓았다. 수초에도 한 쌍을 놓았는데 개판의 앞면과는 달리 사실적이면서도 민화풍이다.
2. 조선 중기 17세기 개인 소장	자개 상자 21.5*21.5*6.8		뚜껑을 덮어씌운 작은 흑칠 자개 상자이다. 무늬의 표현이 대범하고 시원한 느낌을 준다. 뚜껑의 가장자리 산형(山形)의 무늬는 고려의 양식이 퇴화한 것으로 목단, 당초 문양 줄기를 구불구불하게 휘어 낸 점이나 모란꽃 송이와 봉오리의 사실적인 표현 등이 시대성을 보여준다. 조선 후기에 가까울수록 장식 의장이 사실적인 디자인으로 나타나며 이것은 좌우 대칭의 특징을 잃어 가는 과도기적 성격을 보여주고 있다.
3. 조선 후기 18세기 국립중앙박물관 소장	자개 서함 37.5*26.5*7		상면과 측면에 걸쳐 자개로 한 그루의 포도를 매우 사실적으로 표현한 함이다. 낮은 몸체의 뚜껑은 개판의 2/3를 꺾어 열리게 하였고 주석 장식으로 측면 네 모서리에 모 싸개를, 네 귀에 귀 싸개를 했다. 포도 무늬는 조선 회화의 포도를 연상하기보다는 도자기에 즐겨 그린 그림을 연상시킨다. 줄기는 음각으로 포도 송이와 넝쿨 수염, 그리고 여백의 공간에는 벌 한 쌍이 시문되어 있다.
4. 조선 후기 19세기 국립중앙박물관 소장	자개 목침 24.6*13.3		팔걸이를 축소해 제작된 듯한 목침(木枕)이다. 목이 닿는 부분이 편안하도록 만곡(彎曲)시켜 위 판과 아래 판 사이 3개의 기둥을 세웠다. 칠은 초벌로 주칠을 한 뒤 자개를 시문하고 그 위에 흑칠하였다. 상판에는 천도복숭아 나무를 중심으로 두 마리의 학을 양쪽으로 시문하였다. 자개의 시문 솜씨는 정교하지 못하여 민중적인 요소가 강하고 이것이 오히려 소박하고 친근감을 나타낸다고 할 수 있다.

출처: 「목칠공예」, 『한국 미술 전집』, 동화출판공사, 1974, 71, 79, 76, 78쪽.

19세기 후반 사(私) 공장이 발달하여 상인자본에 의한 민간수공업 체제가 형성되면서 조선 후기 민간상업은 새로운 전기를 맞이하게 되었다. 사회 환경 변화로 기술을 천시하는 경향이 차츰 느슨해지면서 양반 일부가 상업에 종사하기 시작하였다.[43] 특히 숙종 4년(1678년)부터 전근대적 화폐인 상평통보가 유통되면서 현저해졌는데,[44] 지금까지 왕실과 고위 계층에서 전용으로 사용하던 고급 공예품들이 이들 상업자본가에 의하여 취급되면서 수요층 또한 보편화되어 갔다.

관청수공업도 해체되기 시작하여 공장들은 안정된 직장이 없어지고 후기에는 무기 제조, 나전칠기 제조 등 극히 제한된 몇 분야만 존속되었다.[45] 『임원경제지(林園經濟志)』, 『오주연문장전산고(五洲衍文長箋散稿)』, 『규합총서(閨閤叢)』 등 19세기 초의 기록들에서 나전칠기는 통영과 전주를 명산지로 나온다. 이 시기부터 경공장에서 제작되었던 나전칠기는 이미 지방별로 분화하는 현상이 나타났다.[46] 이처럼 나전칠기 역시 관영 체제를 유지하는 데 어려움이 발생하고 있었다.

요컨대 지방 분화 현상에도 불구하고 19세기 초부터 중반 이후까지 경공장 소속 나전장과 외공장 소속 칠장들이 '사장(私匠)화'하는 가운데 이들만의 독창적인 기술과 양질을 재료를 사용하여 생산된 제품들은 과거 특정 지배계층의 수요에서 머물던 것이 일반 평민층으로도 이동하기 시작하였다. 조정의 나전칠기 정책은 초기부터 왕실과 궁중의 의례 용품과 부장품, 중국의 진헌 방물 등에 사용하고자 제작되었다. 그러나 개항 이후 외세 문물의 유입에도 과거와 같은 관장제의 틀이

43) 강만길, 「조선 후기 수공업자와 상인과의 관계」, 아세아 연구, 제9권 3호, 1966, 29~31쪽.
44) 원유한, 「조선 후기 화폐 유통구조 개선론의 일면」, 역사 학보 56집, 1972, 48~52쪽.
45) 강만길, 「조선 후기 수공업자와 상인과의 관계」, 아세아 연구, 제9권 3호, 1966, 30~31쪽.
46) 최공호, 「조선 말기와 근대의 나전칠기 연구」, 홍익대학교 대학원 석사학위논문, 1987, 14쪽.

변화하지 않은 채 존속하였다. 물론 부분적으로 새로운 수요층에 기반한 다양한 의장과 형태도 나타나기 시작하였다.

2) 통제영 공방과 제작 양상

남해안 소도시 어촌에 불과하던 통영지역이 역사의 전면에 등장하였다. 선조 25년(1592) 임진왜란 이전까지 지방의 작은 해안 촌락에 지나지 않았으나 임진왜란으로 인하여 통영으로 인구가 유입되면서 정착촌이 만들어졌다.[47] 임진왜란으로 인해 통제영이 설치되고 이후 통제영이 통영지역으로 옮겨왔으며[48] 조선 조정은 선조 26년(1593)에 삼도 수군을 지휘 총괄하는 삼도수군통제사를 제수하였다.[49] 통영지역은 조선 수군의 핵심 군사기지로서 역사 전면에 등장하기 시작하였으며 통제영을 관리하는 통제사라는 새로운 직책이 만들어졌다.

통제영 공방이 설치되어 군역 하면서 공방에서 군수품 조달을 하였다. 당시 조선 수군은 염전, 어염, 해산 채취, 병선 수리, 건조, 축성 등의 잡역에 동원되었으며 육군과 더불어 양인 층의 주된 의무 병종으로 주로 선상에 근무하였다.[50] 통제영(統制營) 내에서 평상시에는 장인이 되어 군영 공방에서 군수품 및 생필품 제작에 종사하였으며, 전시(戰時)에는 병사로서 나라를 지키는 군역을 하였다. 통제영에서 수군들이 전선을 건조하고 병기를 제작하는 공고를 두고 군수품을 자급하도록 한 것이 통제영 공방의 시작이었다.[51]

---

47) 정우태, 『충무 나전칠기에 관한 연구』, 경상대학교 대학원, 석사학위 논문, 1992, 6쪽.
48) 정학용, 『조선시대 통제영에 관한 연구(군사, 행정 시설을 중심으로)』, 경상대학교 대학원 석사학위논문, 2009, 12쪽.
49) 『宣祖修正實錄』 27권, 선조 26년(1593년) 8월 1일 임오. "以李舜臣兼三道水軍統制使, 本職如故. 朝議以三道水使, 不相統攝, 特置統制以主之."
50) 최석남, 『한국 수군사 연구』, 오양사, 1964, 160쪽.

선조 36년(1603년) 제6대 이경준 통제사가 조정에 통제영을 두룡포(현 통영시)로 옮길 것을 제청하였다. 이듬해인 1604년 통제영 본영이 새롭게 창건되어 고종 32년(1895년) 7월 영문을 닫을 때까지 약 300년간 유지되었다.[52] 통제영 본영이 새롭게 창건되어 군영 공방 체제가 본격적으로 운영되면서 필요에 따라 공방이 신설 또는 폐방(廢房)되었다. 군수물자를 자체 조달하고 부족한 물자 확보를 위해 통제영에서는 군영 공방을 기반으로 하는 지방 관장제 수공업이 발달하게 되었다. 군영 공방 장인들은 조선 사회제도 아래 유입된 양인들로 군역을 하면서 통제영 공방에서 종사하였다.

통영지역 전통공예의 기원은 통제영 공방 체계와 함께 군영 수공업에서 출발하였다. 통영지역에는 각종 군사시설 운영과 이에 필요한 구성원이 주변 중요 도시와 비교해 적지 않게 거주하고 있었다. 통제영 운영에 필요한 각종 재정과 여기에 종사하는 인원들의 생필품 조달을 위한 시장이 일찍부터 발달하였다.[53] 군역을 위하여 모여든 장인들과 통제사에 의하여 징집된 장인들이 거주지를 형성하면서 시장이 자연스럽게 만들어졌다. 자급자족을 위한 군수품과 일상생활 용품 등 각종 수공업 제품을 제작하였으며 진상 물품 공납을 위해 전문적으로 생산하는 공방이 존재하였다. 그러나 통제영 공방에서 전문 물품생산 방식이나 활동 등 대략적인 내용은 아주 단편적이어서 구체적인 서술에는 한계가 있었다. 〈표 2-3〉은 통제영 공방의 규모와 제반 사항을 정리한 것이다.

[51] 손영학, 「경남 통영의 나전칠기 연구」, 향토사연구회 학회, 2003, 19쪽.
[52] 김일룡, 「통영 나전칠기 역사」, 『통영문화』 12호, 통영문화원, 2011, 10쪽.
[53] 차철욱, 「전근대 군사도시에서 근대 식민도시로의 변화: 경남 통영의 사례」, 한일관계사학회, 2014, 322쪽.

〈표 2-3〉 통제영 공방과 규모 및 제반 사항

순서	공방	업무	규모	장인 수(명)	기타
1	칠방 (漆房)	각종 수공예품에 칠하는 것	9칸	편수 1, 선칠편 1, 공인 21, 채문장 4	초기는 상, 하칠 방으로 분방되었으나 후기는 칠방 또는 칠장방이라 함
2	화원방 (畵員房)	각종 지도와 군사 관련 그림 그리는 일	8칸	편수 1, 도화공 1, 공인 19, 각옥장 2	의장용 장식화도 그림
3	야장방 (冶匠房)	쇠를 녹여 각종 철물의 주조 및 연마	7칸	편수 1, 연편 1, 도편 1, 공인 12	19세기 중반까지 연마방이 별도로 있었다.
4	입자방 (笠子房)	갓, 삿갓 등 제작	6칸	편수 1, 공인 26,	·
5	총방 (驄房)	망건, 탕건, 유건 제작	4칸	편수 1, 공인 12	생산품 2벌씩 3월에 진공
6	소목방 (小木房)	나무로 문방구 및 가구, 생활용품 제작	5칸	편수 1, 공인 9 총 10	각종 목재 수공품 생산
7	주석방 (周錫房)	백동, 주석, 시우쇠 등 각종 장석 제작	4칸	편수 1, 석사왕 편수 1, 공인 19 총 21	장인을 두석장이라 했다
8	상자방 (箱子房)	버들가지, 대오리, 사리 등을 재료로 함	3칸	편수1, 공인 15 총 16	진상품을 담는 상자는 별도 제작
9	은방 (銀房)	은세공 장신구 제작	3칸	편수 1, 공인 1	·
10	화자방 (靴子房)	각종 신발 제작	3칸	·	19세기 중반에 폐방
11	통개방 (筒箇房)	활과 화살을 넣는 가죽 주머니 제작	2칸	·	19세기 중반에 폐방
12	안자방 (鞍子房)	말안장 제작	2칸	·	19세기 중반에 폐방
13	패부방 (貝付房)	자개를 붙이는 곳	·	편수 1, 공인 4	수요의 증가로 19세기 중반에 신설
14	미선방 (尾扇房)	둥근 부채 제작	·	편수 1, 공인 4	선자방에서 분화 19세기 중반에 신설
15	주피방 (周皮房)	각종 가죽 제품 제작	·	편수 2, 공인 2	수요의 증가로 19세기 중반에 분화 신설

출처: 김일룡, 「통제영 공방 연구」, 『통영 향토사 연구논문집』, 통영문화원, 2011, 12~15쪽의 내용을 정리.

〈표 2-3〉에서 보면 통제영 공방에는 소속 장인들 우두머리인 편수(片手)를 중심으로 운영되었다. 편수(片手) 아래 적게는 1명, 많게는 26명의 하급 장인들을 거느리고 있었으며 편수는 유급 장인이었다. 무급으로 편수(片手)에게 고용된 하급 장인들은 공역에 종사하였으며 농한기에 일정 기간 공역에 종사하던 농업 겸영의 숙련공이었다.

하급 장인은 공역(貢役)이 있을 때는 영내 공방(工房)에서 무보수로 일하였으며 대신에 여가를 이용해 만든 자가 생산품은 시장에 자유롭게 내다 팔아 자기 생활을 영위할 수 있었다.[54] 군영 공방 체제는 점차 안정되어 가면서 관급장인과 공역이 동원되어 반제품에서 완제품으로 생산하는 비율이 확대되었다.[55] 관청수공업 체제는 점차 약화되었으며 민간수공업의 등장으로 수요는 점차 평민 부유층으로 확장되면서 각각의 개별 공방이 독립 작업장을 갖추어 전문화된 운영을 하였다.

광해군 때 이미 나전을 이용한 물품들이 통제영 공방에서 제작되어 보급되었다. 나전을 다루던 패부방(貝付房)이 17세기 이전부터 존속해 오다가 어느 순간 사라져 18세기~19세기 사이에 다시 설치된 것으로 보였으며 이러한 과정을 보면 다른 공방도 패부방과 유사한 과정을 겪었으리라 짐작되었다.[56] 즉 통제영 내에서 공방은 필요에 따라 새롭게 신설되기도 하고, 폐방(廢房)되기도 하였다.

폐방(廢房)된 공방이 다시 설치되기도 하였다. 19세기 중반 화자방(靴子房), 통개방(筒箇房), 안자방(鞍子房) 등 군수품 제작과 연관이 되는 공방은 폐방(廢房)되고 패부방(貝付房), 미선방(尾扇房), 주피방(周皮房)이 새로 신설되었다. 새로 신설된 방은 그 성격상 가죽세공을 맡

54) 통영 시사 편찬위원회, 『통영시지』 상, 통영시, 1999, 1192~1193쪽.
55) 손영학, 「경남 통영의 나전칠기 연구」, 향토사연구회 학회, 2003, 173쪽.
56) 성윤석, 「통영지역 목가구 제작 기술의 전승과 변화」, 안동대학교 대학원 민속학과 물질문화 전공, 석사학위논문, 2007, 12쪽.

은 주피장(周皮匠) 외에는 공정과 연관된 공방과 평소 가까이서 해왔거나 뒤늦게 합쳐졌을 수도 있었다.

나전과 칠기가 분리된 패부방(貝付房)과 칠방(漆房)의 분업적 전문 공방이 설치되었다. 통영지역은 바다에 인접해 패(貝) 공급과 인접 지역인 함양 일대로부터 칠 공급이 수월한 이점이 있었으며 나전칠기 제조에 알맞은 습도와 기온 환경으로 나전칠기 산업에 적합한 입지적 조건을 갖춘 지역이었다.[57] 칠방(漆房)은 인근 지리산 지역에서 채취된 옻칠과, 패부방(貝付房)은 통영 근해에서 생산되는 소라와 전복을 사용하는 등 재료를 구분하여 사용하는 전문 공방 운영이 이루어졌다.[58]

통제영 공방이 전문화된 체계를 이루는 시기는 18세기 후반 19세기 초이며, 이후 각 분야가 전문화하였으며 그 대표적인 사례가 통제영 공방의 패부방과 칠방이었다. 통제영 공방의 패부방과 칠방 전문화 체제는 나전칠기가 오늘날 통영지역 전통문화로 만들어지는 중요한 역사적 배경의 바탕이 되었다.

군영 체제가 차츰 안정화되어 군영 조직이 뒷받침되었다. 더 많은 관급장인과 군역에 동원된 농민을 고용하여 공방을 운영하면서 관리·유지하였으며 18세기 이후 생계형 공방이 생겨 전문적이고 독자적인 운영을 하면서 이른바 '12 공방'이 생겨났다. 그러나 시대 환경과 필요에 따라 공방 숫자는 변하였으며 '12 공방'이 일률적으로 유지된 것은 아니었다.

통제영 공방은 많게는 19개 공방에서 13개 공방으로 필요에 따라 통폐합 혹은 세분화 과정을 거치면서 변화하였다. 이러한 세분화 과정을 거치면서 장인의 수도 4백여 명에서 2백여 명으로 축소되었으며[59] 일

---

57) 박성림, 「한국 나전칠기 산업의 지리학적 고찰」, 이화여자대학교 대학원, 석사학위논문, 1987, 16쪽.
58) 문화재청, 「빛의 예술 나전칠기」, 『월간 문화재 사랑』 12, 2012.

제하에서는 '13 공방'이란 일반적인 이해가 자리 잡게 된 것이 아닐까 생각된다.[60] 때문에 현재 '12 공방'이라고 단정하여 사용하는 것도 무리가 있는 듯하였다.

조선 후기에 간행된 『교남지(嶠南誌)』[61] 등 통영 지방지에 12 공방이 설치되었다고[62] 하였다. 그러나 통제영 공방과 관련하여 현재 일률적으로 사용하는 '12 공방'이라는 용어는 이론적 근거를 뒷받침할 수 있는 사료 부족과 문헌에 있어서 정확하게 규정지어 설명하는 한계와 제한이 있었다. '12 공방'과 '13 공방'은 어디를 기준으로 하느냐에 따라 달라질 수 있으며[63] 각각 당시 필요에 따라 설치 또는 폐지되었다. 통제영이 영문을 닫을 때까지 12~13 공방이라는 정형화된 운영 체제는 갖지 않았으며 오히려 각 공방은 규모는 차이가 있더라도 세분화, 전문화하여 독자적인 운영을 하였다.

원래의 운영 목적에서 벗어나 통제영 물품이 이용되었다. 이것은 초기 통제영 공방 운영 목적인 군수품 조달이라는 목적에서 벗어나 조정 진상품과 중국으로 가는 사신의 헌상품(獻上品)[64] 중심으로 변화하였

---

59) 통영 시사 편찬위원회, 『통영시지』 상, 통영시, 1999, 244~247쪽.

60) 통영 시사 편찬위원회, 『통영시지』 상, 통영시, 1999, 246쪽. 현재로서는 일제 시기에 간행된 『통영군지』는 구 군 제도나 제도를 옮겨 실을 때 참고한 것이 궁금하다 상당 부분은 『통영지』를 인용하였으나 여기에 공방에 관계된 기사는 없다. 그러므로 일반 인들에게는 이 군지가 이후 옛 통영의 면모를 그리는 데 영향을 주었던 것 같다.

61) 1940년 정원호(鄭源鎬)가 김천 지역의 지리, 인물, 풍속 등을 포함하여 경상도 각 군 (郡)의 지지(地誌)를 묶은 통지(統誌)(한국향토문화전자대전, 한국학중앙연구원).

62) 『교남지』 권지 68 통영군지, 한국 근대 지도지 15, 한국 인문과학원 영인본, 1991.

63) 김일룡, 「통제영 공방 연구: 19세기 통제영 12 공방 중심으로」, 『통영 향토사 연구논문집』, 통영문화원, 2011, 197쪽.

64) 『宣祖實錄 21券』, 선조 20년 1월 1일 경인 2번째 기사; 『인조실록 43권』, 인조 20년 (1642년) 10월 28일 을축. 『承政院日記 83책』 인조 20년 (1642년) 11월 15일 신사. 『承政院日記 121책』 효종 2년 (1651년), 10월 10일 갑인. 통제영 공방이 운영되던 시기인 선조 20년(1587년) 매년 동짓달에 중국으로 보내던 사신의 진헌 방물 중 나전함이 제작되었으나 도둑을 맞자 정사(正使)와 서장관(書狀官)을 국문하고 도배(徒配)하였다. 인조 20년(1642) 청나라 장수 용골대에게 뇌물로 나전함(螺鈿函) 2부(部)를 보내고,

다. 임금과 조정에 올리는 진상품과 군영에서 사용하는 군수품이라는 특징으로 통제영 공방에서 생산되는 물건의 품질은 조선에서 최고 가치로 평가되어 주목받았다. 통제영 공방에서 만들어진 물건들과 나전칠기 제품은 기술이 섬세하고 세련되어 조정 고위 관료들도 귀하게 여겼다. 우수하고 다양한 종류의 물건들이 통제영 공방에서 생산되어 최고 품질로 명성을 얻게 되면서 부작용이 생겨났다.

고위 관료와 권문세가들의 요구에 따라 공방 물품이 부적절한 용도로 사용되었다. 통제사를 지낸 관료들이 통제영 공방 장인들에게 물건을 제작하게 하여 뇌물을 위한 용도로도 사용했다.[65] 19세기 초반기에 간행된 이규경의 『오주연문장전산고(五洲衍文長箋散稿)』의 기록에 "통제영을 이곳에 둔 것은 군사를 길러 유사시를 대비하자는 것인데, 오로지 수많은 장인을 길러 한양의 권문세가가 구하는 것만을 만들고 있어 통제영 설치의 처음 뜻과 크게 어긋남으로 마땅히 대책이 필요하다."라고 하였다. 즉, '통제영 공방 제품은 관청 수요 용품만 생산한 것은 아니었다.'[66]는 사실을 잘 보여준다.

조선 후기에는 종래 부업적 가내수공업에서 점차 전업화된 수공업자가 부역 노동에서 벗어나 독립하여 운영되기 시작하였다. 이제 경공장과 지방 외공장을 근간으로 주도되던 관영수공업은 급속히 해체되었다. 사장(私匠)을 중심으로 자영수공업 체제가 전면에 등장하기 시작했으며[67] 통제영 공방 나전칠기도 이러한 변화에서 예외일 수 없었다.

효종 2년 황태후에게 보낼 예물인 함과 표통을 만들 때까지 실녹청 등에 입역하고 나전장 박사립 등을 사역할 수 있게 할 것을 공조(工曹)에 지시한다.

65) 『朝鮮王朝實錄』, 광해 5년(1613년) 8월 18일(계묘). 托稱措備軍器, 咸聚三路列邑能才工匠, 造成各樣器具, 以爲悅人求譽之地. 聞者莫不駭憤. 請統制使禹致績, 先罷後推, 以警其他. 貿穀勒定事及三路工匠聚役之弊, 令本道監司各別禁斷; 광해 14년(1622년) 3월 7일(계묘). 起龍, 驍將也. 壬辰之亂, 力戰有功. 至是, 結托內間, 私獻絡繹, 至作螺鈿八貼大屛以進之, 死而有遺罪.

66) 문화재청, 「빛의 예술 나전칠기」, 『월간 문화재 사랑』 12, 2012.

통제영 공방 소속 장인들은 점점 감소하였다. 이는 관급장인 감소와 사장이 급격히 증가했던 시대적 추세에서 요인을 찾을 수 있었다.[68] 1850년경 소속 장인은 총 529명이었으나, 그 후 300여 명까지 줄어들었다. 통제영 공방 업무는 자영수공업의 성장으로 점차 사장이 대신하였고 이들이 납품하는 군수품과 진상품도 일정한 대가를 지불받고 조달되기 시작했다.

『경남 통영 군 안내』를 보면 다음과 같은 기록이 나온다.

> 통영지역 나전칠기는 1700년대 초기 통영에 살고 있던 고선오(高善五)라는 사람의 기술이 유명하였다. 그가 청패세공(青貝細工)을 최초로 시작하여 이를 제조 판매하였기 때문에 점차 명성이 널리 알려져 종사하는 사람이 50여 명에 달할 만큼 번창하였다. 그 후 1884년 통제영에서 진공품 제작을 위해 편수 1명을 통제영에서 급료를 주고 관청에 납품하는 물건 제작에 종사시켰다. 1887년 4월 서부동(현 문화동)에 청패세공 공장을 설립하자 이 분야가 다소 장려되어 회복되는 듯했으나 곧 통제영이 문을 닫게 되어 다시 중단하였다.[69]

1895년 300년 동안 번성을 누리던 통제영이 문을 닫음으로써 함께 생산과 소비처 양쪽 기능을 함께하였던 통제영 공방도 문을 닫게 되면서 여기에 소속된 관급장인들은 모두 사장으로 전환되었다. 인용문에 나오는 청패세공(青貝細工) 기술자들이 그 후 어떻게 되었는지 정확하게 알 수는 없다. 그러나 통제영 공방에서 활동하다가 생계를 위하여 통영에 정착하거나 고향으로 귀향하여 각기 제품을 생산한 것으로 추정된다.[70] 이들이 생산하여 시장에 내놓는 것은 주로 생활용품이었다.

67) 『한국사 33: 조선 후기의 경제』, 국사편찬위원회, 1997, 159쪽.
68) 김일룡, 「통제영 공방 연구: 19세기 통제영 12 공방 중심으로」, 『통영 향토사 연구논문집』, 통영문화원, 2011, 197쪽.
69) 山本精一, 『慶南統營郡案內』 第七, 工業及商業編, 1915, 39쪽.

통제영 시기 화려한 진상품이나 군수품이 아닌 소품 위주의 생활용품이 고작이어서 갈수록 기술이 쇠퇴하고 품질은 조악해졌다. 상황이 어려워지니 장인들은 후진 양성도 생각할 수도 없었다.[71] 차츰 이러한 현상들이 반복되면서 기술이 전수되지 못하여 통영지역 나전칠기 수준은 낮은 하급품으로 전락하기 시작하였다.

70) 성윤석, 「통영지역 목가구 제작 기술의 전승과 변화」, 안동대학교 대학원 민속학과 물질문화 전공, 석사학위논문, 2007, 14쪽.
71) 통영상공회의소, 『통영상공회의소 66년사』, 2002, 82쪽.

제3장

/

근대 **통영지역 나전칠기 문화**

螺鈿漆器

근대 통영지역 나전칠기 문화

1. 개항기 통영지역 나전칠기 산업의 태동

1) 일본인 진출과 나전칠기 전래

통영은 지형적으로 해안선이 단조롭지 않아서 파도의 저항이 적어 영양류 공급이 원활하여 수산 자원이 풍부한 지역으로 어업 활동을 활발히 할 수 있는 지역이었다.[1] 일본과 가까운 지리적인 이점으로 인해서 거제(巨濟)와 더불어 일본과 물자 유통이 원활하고 수산물이 풍부하여 어업 전진 기지로 주목받았다. 1876년 개항이 되면서 외국 상인 자본이 국내에 침투하고 더불어 일본인 상인자본도 통영지역에 침투하였다. 통제영이 해체되면서 개항 이전부터 통영지역에 관심을 가지고 이주한 몇몇 일본인들이 어업권을 목표로 집단 정착하면서 지역의 경제활동과 상권을 지배하여 전통시장이 정체되었다.

---

[1] 통영 시사 편찬위원회, 『통영시지』 상, 통영시, 1999, 977쪽.

〈그림 3-1〉 1887년 일본 어민 욕지도 잠수기 어업. 출처:『한려투데이』.

　　〈그림 3-1〉은 1887년 일본 나가사키에서 욕지도에 진출한 일본 어민
이 시행하던 잠수기 어업 모습이다.[2] 일본인이 통영지역에 집단 이주
하여 마을 건설하였던 목적은 이전에는 어로 작업을 마치고 일본으로
귀환하는 어로 방법에 있었다. 즉, 일본으로 귀환 때 해난 사고가 빈번
하게 발생하고 물질적으로 피해가 많이 생겨 일본 당국은 아예 한국에
이주·정착시키는 이주어촌을 세웠다. 통제영이 해체되고 개항기 통
영지역에 일시적인 침체기가 있을 때 일본인이 진출하였다. 이들 진출

　[2] http://www.hanryeotoday.com/news/articleView.html?idxno=20876. 1887년 4월 나가사키
　　현 잠수기업자 쓰카다 세지로와 사이토 센치 4명이 욕지도에 이주했다. 욕지도에 들
　　어온 일본어선은 전체 107척 중 81척, 어부는 전체 359명 중 237명에 달했다. 116가구
　　가 자부포(자부랑개) 등지에서 거주했다. 1914년 학교 조합, 욕지도 심상소학교, 우편
　　소, 순사 주재소 등 공공기관이 들어섰다. 1921년 말 82가구 292명이 거주하였으며
　　수산회사도 진출했고, 국도, 좌사리도, 노태도(노대도) 등에 촌을 건설했다.

은 1900년 이전부터 있었으며 주로 상업과 수산업자 일본인들이 많이 왕래하였으나 처음부터 통영에 정착하지 않았으며 집단으로 이주가 급증하면서 새로운 전환기를 맞게 되었다. 주로 마산이나 부산에 근거지를 두고 육로를 이용하는 상인들은 행상이 중심이었는데, 점차 이용이 편리한 해로를 이용하는 상인들이 증가하였다.[3]

1902년 일본인 상인들이 바라본 통영의 산업 구조는 제조 직공 4, 상업 3, 농업 2, 어업 1 정도로 제조 직공 비율이 높았다. 이 시기 나전칠기(貝細工附箱), 어류(魚類), 우피(牛皮) 등 제조 직공 분야 상품은 통영시장의 대표적인 판매 제품으로 통제영 시대에 제작하던 물건들이 개항기에도 계속 생산·유통되고 있었다.[4] 1905년 러일전쟁이 막바지에 접어들고 일본의 식민 지배가 본격화되면서 통영의 현재 강구 해안에 2,800여 평의 땅에 대해 매축 허가를 받아 통영항(〈그림 3-2〉)을 착공하였다. 이어서 용남군 서면 남포동(현 도남동)에 오카야마촌이 형성[5]되는 무렵부터 매축공사가 시작되었으며 본격적으로 통영지역에 일본인들의 이주·정착이 현실화되었다.

[3] 차철욱, 「전근대 군사도시에서 근대 식민도시로의 변화: 경남 통영의 사례」, 한일관계사 연구 48집, 한일관계사학회, 2014, 324쪽.
[4] 차철욱, 「전근대 군사도시에서 근대 식민도시로의 변화: 경남 통영의 사례」, 한일관계사 연구 48집, 한일관계사학회, 2014, 325쪽.
[5] 여박동, 「통영 도남리 오카야마 촌의 형성」, 『일제의 조선 어업지배와 이주어촌 형성』, 2002, 301~302쪽. 1907년 13호를 시작으로 1908년 12호, 1909년 10호, 1910년 10, 1911년 14호로 5년간 59호를 이주시켰다. 1924년 5호, 1926년, 9호의 이주 어민을 장려시키고 사망과 사고로 이주자가 감소하여 1927년 현재 56호 (251명)이며 임의로 이주 한 자 등이 있어 1927년 67호 300명에 달했고 어선 70척을 보유했다. 1910년 9월 오카야마촌 심상소학교 설립, 1928년 동양척식회사 전지 대부 상환, 방파제 축조, 1914년 남포어업 조합 설립, 1929년도의 공동 수송 판매고는 44만 엔에 이르고 농업 수입은 8천 엔에 달하였다.

〈그림 3-2〉 1905년 통영항. 출처: 『한려투데이』.

  1910년 당시의 통영성 내외에는 일본인이 215호 718명이 거류하고 있었으며 대부분 시내 중심가를 점거하고 조선인 속에서 살며 상업에 종사하였다.[6] 이들은 일본인회 등 각종 상인 조합을 조직하여 학교를 세워 교육하고 경찰서, 우체국, 수산 조합 출장소, 세관, 세무서, 법원 등 정주에 필요한 기구와 관공서를 설치하였다.

  1913년경 통영 상권은 근대적 상업 조직과 재래시장이 공존하는 이중 유통구조로 개편되어 일본인이 점거하였다. 일본인 상인이 관공서 물품을 독점하여 공급하고, 회사 활동도 거의 일본인 자본이 시장을 잠식하였으며 통영의 상인은 단순한 일용품을 거래하는 영세한 모습으로 남았다.[7] 일본인 정착이 확대되면서 상업과 수산업은 일본인 중심으로 집중되어 있어 지역 조선인과 비교하여 상대적으로 비율이 높았고 통영지역 조선인 대부분은 농, 목, 임업에 종사하고 있었다.

  6) 통영상공회의소, 『통영상공회의소 66년사』, 2002, 74쪽.
  7) 김종만, 「생업의 삶과 방식」, 『통영지지 연구』, 국토연구원, 2005.

이주어촌 일본인 증가에 따라 행정기관과 봉래좌 같은 문화시설이 증편되어 지역적 거점이 형성되었다. 1910년 이후 통영지역에 진출한 일본인은 이미 1,000명을 넘었으며, 1914년에는 남자 806명, 여자 805명으로 총 1,611명, 471가구가 거주하고 있었다.[8] 봉래좌는 일본인들이 통영지역을 일시적 체류 공간이라는 장소가 아니라 오랜 기간 거주할 수 있는 일상적 생활공간으로 생각하였음을 보여준다. 즉 봉래좌는 통영지역 일본인들에게 있어 자신들의 여가생활을 향유할 수 있는 취미, 오락 시설 공간이었다(〈그림 3-3〉).

〈그림 3-3〉 봉래좌. 출처: 『idomin』(http://www.idomin.com), 2015년 6월 23일.

관공서로는 군청, 경찰서, 지방법원 지청, 우편소, 세관감시서, 학교

---

8) 김남석, 「일제강점기 해항 도시 통영의 지역극장 '봉래좌' 연구」, 『동북아문화연구』 제48집, 2016.

조합, 심상소학교, 농공은행 지점, 제망 회사, 부산 수산 회사 지점, 해산물 회사, 공업전습소가 있었으며[9] 이주 정착촌은 1921년 산양면 미수동에 히로시마촌[10]이 대표적이었다.[11]

〈그림 3-4〉는 1928년 일본인이 정착하여 집단촌을 이루고 있던 오카야마촌(현 도남동) 전경이다. 조선인들은 이곳을 강산촌(岡山村)이라고 불렀다.

〈그림 3-4〉 1928년 오카야마촌(현 도남동) 전경. 출처:『한려투데이』.

일본인이 집단을 이루어 진출하여 새로운 행정 체제가 구성되고 그 아래로 강제 편입되면서 일본인 상인들에 의해 조선인 상인 조직은 약화되었다.

9) 『조선시보』, 1914년 11월 25일, 필요에 의해 생겨난 봉래좌.
10) 여박동, 「통영 미수리의 히로시마촌」, 『일제의 조선 어업지배와 이주어촌 형성』, 2002, 357~361쪽. 히로시마현 수산 조합이 11,000엔을 보조하여 14호 이주 어민 주택의 건설을 시작으로 통영군 산양면에 1920년경 이주 정착을 시작하여 1921년 4월 13가구 91명을 이주시키고 1929년경에는 130명이 정주하였다.
11) 통영상공회의소, 『통영상공회의소 66년사』, 2002, 65쪽.

〈표 3-1〉 1915년 현재 통영군 민족별 직업, 호수

직업명	일본인	비율(%)	조선인	비율(%)
농목 임업	30	2.6	14,001	73.2
공업	49	4.3	783	4.1
공무 및 자유업	53	4.7	232	1.2
무직	8	0.7	159	0.8
어업	540	47.6	1,077	5.6
상업 및 교통	408	35.9	1,987	10.4
기타 유업	47	4.1	883	4.6
합계	1,135		19,123	

출처: 山本精一, 『統營郡案內』, 1915.

〈표 3-1〉은 1915년 현재 통영군 민족별 직업 호수의 비율이다. 1915
년 당시 통영지역 일본인은 약 83.5%가 어업, 상업 및 교통에 종사하
였다. 이와 달리 조선인들은 73.2%가 농·목·임업에 종사하였고 16%
만이 어업, 상업 및 교통에 종사하였다.

일본인 상인의 압박 속에서도 조선 상인들은 면포, 입자, 금속세공,
목공, 칠공, 잡화 등 지역 특산물을 중심으로 한 조합을 결성하여 상권
의 보호에 앞섰다. 각 분야에 조합장을 두었으며 조선인만의 상업회의
소를 결성하기도 하였다. 그러나 이것은 1915년 7월 조선인과 일본인
을 통합한 상업회의소 설치 조치가 나오면서 해산되었다.[12]

통영지역에서 조선인들이 많이 종사하는 업종은 목기, 칠기, 죽 제
품, 선자(扇子), 직물류, 어망, 소주, 선박, 지물 등이었다. 이 방면의 상
품을 제조·공급하는 조선인은 8천 300호나 되었으며 나전칠기와 관련
된 품목 역시 조선인이 주로 생산하였다.[13]

12) 山本精一, 『統營郡案內』, 第七, 工業及商業編, 1915.
13) 통영상공회의소, 『통영상공회의소 66년사』, 2002, 82~83쪽.

〈표 3-2〉 통영군 관내 공산품 현황(1914년)

품명	수량 단위	한국인			일본인			금액, 총액(圓)
		수량	금액(圓)	제조 호수	수량	금액(圓)	제조 호수	
鐵鑄物 (豆錫)	개(個)	30,000	900	1	-	-	-	900
木家具	개(個)	8,640	6,048	73	1,500	1,500	3	7,098
木器	개(個)	5,204	4,168	74	900	900	3	4,798
漆器	개(個)	3,295	2,677	14	-	-	-	2,677

출처: 山本精一,『統營郡案內』, 1915.

〈표 3-2〉는 통영군 관내 공산품 현황이다. 1914년 현재 통제영 시대 공방 물품의 하나인 나전칠기가 등장한다. 칠기와 두석(豆錫)[14]의 경우 통제영 시절부터 전해 오는 우리 전통 고유의 기술로서 일본인 생산이 전혀 없는 것으로 나타난다.

개항 이후 대한제국 시기까지 통영지역 나전칠기 산업은 크게 드러나지 않았다. 통영은 18세기부터 청패세공으로 이름난 지역이었지만 칠 문화가 발달한 일본의 시각에서 조선 칠공예의 수준을 그다지 높게 평가하지 않았다. 장식 기법으로 중국에는 조금(彫金), 일본은 시회(蒔繪), 조선에서는 나전칠기(螺鈿漆器)가 가장 보편적으로 발달하였으며 3국에 함께 나타나는 공통 기법은 칠공예 기법이었다.

중앙시험소 기사 이마즈 아키라(今津明)는 조선 칠공회 연설에서 "조선 칠공 가운데 특색 있는 장래 유망한 것으로 나전 세공이다."라고 발언하였다. 조선 칠공예와 관련하여 일률적으로 조선의 칠(漆) 수준을 극히 낮게 평가하였으나 이마즈 아키라(今津明)는 나전 세공 기술은 높게 평가하였다.

---

14) 목가구나 건조물에 장식·개폐용으로 부착하는 금속으로 근래에는 장석으로 불리고 있다.

〈그림 3-5〉 통영에서 청패세공제조인(靑貝細工製造人)에 대해 총독의 사비(私費) 기증식 광경
(5월 10일). 출처:『매일신보』, 1913년 5월 30일 기사, 1면 3단. 현 문화동 세병관.

또한 대한제국 시기 재무관을 지낸 야마구치 도요마사(山口豊正)도
『조선의 연구(朝鮮の硏究)』에서 통영의 칠(漆)에 대해 "품질도 가량(佳
良)하며 색택(色澤)도 풍부하여"라고 통영 나전의 우수성을 말하였다.15)

통제영 폐영 이후 배우는 자가 없어 쇠퇴를 거듭하던 청패세공(나전
칠기) 분야는 흥미롭게도 데라우치 마사타케(寺內正毅) 총독이 청패세
공 제조인에게 하사금을 주면서 특별히 관심을 받게 되었다.16)

경남에서는 청패세공 장인 박정수(朴貞洙), 박목수(朴穆壽) 두 사람
에게 후진 양성비로 지방비에서 매년 100원씩 일정 금액을 보조하였
다. 이런 상황에서 지난날 다른 지역에 이주하였던 기술자도 다시 통

---

15) 山口豊正,『朝鮮の硏究』, 巖松書堂店, 1911, 168쪽.

16)『매일신보』, 1913년 5월 7일, 2면 6단

영으로 돌아와서 활동을 이어 나갔다. 1915년 현재 세공업자는 3호에 종사자 9명이었고, 양성 중인 제자까지 포함해서 25명이었다.[17]

1911년 통영공업전습소가 세워졌다. 1914년 8명의 1회 졸업생을 배출하였으며 10월에는 경남물산 공진회[18]에서 상금과 상패를 받았으며 시정 5년 기념 공진회에도 출품하였다. 지방비 보조금 1,200원을 지원받고 있었으며 1915년 4월부터 칠공과를 증설하여 일본인 칠공 교사를 초빙하여 익히게 하였다. 청패세공 업자들이 자기 상품을 제작하도록 하여 칠공 기술을 전습하게 하고 군청 부속 건물에서 작업을 하였다.[19]

1918년에 통영칠공주식회사(統營漆工株式會社)가 설립되어 은사금 수산비를 보조받아 운영하였다. 이후 지방비 보조 사업은 전부 칠공회사에서 받아서 도제(徒弟) 양성과 나전칠기 제작에 임하였다. 이후 의장 도안 등에도 조선의 전통 양식을 가져와 개량을 더하면서 정교하고 우수한 제품을 만들어 내었다.[20]

통영 나전칠기에 조선 총독이 관심을 보이자, 이후 일본의 대신 고위 관료들이 이를 하사품이나 선물용으로 생각하고 호평하였다. 그러자 통영칠공주식회사는 이들을 위한 고가품을 주문받아 제작하기도 하였다.

일제강점기 이후 통영의 나전칠기는 점차 일본인 자본이 진출하면

---

17) 山本精一, 『統營郡案內』, 청패세공, 1915.
18) 정윤희, 『1910년대 지방 물산 공진회 연구』, 한양대학교 대학원 석사학위논문, 2016. 경남 물산 공진회(1914년), 부산에서 경남 물산 공진회가 11월 1일부터 20일까지 개최되었고 총 257,260명이 관람하였다. 농산품, 원예품, 잠업품, 공산품, 음식품, 수산품, 참고품으로 구분되어 총 14,300점이 출품되었다. 그리고 공진회를 계기로 교육품 전람회, 백일장대회 등의 집회와 씨름대회, 어선 경쟁, 해녀 잠수 경쟁 등의 각종 오락 행사가 개최되었다.
19) 山本精一, 『統營郡案內』, 군립 공업전습소, 1915.
20) 『매일신보』, 1923년 11월 6일, 2면 4단.

서 그들의 기호에 맞는 양식과 의장 제품이 제작되는 변화가 일어났다. 일본인 경제 체제 아래 통제영 공방에서 이어온 통영지역 전통 나전칠기 문화는 체계적인 이해 없이 변용되어 왜곡되고 변형된 형태로 전래되고 종속되었다(〈그림 3-6〉은 1923년 당시 통영항 모습).

〈그림 3-6〉 수원지에서 통영시를 바라봄(1923년). 출처:『조선시보』, 1923년 6월 24일.

2) 근대적 나전칠기 기법의 전래

우리나라 칠 공예품은 고대 유물에서 보듯이 삼국시대 이전부터 제작되었다. 기물(器物)의 제작 과정과 성형 형태와 시문 방법을 각각 달리하였으며 목심 칠기, 건 칠기, 채화칠기 등으로 사용되는 소지에 따라서 구분되었다. 목심 칠기는 목재를 재료로 성형 제작하여 칠 작업을 하였으며, 건칠(乾漆)은 진흙이나 목재로 기본적인 형을 만든 다음 그 위에 삼베 혹은 헝겊을 바른 후 떼어낸 기물에 칠 작업을 하였다. 채화칠기는 여러 종류의 색을 이용한 채칠(彩漆) 작업으로 장식무늬를 시문하였으며 나전칠기는 여러 방법으로 성형된 기물 위에 자개를 사용하여 시문하였다.[21]

21) 이원복,「목칠공예」,『한국미의 재발견』, 솔 출판사, 2005.

나전칠기는 칠공예에 사용되는 여러 장식 기법 가운데 하나로 사용되었다. 특히 고려시대에 이르러서 조개껍데기 안쪽을 얇게 다듬어 오려 붙이는 나전기법이 발달되었으며 도자기의 상감 청자 기법과 더불어 고려를 대표하는 시문 기법이 되었다.

조선시대에는 고려시대의 섬세함은 약간 부족하였으나 회화적인 의장 요소가 많이 더해져 소박하고 단순화된 여백의 미를 강조하는 새로운 경향이 나타났다. 통영지역 나전칠기 제작에 시문된 기법은 주로 주름질 기법(〈그림 3-7〉)과 끊음질 기법(〈그림 3-8〉)이었다. 통영지역 장인들은 주름질(혹은 줄음질), 끊음질(혹은 꺼끔질)이라고 하였다. 사실 이러한 용어는 어원이나 개념이 제대로 밝혀지지 않고 정립되지 않은 채 소리 나는 대로 발음하면서 사용되었다.

〈그림 3-7〉 주름질 기법에 사용된 자개 켜기. 출처: 문화재청.

〈그림 3-8〉 끊음질 기법. 출처: 『칠공예 천연 칠의 매력과 표현기법』, 조형사, 1997.

주름질 기법은 자개를 여러 장 사용하여 수용성 풀(아교)로 겹겹이 접착한 것을 실톱으로 켜면 한 번에 똑같은 문양을 여러 개 만들 수 있는 이점이 있었다. 여러 장의 자개를 포개어서 무늬를 오려 낼 수 있어 대량생산이 가능하였으며 이러한 생산 방식이 도입되기 전에는 장롱 같은 대형 제품을 다량으로 제작하는 것이 불가능하였다. 현재 우리나라에서 나전칠기에 실톱을 사용한 시기를 명확하게 뒷받침하는 사료적 증거가 부족하여 유물 사진을 보고 주름질 기법에 있어 실톱을 사용하였을 것이라는 정도만 추정하고 있다.

고인이 된 어느 장인의 증언에 의하면 자개를 가위로 오리거나 절단하여 줄칼로 다듬어 사용하였으며[22] 그려진 무늬대로 자르거나 오려진 자개를 도안에 붙이고 접착제(아교) 바른 기물 위에 붙여 인두로 지져가며 고정하는 작업을 '주름질'이라 하였다. 주름질은 사실적인 표현과 일정하게 작업하는 데 숙련된 기능이 요구되는 기법이다. 1967년 국가중요무형문화재 기능보유자 제10호 나전장(螺鈿匠)에 처음 지정됐던 김봉룡(1902~1994년)에 이어 1996년 이형만이 중요무형문화재 10호 나전장으로 지정되었다.

'끊음질' 기법도 나전칠기에 사용되었다. 〈그림 3-8〉과 같이 끊음질 기법은 자개를 실같이 가늘게 썰어 칼끝으로 끊어 눌러 붙여서 시문하였다. 얇은 자개를 직선으로 재단하여 주로 기하학적인 연속무늬를 구성하는 데 이용되었다. 재료로는 빛깔이 고운 전복의 내피를 으뜸으로 하고 일정한 너비로 절단한 자개를 '상사'라 하였으며 이 중 한쪽을 뾰족하게 절단한 상사는 송곳 상사라 하여 회화적인 산수 문양 표현에 이용되었다. 양 끝이 일정한 상사는 톱(鋸刀)을 사용하여 가늘게 썰어 상사를 만들었으나 지금은 기계가 보급되어 다양한 굵기의 상사를 용도

---

22) 『월간 한국 나전칠기·목칠공예』, 1989, 나전칠기 인생 결코 후회한 적 없어(황동수 옹 인터뷰), 당시만 해도 전복, 소라 껍데기를 숫돌로 갈아 얇게 만든 뒤 자개에 그림을 그려 넣고 군데군데 날카로운 송곳으로 구멍을 뚫어 그것을 손으로 절단해 고운 줄칼로 다듬어 사용했으며 어지간한 것은 가위로 형태를 오려 구성했다고 하였다.

에 맞게 효율적으로 제작하였다.

끊음질 기법은 중요무형문화재 제54호로 지정되었으며 이후 그 기능보유자인 심부길(沈富吉)이 고인이 된 뒤에는 나전장(중요무형문화재 제10호)의 기능 속에 흡수되었으며[23] 통영지역에는 중요무형문화재 제10호로 아버지 송주안에 이어 아들 송방웅(2020년 작고)이 나전장으로 지정되었다.

나전칠기의 제작 공정은 분업화되어 있었다. 백골을 짜는 장인, 조개껍데기를 가공하여 자개를 만드는 장인, 오려진 자개를 붙이거나 끊어서 시문하는 장인, 옻칠하는 장인이 있었다.[24]

조선시대에는 나전장과 칠장, 통제영 공방 시절에는 패부방, 칠방, 근대에 와서는 나전부, 칠부, 백골부로 전문 영역이 되었으며 장석, 즉 두석장[25]이 추가되었다. 제작 공정은 각 분야의 제작을 하는 장인에 의해서 각각 달리하였으며, 기본적으로 통영지역 장인들의 제작 과정은 기본적인 '17공정'으로 완성되었다.[26] 그러나 어떤 공정을 몇 회 반복하느냐에 따라서 더 많은 공정이 요구되었으며 기본 제작 공정은 〈표 3-3〉과 같다.[27]

23) http://100.daum.net/encyclopedia/view/14XXE0011287.
24) 박성림, 「한국 나전칠기 산업의 지리학적 고찰」, 이화여자대학교 대학원 석사학위논문, 1987, 27쪽.
25) 박종분, 『답사 여행의 길잡이 11: 한려수도와 제주도』, 한국 문화유산답사회, 2008, 255쪽. 목제품을 비롯한 각종 가구에 덧대는 금속 장식(裝錫 혹은 金具)을 만드는 일 및 그 일에 종사하는 장인. 중요무형문화재 제64호로 통영지역에는 고 김덕룡에 이어 그의 아들인 김극천이 지정되어 있다.
26) 김시연, 『충무 나전칠기 산업의 생산·유통구조』, 경북대학교 대학원, 지리교육 전공 석사학위논문, 1995, 12쪽.
27) 김시연, 『충무 나전칠기 산업의 생산·유통구조』, 경북대학교 대학원, 지리교육 전공 석사학위논문, 1995, 27~32쪽.

<표 3-3> 통영지역 나전칠기 제작 공정

공정	주제	내용
1	사포질	백골 바탕이 고르지 못한 곳을 고르게 하고 매끄럽게 한다.
2	생칠	생칠이 백골에 스며들어 단단해지고 눈 매가 메워진다.
3	틈 메임	나무를 이은 곳이나 틈을 메워준다.
4	베 바르기	무명이나 모시를 칠을 먹인 백골 위에 씌워서 바른다.
5	고래 바르기	황토 가루를 생칠과 물을 배합하여 베의 틈새를 메운다. (반복)
6	숫돌 갈기	숫돌로 바닥을 골고루 간다. (반복)
7	자개 붙임	오려진 자개를 도안에 붙여 아교를 바른 기물 위에 붙여 인두로 지져 가며 붙인다.
8	아교 제거	자개를 붙이고 나면 밖으로 빼어 나온 풀을 제거한다.
9	생칠 바르기	한 번 더 생칠을 발라준다(습도가 있는 칠장에 넣어 7~8시간 정도 건조한다).
10	고래 바르기	토분과 생칠과 풀을 혼합하여 자개 위에 바른다.
11	숫돌 갈기	자개 모양이 나타나는 부분을 숫돌로 바닥을 골고루 간다.
12	중칠 바르기	중칠을 골고루 곱게 한다.
13	숯으로 갈기	바닥이 드러나지 않도록 조심해서 갈아준다.
14	상칠 바르기	숯으로 서너 번 갈고 마지막 생칠을 한다.
15	숯으로 갈기	칠 긁기 칼로 자개 무늬 위에 입혀진 칠을 긁어낸 다음 갈아 낸다.
16	초벌 광내기	치 분과 콩기름을 사용하여 바닥을 문지른다.
17	재벌 광내기	초 광내기와 비슷한 과정으로 반복한다.

〈표 3-3〉에 있는 제작 공정은 주로 칠(漆)부가 담당하는 공정으로 나전부의 제작 과정은 끊음질과 주름질 기법으로 대체하였다. 장인의 제작 여건과 환경, 장인의 기술력에 따라서 제작 과정이 더 하기도 하고 줄기도 하였다. 또한 순수 옻칠을 사용하느냐 변용된 재료를 사용하느냐에 따라서 제작 과정이 다르게 이용되었다. 이와 같은 제작 과정이 바탕이 되었으나 시대의 흐름과 소비자의 기호 변화에 따라 대량생산으로 이어지면서 생산 공정이 축소되고 생산비가 절감되었다. 그러나 제품의 질을 떨어뜨리는 요인이 되어 통영지역 나전칠기 산업의 쇠퇴를 가져오는 원인 중 하나가 되었다.

나전칠기에 사용된 재료는 전복(靑貝), 소라(夜光貝), 진주조개(珍珠貝), 공작패(멕시코산 전복) 등 패의 종류에 의하여 분류되었다. 또 사용하는 기법에 따라 특수한 형태나 크기로 가공하여 사용하기도 하였으며 자개를 사용하는 방법, 즉 무늬 제작 기법에 따라 할패(割貝), 자개 염색 방법에 따라 염패, 옻칠기법에 따라 색패(色貝) 등으로 명칭이 다르게 사용되었다.[28] 자개는 대체로 진주의 영롱한 빛깔을 나타내었으며 그것은 진주조개 껍데기의 안에 있는 것으로 조직이 얇고 잎 모양의 많은 조직으로 구성되어 있어 이것이 반사 혹은 전반사되어 진주 특유의 빛을 나타내기도 하였다.[29]

칠(漆)은 중국을 비롯하여 한국, 일본, 등지에서 생산되었다. 특히 베트남의 남쪽과 중국의 사천성(四川省)에서 대량 생산되었다.[30] 통영 지역 근교의 생산지로서는 경남 함양에서 원시적인 방법으로 채취한 화칠(火漆)[31]을 생산하였다. 『경국대전(經國大典)』의 식재(植栽) 편에 의하면 칠 나무는 전국에 산재하여 전국에서 생산되었으며 각 지역에서 관리하고 관찰사가 시찰하여 감시하는 등 국가에서 엄격하게 통제하여 생산되었다.[32] 특히 청일전쟁 발발 후에는 칠의 수입과 사용 제한 조치[33]가 되어 통영지역 나전칠기 산업은 주춤하였으나 재래 방식의 제작 기법과 기술이 존속되면서 현재까지 전승되어 전래되고 있었다.

---

[28] 김성수,「통영 나전칠기 연구」, 홍익대학교 산업미술대학원 석사학위논문, 1974, 13~15쪽.
[29] 한국산업경제연구원,「민족 산업종합육성방안 연구」, 1982, 105쪽.
[30] 한홍열,「한국 목기 공업에 관한 소고(남원목기를 중심으로)」,『청주대학교 사범대학 논문집』제18집, 1986, 21쪽.
[31] 옻나무를 불에 그슬려 끓어오르는 진액(津液)을 받은 칠.
[32] 『經國大典 卷之 六』, 법제처, 516쪽.
[33] 『동아일보』,「漆輸入不可能」, 1939년 6월 14일, 4면 5단.

〈그림 3-9〉 통영 소개호. 출처: 『매일신보』, 1926년 10월 31일, 4면 3단. 전선 유일의 양항인 통영의 장족 발전 해륙 양방으로 괄목할 가치가 상당 유명한 한산도도 재차(1926년 통영항).

2. 은사 수산산업과 나전칠기 제작

1) 은사 수산 나전칠기 산업의 전개

일제강점기가 되면서 우리의 전통 나전칠기는 식민지 정책을 추진한 일본인들의 선호로 양적인 팽창이 이루어졌으나 의장은 그들의 취향에 맞추어 제작되는 변용과 변형의 길을 걷게 되었다.

식민지 조선으로 이주한 일본인들은 적극적으로 조선의 전통공예문화를 파악하여 자신들 창작 활동에 동원했다. 그들은 고유의 전통문화를 자기들 기준에 맞게 평가하여 그들의 것으로 만들고자 시도하였다. 하지만 결과적으로 볼 때 근본적인 조선 전통 고유문화의 정체성은 변화시키지 못하였다.

일제강점기 이후 총독부는 적극적으로 나전칠기 사업에 개입하였다. 1917년에는 민간단체인 조선칠공회 설립에도 조선총독부가 관여하였으며, 옻칠 등 연구를 조선총독부 직속 중앙시험소에서 진행하도록 하였다.[34] 또한 1910년부터 나전칠기 산업의 육성을 위하여 막대한 임시은

---

34) 『매일신보』, 1912년 9월 8일, 1면.

사금이 투하되었다. 임시은사금은 국권피탈 직후 원활한 제국주의 통치를 위해 친일파 양성, 유교 세력 회유 및 차별적 사회사업, 교육사업, 지방 산업 수탈을 목적으로 배분한 자금이었다. 총 3,000만 원으로, 50년 거치로 하고, 이자인 5%만을 지급하였다. 이 중에서 1,730만 원가량이 지방 은사금으로 투하되었고, 이 중 60%를 수산비로 이용하도록 했다.

수산비 산업에 대하여 당시로선 지방민의 호응이 낮았다. 식민지 통치의 강압적인 통제가 이루어져 실업교육 분야 각종 전습소 지원자는 매우 적어 전습생 모집은 일본인과 친분이 있거나 지방 유지와 관계된 자를 우선 선발하였다. 통영지역에는 통영공업전습소[35]와 수산전습소(현 경상대학교 해양과학 대학)[36]가 설치되었다.

2) 통영지역 나전칠기 전습소 설립과 운영

일제강점기에 들면서 칙령 제6호로 「공업전습소 관제」가 반포되었다. 농상공학교가 3개 학교로 분리되었으며, 그중 공업과가 별도의 사옥을 짓고 독립 개교하면서 관립 공업전습소가 설립되었다.[37] 관립 공업전습소 학습 목표는 '이학에 능한 자가 아니라 실기에 능한 자임을 주지시키기 위함'으로 강사는 모두 일본인으로 학생들에게 6원의 학자금이 지원되었다. 입학 자격 조건으로 장래 공업에 종사할 자라는 조건이 있었으며, 1907년 당시 17 : 1의 경쟁률을 보일 정도로 공예 기술에 대한 사회적 관심이 높았다. 조선 정부의 노력에도 불구하고 이때는

---

[35] 『朝鮮總督府官報』 1238호, 지방, 공업전습소 표, 지방비 보조, 1916년, 9월 16일. 富田精一, 『富田儀作 傳』, 1936년.

[36] 『朝鮮總督府官報』 1811호, 지방청 공문, 조선총독부 경상남도령 11호, 경상남도 수산전습소 규칙, 통영군 통영면에 설치. 지방비 회계 규칙에 의거, 1918년 8월 19일.

[37] 「도량형 사무국 관제, 공업전습소 관제, 측후소의 관제를 모두 개정하다」, 『고종실록』 고종 44년(1907년) 2월 1일 양력 3번째 기사.

이미 일본에 의해 경제·외교 등의 주권을 침탈당하던 때였기에 온전한 조선 정부의 역할은 미약하였다.

통영지역에서도 이러한 흐름 속에서 공업전습소가 설치되었다. 1903년 와타나베 나오미(渡邊直躬)는 통영의 문명 공업교육을 위하여 조선인 지역 유지 및 군수와 상의하여 공업전습소38)를 세우고자 하였다. 설립 비용은 충무공 유산 처분금 1,800원을 기본금으로 하였으며 1908년 6월 보통 학교가 개교하여 통영공업전습소라 하고 청년 10명으로 철공과 목공 실습을 시작하였다.

1911년 기본금과 유지들 기부금으로 설비를 확장하고 군립으로 허가받아 동충동에 있는 옛 통제영 건물 포수청, 사공청을 수리하여 교실로 개조하여 사용하였다. 지방비에서 연간 800원의 보조를 받아 공업 전문 교육기관으로 활용하였으며 12월에 개소식을 하고 기간은 2년 4개월로 당시 입학생은 10명으로 경비는 지방보조금 외에 기본금이자, 잡수익금으로 하였다.39)

〈표 3-4〉는 1916년 조선총독부 관보와 조선 경제잡지 『월보』 9호에 나타난 통영공업전습소 현황이다.

〈표 3-4〉 통영공업전습소 현황

명칭	통영공업전습소
위치	경상남도 통영군 통영면
창립연월	明治 44년(1911년) 12월
사업	金工及木工 傳習
경영자	통영군수

---

38) 1899년 대한제국이 국내에서 세운 최초의 근대적 기술 교육기관인 관립 상공 학교를 개편한 것으로 1904년 농 상공 학교로 바뀌고 1907년 4월 통감부에 의하여 개편되었으며 일본의 직공학교와 같은 단기 실습 위주의 공업전습기관이다.
39) 山本精一, 『慶南統營郡案內』, 1915.

명칭	통영공업전습소
전습생	금공 2, 목공 4
졸업생	금공 5, 목공 10
경비	경비: 7,240
지방비 보조	1,280원, 1,218원(관보)

출처:「조선에 있어서 지방공업기관」,『조선 경제잡지 월보 9호』, 경성상업회의소, 1916;
　　『조선총독부 관보』 1238호, 1916년 9월 16일.

1914년 10월에는 경남 공진회에 출품하여 본관에 진열하고[40] 시정 5년 기념 공진회에도 출품하였으며 지방비 보조를 받았다. 학생은 금공과 5명, 녹로과 8명, 지물과 5명으로 늘어났으며[41] 1915년에는 칠공과(漆工科)를 증설하여 일본인 칠공 교사 4명을 채용하였다.[42]

청패세공 업자에게 자기 상품을 제작하면서 칠공 기술을 전습하게 하였으며 공업전습소로는 조선에서 유일하였다.[43] 처음에는 조선인의 관습상 기술교육을 천시하는 경향이 있었으나 이러한 폐단은 점점 사라지고 차츰 많은 청패세공 업자들이 함께하였다.[44]

데라우치 마사타케가 초대 조선 총독으로 있을 때 문화정책의 하나로서 1910년(명치 3년) 은사금에 의한 공예 미술 분야에 장려 보조가 있었다. 데라우치 마사타케는 초대 조선 총독이 되어 1914년 3월 2일부터 조선 내 순회를 위해 출발하여 7일경 경상남도 삼천포에 도착하였다.[45] 그 후 진주, 마산의 해협, 한산도, 통영을 차례로 돌아보았으

---

40)『조선시보』, 1914년 11월 25일, 통영호.
41)『통영상공회의소 66년사』, 통영상공회의소, 2002, 85쪽.
42) 山本精一,『慶南統營郡案內』, 58쪽.
43) 통영 시사 편찬위원회,『통영시지』, 통영시사편찬위원회, 1999, 1,200쪽.
44) 山本精一,『慶南統營郡案內』, 1915.
45) 山本四郎(야마모토시로) 篇, 京都女子大學 研究叢刊5『寺内正毅 日記: 1900~1918』京都女子大學 發行. 3월 6일 일기의 서술에는 제주부 앞에 배로 도달해도 풍랑이 높아 상륙하지 못했기 때문에 진로를 변경해「밤 7시경에 삼천포에 임시로 정박함.」까지 기술하고 있다.

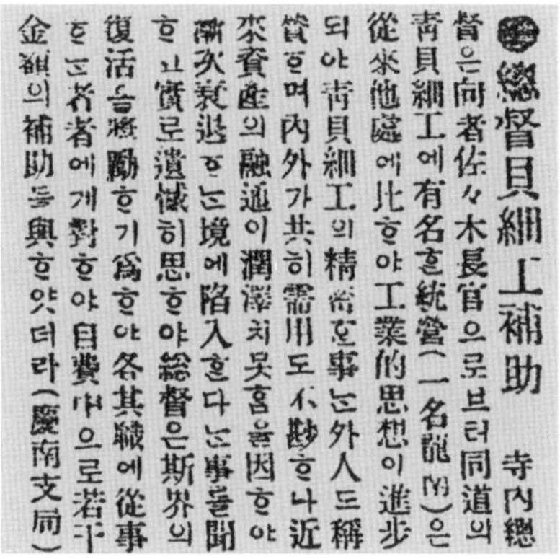
總督貝細工補助　寺內總督은向者佐々木長官으로브터同道의靑貝細工에有名ᄒᆞᆫ統營(一名龍[illegible])은從來他處에比ᄒᆞ야工業的思想이進步되야靑貝細工의精巧ᄒᆞᆫ事는外人도稱讚ᄒᆞ며內外가共히需用도不尠ᄒᆞ나近來資産의融通이潤澤치못ᄒᆞᆷ을因ᄒᆞ야漸次衰退ᄒᆞ는境에陷入ᄒᆞᆫ다는事를聞ᄒᆞ고實로遺憾히思ᄒᆞ야總督은斯界의復活을獎勵ᄒᆞ기爲ᄒᆞ야各其職에從事ᄒᆞ는者에게對ᄒᆞ야自費中으로若干金額의補助를與ᄒᆞ얏더라(慶南支局)

〈그림 3-10〉 총독 패세공 보조. 출처: 『매일신보』, 1913년 5월 7일, 2면 6단.

며 특히 통영 시찰에서 "특히 통영은 명장 이순신의 주 영이 었던 고적으로 지금도 여전히 나전 세공으로 이름이 높은 곳이다. 시찰 결과 총독이 장려 보조를 결정하여 오늘날 정교한 나전 세공을 생산하게 되었다."[46]라고 기록하였다.

테라우치 총독은 통영지역을 순회할 때 공업전습소도 시찰하였다. 옛날부터 정교한 나전 제품을 많이 생산했던 지역으로 폐영 이후 기술 쇠퇴와 생산 감소를 직접 확인하고 나전칠기 장려를 위하여 장려금 보조를 결정하였으며 또 청패세공 장인들에게 직접 사비로 장려금을 주었다. 이 장려금으로 칠공과를 증설하고 민간업자와 협력하여 청패세공의 기술 부흥과 제품개량을 하였으며 또 전습생을 모집하여 기술자를 양성하였다.

그 결과 통영에서는 청패세공의 기술 향상을 보였으며 생산제품은 예전과 비교해도 뒤지지 않을 정도로 제품의 수준이 향상되고 생산액도 매우 증가하였다(〈그림 3-10〉 참조).

통영공업전습소 전습생들은 1917년 데라우치가 총리대신이 되었을 때 통영지역 나전칠기의 관심과 장려에 대한 감사 표시로 통영식 나전상(床: 소반)을 제작하여 편지와 함께 보냈다.

일본의 학습원 대학 사료관에 소장 중인 통영식 소반은 데라우치 마사타케와 관련 있는 조선 나전칠기 2점(통영공업전습소와 이왕가 미

46) 黑田甲子郎 編, 『元帥寺內伯爵伝(원수寺內백작전)』, 1921년(대정 9년) 발행.

술 공장 제조품) 가운데 하나로 「삼백문운문나전탁(三ッ栢紋雲文螺鈿卓)」(〈그림 3-11〉 참조)이며 장방형 사각형, 사각형의 상판과 다리가 달린 탁자로 상판 중앙에 사내가(寺內家)의 가문인 삼백이 나타나 있어 데라우치가(寺內家)를 위해 제작되었고 가문과 운문, 당초문 등 문양은 모두 자개로 만들어져 있었으며 함께 보낸 편지[47)가 있었다.

삼가 아룁니다.
요즘 평안하신지요, 각하가 일찍부터 아시듯이 나전 세공은 조선 미술품의 하나로서 그 기원으로 전혀 이 사업이 없어지는 것을 예측하지 못하고 슬픈 상황에 잠겨있을 때 뜻하지 아니하게 대정 2년 3월 각하 가 조선 총독으로 조선 남쪽 지방 순시 때 직접 그 비황을 목격하고 이것을 걱정하시어 당시 저의 업자들에게 특이 이 사업 장려의 의지를 품고 직접 하사금을 내려주시어서 당시 우리 업자는 깊이 감격하여 떨치고 일어나 자리를 잡고, 이후 저희 전습소는 특히 칠공과를 증설해 민간영업자와 서로 호응하여 열심히 그 업의 부흥과 제품의 대량을 논의하고 널리 전습생을 모집하여 오로지 도제 양성에 노력한 결과 이번에는 그 기대로 나아가 고대 제품에 손색이 없을 정도이고 이것을 기하여 생산액이 또한 현저하게 증진하여 년 생산액이 약 일만 원에 달하는 성황을 보기에 이르게 하셨으며, 본도 통영군에 있어서는 예로부터 성행하여 이를 제조하면서 지극히 정교하기 이를 데 없는 것이 대단히 많았는데 그 성가

〈그림 3-11〉 삼백문운문나전탁(三ッ栢紋雲文螺鈿卓). 출처: 吉廣さやか,『학습원대학 사료관소장 朝鮮関連螺鈿漆器三点とその時代』. 통영공업전습소 제작.

47) 吉廣さやか,『学習院大学史料館所蔵 朝鮮関連螺鈿漆器三点とその時代』, 寺内家에서 자료의 기증을 받았던 야마구치 현립대학 장의 書簡(기록)에 正毅가 소장했던 상세하게 기술이 되어 있으며 다음에 서안의 본문 전문을 인용하였다.

를 내지 못하고 생산액 또한 현저하게 감소하여 이렇게 각하께서 장려하시어서 참으로 경하하기 이를 데 없사옵나이다. 제국의 재상으로 대정 섭리의 대임을 마치고 마침내 귀국하셨기에 참으로 공경해 마지않습니다. 전습소에서는 이에 기념으로 저희 전습소 일동이 삼가 만든 책상 하나를 봉정하여 높은 덕의 만의 하나에 보답하고 이것을 기해 보잘것없는 것을 받아 주시면 저희 전습소의 영광입니다. 경의를 표하며.

대정 6년(1917) 9월 8일 경상남도 통영공업 전습소, 백작 데라우치 마사타케(寺内正毅) 전 각하[48]

통영공업전습소 전습생들은 나전칠기 관심에 대한 감사와 장려 정책 효과로 실물을 제작하여 데라우치 마사타케에게 성의를 나타내었다. 통영공업전습소 입장에서 살펴보면 일제강점기 최고 권력자 조선총독의 관심을 배경으로 통제영 폐영 이후 쇠락을 거듭하던 나전칠기에서 새로운 희망을 찾고자 하였다. 그러나 통영공업전습소는 매년 지방비 보조를 받아 운영되었지만 경영 성적이 좋지 못하였다. 경비가 많이 소요되고 결과도 만족스럽지 못하였으며 출자 비용에 대한 손실액이 점점 커지자 경상남도에서는 전습소 존폐를 거론하게 되었다.

1918년 2월경 진남포의 토미타 키사쿠(富田儀作)에게 전습소 경영 방법을 논의한 결과 이번에 지방비 보조를 폐지하고 동시에 주식회사로 조직을 변경하고자 하는 취지에서 토미타 키사쿠(富田儀作)가 대부분의 인수를 결정하는 실현 가능성의 회의를 하였다.[49] 통영공업전습소는 가까운 시일 내에 지방비의 보조를 폐지하여 주식회사 조직으로 되는 것이 당연한 것으로 알려졌다.[50] 이 결과 토미타 키사쿠(富田儀作)는 산업 장려 보조금을 받아 공업전습소 조직을 흡수하여 통영칠공

48) 大正 6年 9月 8日付 寺内正毅宛 統營工業傳習所 傳習生 一同 書簡.
49) 『부산일보』, 1918년 5월 1일, 5면 3단.
50) 『부산일보』, 1918년 5월 4일, 6면 6단.

주식회사에서 도제 양성 사업을 계속 실행하였다.[51]

> 螺鈿 反 一般漆器: 공업전습소(산업 장려 보조금, 경비 2,443원),
> 수업 3개월
> 위치: 통영군 통영면 길야정, 대정 8년(1919년) 4월 설립
> 경영자: 통영칠기 주식회사[52]

1915년 말 지방공업 전(강)습소는 총 27개 소로 늘어났다. 은사 수산금 경영에 관련된 것 8개, 지방비 경영에 관련된 것 3개, 개인 또는 조합의 경영에 관련된 것이 16개였다. 이것을 사업의 종류로 보면 염직업 19, 제지업 4(겸 1), 금공 및 목죽 세공업 4(겸 1), 납석(곱돌) 세공업, 어구 제조업 각 1개였다. 그리고 그 연내에 있어서 졸업생 수는 염직 226인, 제지 37인, 금공 및 목죽(木竹) 세공 33인, 납석(곱돌) 세공 10인, 어구 제조 13인, 합계 389인이었다.[53] 통영지역에는 개인(탁임조)이 운영하던 기업 전습소[54]가 있었다.

> 염직: 통영기업전습소(개인)[55]
> 통영군 통영면 대정 3년(1914년) 10월 설립, 전습생 10, 졸업생 5,
> 경비: 1,386원, 경영자: 탁임조

각 종목 전습소 수료자들은 졸업 후에 자기 스스로 사업을 경영하거나 혹은 기술자로서 관공서(교사 혹은 기사) 및 사업체에서 높은 대우를 받고 고용되었다.

---

51) 富田精一, 『富田儀作 傳』, 279쪽.
52) 『朝鮮總督府 慶尙南道 統計年報』, 1921년(대정 10년).
53) 『朝鮮總督府官報』 1238호, 1916년 9월 16일, 地方工業傳(講)習所表.
54) 직물 제조의 기능을 전수하기 위해 설립한 일종의 직업 훈련 기관이다.
55) 「地方工業傳(講)習所表」, 『朝鮮總督府官報』 1238호, 1916년 9월 16일.

3. 조선미술전람회에 참가한 통영의 나전칠기

1920년대 이후 조선총독부는 이른바 문화통치를 표방하면서 조선 전통공예 문화를 육성하여 공예품을 관광기념품 및 답례품, 수출품으로 장려하고자 하였다. 이 과정에서 1922년부터 조선미술전람회[56]가 개최되었다.

조선미술전람회는 1922년 시작하여 1944년까지 매년 실시되었다. 1922년 1월 12일 운영 규정(총독부 제3호)과 심사위원회 규정(총독부 훈령 제1호)을 공포하였다. 운영 규정은 부분적으로 총 12회 개정되었는데, 조선에 거주하는 일본인 장인과 미술가에게 출품에 있어서 편의를 제공하고자 개정한 경우가 많았다. 특히 1932년(11회)부터 공예부가 신설되어 1944년(23회)까지 실시되었다.

일제강점기 조선에서는 공예라는 개념이 제대로 정립되어 있지 않았다. 서예, 산수화, 동양화 등 전통적인 분야가 미술 분야로 사회 전반에 성행하였으며 서구화로 도입된 서양화도 미술 분야로 보편화되었다. 당시 공예는 미술 개념보다 공업의 한 분야로 인식되어 조선총독부가 중앙시험소에서 연구원을 고용하여 연구하고 있을 뿐이었다.

공예부가 만들어지면서 공예부 출품 독려 기사가 언론계에 소개되고 전람회 입상 명단이 게재되면서 항간의 이목을 끌기 시작하였다. 그러면서 조선인 공예가들도 일본식 요소가 가미된 작품을 전람회에 출품하기도 하였다. 초기에는 일본인 출품이 많이 있었으며 횟수가 거듭할수록 조선인 출품자도 늘어났으나 일본인 공예가들의 활동 무대

---

[56] 약칭으로 "선전"이라 부른다. 1922년부터 1944년까지 23회를 거듭했다. 관전 형식의 권위가 넓어 한국 근대 미술의 전개에 큰 영향을 미쳤다. 조선총독부의 이른바 문치 정책의 하나로 창설되어 많은 미술가를 배출하고 성장시키는 등 작가 활동의 기반을 닦는 데 기여 했다. 그러나 한국 근대 미술의 일본화에 촉진적 역할을 하면서 화단을 일본화의 영향으로 물들였다.

를 위한 밑바탕이 되었다.

나전칠기 품목에서는 조선인 출품이 점점 증가하였다. 신설된 11회 (1932년) 대회에서는 3명, 12회(1933년)에는 6명의 조선인이 출품하여 수상하였다. 회가 거듭될수록 조선인 출품과 수상자 수는 점점 늘어나서 나전칠기 분야 조선인은 11회 3점, 12회 6점, 13회 11점, 14회 6점, 15회 10점, 16회 14점, 17회 8점, 18회 14점, 19회 17점이 출품되어 수상하였다.[57]

조선미술전람회는 식민 통치에 부응하고 대중을 동원하는 수단으로 활용되었다. 초기 전람회 참여는 일본인이 주도하였으며 동양화, 서양화 등 순수미술 분야가 우선하는 시기로 일본인에 비교하면 조선인 출품은 상대적으로 적었다. 일본인들은 조선미술전람회(3주간 개최)의 홍보 과정에서 관계자로부터 출품을 요청받는 등 유리한 위치에 있었다.[58]

조선미술전람회에 입상은 장인에서 예술가로서 사회적 신분 상승의 도구가 되었다. 과거 공인 혹은 장인 신분에 머물던 기능인들의 전람회 입상은 일본인뿐만 아니라 조선인에게도 창조적인 예술가로 새롭게 거듭날 기회를 주었다.

이 기회를 얻어서 일부 조선인 장인은 일본인들의 기호에 영합했으며 당시 이런 일본의 기호에 초점을 둔 일본인 작가들이 즐겨 출품하던 칠기류가 1/3 이상을 차지했다.[59] 이에 부응하여 조선인 장인들도 일본풍의 나전칠기를 조선 전통 기법으로 응용하여 출품하였으며 이

57) 이지영, 「조선 미술 전람회 공예부 연구」, 동아대학교 대학원 고고미술사학과 석사학위논문, 2016, 15~18쪽.
58) 『동아일보』, 1938년 4월 12일, 2면 9단.
59) 안현정, 「조선미술전람회 공예부의 일본화 경향에 관한 연구」, 『한국디자인문화학회지』, 2011.

런 작품의 선정 비율이 증가하면서 조선인들의 명성이 높아지기도 했다. 그러다 보니 당시 수상작이 대체로 일본인들의 기호에 맞게 재생이나 모방하는 방향으로 형성되었으며 장기적으로는 스스로가 전람회를 통하여 일본 공예에 동화(同化)를 시도하였다.

전람회 출품은 본인 이름은 물론 공방(工房) 홍보를 통하여 작품을 알릴 수 있는 수단으로 작용하였다. 개인 공방 경영자 혹은 문하생으로 근무하던 장인들이 전람회에 출품하여 입상하면 예술 작품으로 공식 인정받을 수 있는 바탕이 되었다. 따라서 상품성 가미와 함께 상대적인 작품 가치를 높게 평가받으며 작가로서 품격 향상으로 직결되었다.

전람회 입상은 예술작가로서 인정과 동시에 예술성을 공인받으며 작가로서 본인의 홍보와 공방 제품에 대한 경제적 가치 상승 효율화에 이르는 계기가 되었다. 공예부 출품자 대다수는 일본인의 기호에 영합하려는 단순 노동형 직공 출신 기능인들이었지만 식민지 사회 분위기에 편성되어 출세를 위해 일본화된 가시적인 작품을 예술품으로 인정받고자 하였다.

입상된 공예품과 나전칠기 작품들은 일본풍의 문화를 고착시키는 배경이었다. 식민지 문화의 기호에 영합하고 외래문화를 수용하여 전통 정신은 배제되었으며 출품자 개성이 담긴 독창적인 의장과 순수 예술성을 담아낸 작품과 창의적인 공예는 없었다. 전람회에 출품하는 장인들은 과거 익혀온 전통 제작 기법과 기술성의 우위만을 기반으로 전통 장인정신과 거리가 있는 일종의 변용된 형태로서 일본인 심사위원의 취향에 알맞은 일본풍 공예품을 제작하여 출품하였다.

전람회 수상 작품 일부를 이왕가 · 일본 궁내성 · 조선총독부 등에서 매입하여 조선 공예문화 향상이라는 명분으로 일본인 출품자를 우대하였다. 전람회는 조선 공예의 열등함을 조장하고 차별을 노골적으로 드러내어 그들의 논리에 맞는 의장을 조선의 전통에 이식하는 공간으로 수상 작품들은 일본의 기호에 초점을 두었으며 이왕직미술품제작소(李王職美術品製作所) 출신이 다수 있었다.

한성미술품제작소는 이왕직미술품제작소로 개명되어 황실에서 사용하는 공예품 제작소가 아닌 일본인을 위한 공예품 제작소로 변경되었다. 1929년 조선미술품제작소의 나전칠기 제작 장면으로 정교하고 다양한 제품을 제작하였음을 보이고 있으며 조선 미술품제작소는 1922~1937년까지 운영되다 없어졌다(〈그림 3-12〉 참조).

이왕직미술품제작소에는 당시 조선미술전람회에서 분야 공예부 작가로 활동했던 김진갑,(60) 장기명,(61) 조기준과(62) 김홍주 등이 활동하고 있었다. 전람회에서는 이왕직과 조선미술품제작소 출신 장인들 일부가 수상하였다. 이곳에 근무했던 장인들은 독립적인 공방을 운영하였으며 일상생활 용품을 대변하던 공예의 개념이 미술에 포함되면서 소위 무식하고 천한 계급으로 취급받던 장인들은 전람회 수상을 통하여 근대적인 예술작가로 신분이 격상되어 엘리트 공예가의 반열에 올랐다.

---

60) 1900년 출생으로 서울에서 목공의 아들로 태어나 배재학당을 거쳐 이왕직(李王職)미술품제작소에 입소하여 나전칠기의 전통적 기예를 익혔다. 조선미술전람회(鮮展)에 공예부가 신설된 1932년(제11회)부터 1937년 사이에 연이어 여섯 차례 입선 및 특선(제14회)하였고, 1942년에 다시 입선하였다. 서울에서 나전칠기 공예제작소를 운영하였으며 1950년대 말부터는 지병이 생겨 활동을 중단하고 제작소를 공예가인 사위 백태원에게 넘겨주었다(한민족문화대백과사전).

61) 1903년생, 소년기에 이왕직미술품제작소(李王職美術品製作所)에 입소하여 김진갑(金鎭甲)·홍종범 등과 함께 나전칠기의 기예를 익혔다. 광복 직전까지 경성중앙시험소에서 칠기 제작 업무를 맡아 근무하면서 자택에 공방을 차려 칠기 작품을 연구하였다. 1933년 제12회 선전(鮮展, 朝鮮美術展覽會)에 「나전연상(螺鈿硯箱)」을 출품하여 첫 입선하였고, 이듬해에 「당초무늬탁자(唐草模樣卓子)」로 첫 특선하였으며, 제14회에 입선하고 제15·19·23회에 다시 특선하여 공예가로서의 위치를 굳혔다(한민족문화대백과사전).

62) 「조선 미전 특선」, 『매일신보』, 1937년 5월 14일.

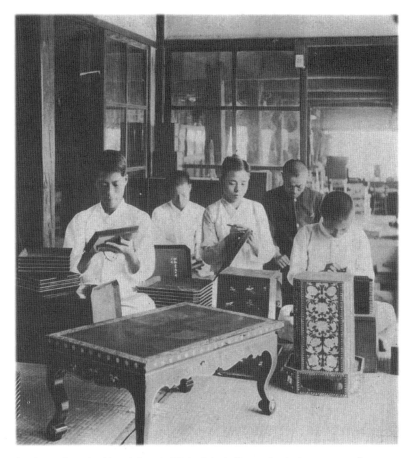

〈그림 3-12〉 조선 미술품제작소 나전칠기 제작 장면(1929년). 출처: 山本三生, 『日本地理大系』 12, 朝鮮篇, 改造社, 1930년(소화 5년). 나전칠기 조선 고유 미술 중에서 현재 존재하는 것 중 주된 것은 고려 요와 나전칠기다. 나전칠기의 산지는 경상남도 통영이며 근래에는 경성에서 양품을 많이 제작하여 개당 가격이 1만 엔에 이르는 상품을 만들어 낼정도다. 취중원(就中元) 이 왕가에서 경영하는 조선 미술품제작소의 작품이 가장 우수해일반인으로부터 환영받고 있다. 사진은 조선 미술품제작소에서 나전칠기를 제작하는 모습이다.

개인 공방을 운영하는 무명 장인의 경우 전람회 입상은 공예작가 혹은 예술가로서 입지를 굳히는 발판이 되었으나 전통공예에 대한 반성과 의욕은 자율적인 의식이 아닌 타율적 환경으로 동화되었다.

〈표 3-5〉는 통영칠기제작소를 운영하고 있던 일본인 하시다 스케타로(橋田助太郎)가 출품하여 3회(12회, 13회, 14회) 입상한 목록이다. 1933년에는 화병과 조선 소반을 출품하였으며, 1934년에는 나전칠기 한산 십덕모양기국을 출품하였으며 1935년에는 향로대를 출품하여 수상하였다.

〈표 3-5〉 조선미술전람회 하시다 스케타로(橋田助太郎) 수상 작품

연도(회)	작가	품명	작품
1933년 (12회)	橋田助太郎 (경성)	朝鮮膳 螺鈿 花瓶	
1934년 (13회)	橋田助太郎 (경성)	나전 漆器 寒山 十德 模樣 器局	
1935년 (14회)	橋田助太郎 (경남)	香爐臺	

출처: 『조선미술전람회 도록(12회, 13회, 14회)』(조선총독부 조선미술전람회).

〈표 3-6〉은 김봉룡의 수상 상황으로, 1934년과 1935년에 나전칠기 상자와 화병과 받침대로 입상하였다. 자연스러운 곡선미를 표현한 것이 작품의 특징이었다. 특히 화병에 나타난 문양과 받침대의 형태는 우리 고유 의장을 표현하였다. 김봉룡을 시작으로 해방 이전까지(1944년, 23회 대회) 매년 다수의 통영 출신 조선인이 출품하여 입상했다.

〈표 3-6〉 조선미술전람회(13회, 14회) 김봉룡(金奉龍) 수상 작품

연도(회)	작가	품명	작품
1934년 (13회)	金奉龍 (경성)	手箱	
1935년 (14회)	金奉龍 (경성)	花瓶 及 臺	

출처: 『조선미술전람회 도록(13회, 14회)』(조선총독부 조선미술전람회).

김봉룡은 1930년 서울 가회동에 고대 미술 나전칠기 공예소를 설립하여 독자 공방을 운영하고 있었으며 1937년 평안북도 태천군의 칠생산 조합 후원으로 세워진 태천칠공예소(泰川漆工藝所)가 개소되면서 스승 전성규가 교장으로 부임하게 되자 그의 삼청동 공방까지 김봉룡이 운영하였다.

〈표 3-7〉은 김홍주의 입상 작품이다. 김홍주는 1936년 나전 도세공 응접대와 1937년 나전 의상 옷장[63]을 출품하여 입상하였는데 1937년

에 수상한 엄항주와 같은 청운동 144번지[64]에 주소를 두고 있어서 이들 모두 통영 출신이라 추정된다.

〈표 3-7〉 조선미술전람회(15회, 16회) 김홍주(金鴻柱) 입상작과 신문 기사

연도(회)	작가	품명	작품
1936년 (15회)	金鴻柱 (경성)	螺鈿 塗鈿工 應接臺	
			商品見本이 意外에 入選 金鴻柱君 (美展)
1937년 (16회)	金鴻柱 (경성)	螺鈿 衣裳 タンス	

출처: 『조선미술전람회 도록』, 1936년(15회), 1937년(16회); 「상품 견본이 의외에 입선, 金鴻柱(1904년생)」, 『매일신보』, 1936, 5월 13일, 7면 9단.

63) 『매일신보』, 1936년 5월 13일; 「16회 조선미술전람회 입선」, 『조선일보』, 1937년 5월 11일.
64) 『공업신문』, 1948년 3월 3일(서울공업협회).

6·25전쟁 이후 송주안, 하용권이 통영 정착 이전에 통영 출신 김홍주가 운영하던 대구의 칠기 공장(현 대구백화점 뒤쪽)을 거쳤다는 등의 증언이 있었으나 그가 이왕직에서 근무했던 같은 인물인지는 확실하지 않다.

1936년 나전도세공 응접대(15회, 螺鈿塗鈿工應接臺) 테두리에 표현된 문양은 좌우대칭으로 시문되었으며 상판 테두리에 넝쿨 문양이 시문되어 있었다. 1937년 나전 의상 옷장(16회, 螺鈿衣裳 タンス)는 조선식으로 전체 면을 구성한 작품으로 전면 테두리와 하단 부분에 꽃문양이 좌우대칭으로 표현되어 있었으며 전면은 조선의 전통적인 산수화 문양을 사실적으로 표현하여 여백의 미를 극대화하였다.

공방 운영자들은 개인의 이름과 자격으로 조선미술전람회에 출품하였다. 조선의 전통공예 장인들은 공방에 소속되어 역할을 분담하여 작품을 공동으로 제작하였으며 예술성이 가미된 개인 이름의 창작물이라는 개념은 존재하지 않았다.

제작자 이름은 의미를 두지 않았으며 엄항주 등 엄씨 일가가 운영하던 '엄씨 공방', 전성규, 김봉룡이 운영하던 '삼청동 공방', 또는 '이왕직, 조선미술품제작소', '통영칠기제작소' 등에 소속된 작업장 이름이 곧 작가를 의미하였다.

전람회에 개설된 공예부에 개인 이름으로 출품하여 입상하면 작가로서 명성 및 품격 향상과 동시에 공예 예술작가로 인정받는 명예가 주어졌다. 과거 자신이 속한 제작소나 공방 명칭이 우선하는 것이 상례였으나 전람회 출품을 계기로 소위 공방을 운영하던 제작자들은 단체 이름이 아닌 개인의 이름으로 출품하기 시작하였다.

공예부 전람회 입상자 조선인 가운데 개인 이름으로 입상한 통영지역 출신자가 다수 있었다. 1919년경에 이왕직 미술 공장에서 나전칠기 연구를 하던 중 1923년 독립하여 청운정 144번지에 주소를 두고 나전칠기 미술품제작소를 직공은 10여 명을 두고 경영하고 있었다. 엄항주는 1940년 경성칠기종합공예 조합 설립 총회에서 김봉룡과 함께 위원으로 활동하였다.[65]

1934년(13회)부터 통영지역 출신 조선인이 수상하기 시작하였다. 1941년(20회)부터 조선미술전람회 도록이 발행되지 않았기에 1932년 11회부터 1940년까지 9년간 입상한 작품 중 통영지역과 관련이 있는 나전칠기 작가를 중심으로 조선미술전람회 도록을 확인하여 통영 출신이라고 추정 또는 확인되는 장인과 통영지역에서 활동한 장인을 대상으로 하였다.

13회 김봉룡을 시작으로 해방 이전까지(1944년, 23회) 매년 다수의 통영 출신 조선인이 출품하여 입상하였다. 김봉룡은 1934년(13회)부터 1944년(23회)까지 매회 입상하는 저력을 발휘하였으며 수상 작품들은 조형성이 가미된 작품으로서 화려한 장식과 섬세한 기교가 나타나는 작품들이었다.[66]

〈표 3-8〉과 같이, 1936년(15회)에는 엄맹운(嚴孟云)이 다붕(茶棚)을 출품하여 특선을, 김봉룡이 봉황모양나전화병(鳳凰模樣螺鈿花瓶), 운학모양궤(雲鶴模樣机)를 출품하여 입선하였다.

자개를 사용하여 문양을 표현하였고 나전의 문양은 길상문으로 여백은 동물 눈 모양의 풍혈을 구성하였으며 당시 제품 전체의 형태는 일본인들이 선호하는 형식으로 구성되었다. 1935년(14회)부터 나전칠기 분야에서 다붕(茶棚)[67]이라는 새로운 일본풍의 가구가 출품되었다.[68] 엄맹운이 다붕(茶棚)으로 특선을 수상하자 다음 해부터 비슷한 경향의 작품 출품이

---

65) 『조선신문』, 1940년 1월 27일.
66) 김경미, 「나전장인 김봉룡의 삶과 나전 문양」, 국립문화재 연구소, 2010.
67) 일본 전통 가구로 棚(찬장, 장식장)에 진열하는 물건의 명칭에 따라 다붕(茶棚), 식기붕(食器棚)이라고 함.
68) 『조선미술전람회 도록(14회)』, 김진갑, 나전 다붕 출품 특선 수상.

늘어났으며 이후 조선인 작가들도 비슷한 경향의 작품들을 출품했다.

〈표 3-8〉 1936년(15회) 조선미술전람회, 엄맹운(嚴孟云)·김봉룡(金奉龍) 입상작

연도(회)	작가	품명	작품
1936년 (15회)	嚴孟云 (경성)	茶棚 (특선)	
1936년 (15회)	金奉龍 (경성)	鳳凰 模樣 螺鈿 花瓶	
1936년 (15회)	金奉龍 (경성 一州)	雲鶴 模樣机	

출처: 『조선미술전람회 도록(15회)』(조선총독부 조선미술전람회).

〈그림 3-13〉과 같이, 엄맹운은 통영 출신으로 박정수[69] 문하생이며 1936년 제15회 조선미술전람회에 차 도구를 진열하고 수납할 수 있는

[69] 『시대일보』, 1925년, 10월 11일. 1925년에는 통영 나전칠기연구회 회장을 역임하였다 (회장 박정수, 회계 이형규, 서기 강기홍, 조사위원 김일근).

일본식 가구를 나전으로 장식한 작품(다붕: 茶棚)을 출품하여 특선작
(〈그림 3-14〉)으로 수상하였다.[70]

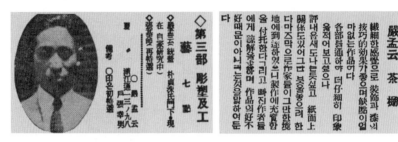

〈그림 3-13〉 엄맹운.
출처: 『동아일보』, 1936년 5월 15일, 2면 9단.

〈그림 3-14〉 제15회 조선 미전을 보고.
출처: 『조선중앙일보(여운형)』, 1936년 5월 21일

　〈표 3-9〉와 같이, 1937년 16회 대회에서는 엄항주, 엄맹운, 김영주,
김봉룡 김종남이 수상하였다. 엄항주가 금강산 모양 나전 다붕(金剛山
模樣螺鈿茶棚)으로 처음이자 마지막으로 입선을 수상하였으며 조선미
술전람회 도록에 다붕의 전면을 금강산 모양 만물상이 나전 장식으로
표현되어 있었다.

〈표 3-9〉 1937년(16회) 조선미술전람회 입상작

연도(회)	작가	품명	작품
1937년 (16회)	嚴恒柱 (경성)	金剛山模樣 螺鈿 茶棚	

70) 「조선미술전람회 특선」, 『동아일보』, 1936년 5월 15일.

연도(회)	작가	품명	작품
1937년 (16회)	嚴孟云 (경성)	應接室 (무감사)	
1937년 (16회)	金奉龍 (경성) 一沙	鳳凰 模樣 花瓶	
1937년 (16회)	金種南 (경성)	唐草模樣 螺鈿細工 應接臺	
1937년 (16회)	金榮柱 (경성)	螺鈿細工 鮮式食盤	

출처: 『조선미술전람회 도록(16회)』(조선총독부 조선미술전람회).

　　엄맹운은 응접대(應接室, 무감사)로 입상하였으며, 김봉룡은 봉황모
양화병(鳳凰模樣花瓶)으로 입선, 김영주[나전세공선식식합(螺鈿細工鮮
式食盒)]와 김종남[당초모양나전세공응접대(唐草模樣螺鈿細工應接臺)]
은 각각 처음 입선하였다.

　　『매일신보』에 김종남의 수상 소감으로 「공재지도자(功在指導者)-
연구에 힘쓸 터-김종남 군」[71]이라는 제목으로 기사가 게재되었다.

〈그림 3-15〉에서 보듯이 당시 김종남(金鍾南)의 20대 정도의 나이를 알수 있는 내용은 있으나 정확한 해독이 불가하였다. 통영 명정동 출신으로 보통학교 졸업 후 통영에서 나전공업사 이형규(李亨奎)의 지도를받던 중 사촌형 김영주가 경영하는 나전제작판매소(청운정 144번지)로상경하여 지도받으며 나전칠기 작품을 제작하여 조선미술전람회에서입선을 수상하는 결과를 얻었다는 기사가 있었다.

〈그림 3-15〉 공재 지도자 김종남 군. 출처: 『매일신보』, 1937년 5월 11일, 3면 9단.

〈표 3-10〉처럼 1938년(17회)에 김봉룡은 용봉모양나전화병(龍鳳模樣螺鈿花瓶), 김영주는 의상 단사(衣裳簞笥: 장롱)와 김종남은 문고(文庫)를 출품하여 16회에 이어 17회 대회에서도 입선하였다. 조선총독부에서특별히 공예의 기능이 많이 발달되어 있는 생산 품목 중에는 우수 제품이 많아 특히 나전 세공품, 칠기 등을 비롯한 우수하고 가치가 높은 공예품을 지방 특산품으로 조선미술전람회에 출품하도록 홍보하였다.[72]

1935년(14회)부터 다봉이라 새로운 장르의 일본풍 가구들이 입상하면서 붕(棚)과 응접대(應接臺) 등 조선인 작가들은 일본인들이 선호하는 이와 비슷한 장르의 작품들을 많이 출품하였다.

71) 『매일신보』, 1937년 5월 11일, 3면 9단.
72) 『동아일보』, 1938년 4월 12일, 2면 1단. 6월에 열리는 조선미술전람회를 앞두고 공예품 출품 권유.

〈표 3-10〉 1938년(17회) 조선미술전람회 입상작

연도(회)	작가	품명	작품
1938년 (17회)	金奉龍 (경성 一沙)	龍鳳 模樣 螺鈿 花瓶	
1938년 (17회)	金種南 (경성)	文庫	
1938년 (17회)	金榮柱 (경성)	衣裳 簞笥	

출처: 『조선미술전람회 도록(17회)』(조선총독부 조선미술전람회).

〈표 3-11〉처럼 1939년(18회)에 김종남이 나전붕(螺鈿棚)과 김기주가 나전서붕(螺鈿書棚)으로 일본풍의 가구를 출품하였으며 김봉룡은 나전화병(螺鈿花瓶), 김영주는 나전응접태(螺鈿應接台)를 출품하여 입선하였다. 김기주와 김영주 형제가 동시에 입상하였으며 특히 김영주의 나전응접태(螺鈿應接台)는 당시 7백 원의 가격이 매겨졌다.[73] 높은 가격이 책정되자 제작자 장인을 바라보는 시각과 이들에 대한 대우와 공

[73] 「잘 팔리는 선전 작품」, 『매일신보』, 1939년 6월 14일 자, 3면 7단.

예를 바라보는 사람들에게 새로운 시각 변화에 영향을 주었다. 하찮게 여김을 받았던 장인들은 전람회 수상을 통하여 예술가 반열에 올라 사회적인 대우와 함께 신분의 품격이 높아졌으며 동시에 대중은 공예품을 예술품으로 인식하였다. 제작 능력이 탁월한 장인들은 전람회 출품하여 수상하면 출세의 지름길이 됨을 인식하고 일본인들 기호에 영합하는 유사한 경향의 작품 제작에 중점을 두었다.

〈표 3-11〉 1939년(18회) 조선미술전람회 입상작

연도(회)	작가	품명	작품
1939년 (18회)	金種南 (경성)	螺鈿棚	
1939년 (18회)	金麒柱 (경성)	螺鈿書棚	
1939년 (18회)	金榮柱 (경성)	螺鈿應接台	

연도(회)	작가	품명	작품
1939년 (18회)	金奉龍 (경성 一沙)	螺鈿 花瓶	

출처:『조선미술전람회 도록(18회)』(조선총독부 조선미술전람회).

김기주의 나전서붕은 나전으로 동물 문양을 반복적으로 표현하였으며 조선풍 개방형 책장에 하단부는 일본의 옷장(タンス)을 결합한 형태로 이루어졌다. 김종남은 2개의 여닫이문을 배치하고 꽃문양을 시문하였으며 하단 부분에 작은 서랍을 제작하여 배치하였다. 손잡이 고리는 금속으로 제작된 조선 장식으로 박쥐 문양을 하였으며 조선 가구의 일부 양식과 일본의 옷장(タンス)을 결합한 형태로 전체적으로 여백의 미를 살리고 디자인 요소를 가미한 화초를 시문하였다.

〈표 3-12〉와 같이, 1940년(19회 대회)에는 김기주, 김영주 형제가 나전향로대(螺鈿香爐臺)와 낙랑모양응접대(樂浪模樣應接臺)가 각각 입선하였으며 김봉룡은 귀선문나전수상(龜線紋螺鈿手箱)으로 입선하였다. 김기주의 나전향로대(螺鈿香爐臺)는 조선의 전통 가구인 경상의 형태와 유사하였으며 천판 테두리에 시문을 하고 그 아래 서랍을 3개 배치하였다.

김영주의 낙랑모양응접대(樂浪模樣應接臺) 역시 상판 테두리에 사방으로 시문하였으며 사선으로 끊음질한 기법 표현이 있었다. 김봉룡은 귀선문나전수상(龜線紋螺鈿手箱)은 상판 가운데 꽃문양을 시문을 하였으며 양쪽 모서리 부분에 좌우대칭의 반원 모양으로 표현되었다. 1941년(20회)에는 김봉룡이 통영 사람으로 유일하게 입상하였으며 이때부터 전람회 도록이 발간되지 않아 입상은 관보 혹은 신문 기사를 참고하였다. 김기주는 나전붕(螺鈿棚)과 나죽칠기탁(螺竹漆器卓), 김 영주는 나죽칠기상(螺竹漆器箱)으로 입선하였다.

〈표 3-12〉 1940년(19회) 조선미술전람회 입상작

연도(회)	작가	품명	작품
1940년 (19회)	金榮柱 (경성)	樂浪 模樣 應接臺	
1940년 (19회)	金鎭柱 (경성)	螺鈿 香爐臺	
1940년 (19회)	金奉龍 (경성)	龜線紋 螺鈿手箱	

출처: 『조선미술전람회 도록(19회)』(조선총독부 조선미술전람회).

〈표 3-13〉과 같이, 1943년(22회 대회) 조선미술전람회에서는 김봉룡이 주칠성기(朱漆盛器)와 쌍희문문고(雙喜文文庫)로 무감사 수상과 김기주 는 서붕(書棚)으로 처음 특선을 수상하였으며,[74] 김영주는 나전병풍(螺 鈿屛風)과 나전칠도붕(螺鈿漆塗棚)으로 입선하였다.[75]

[74] 「조선 미전 수상식 총독부에서 거행」, 『每日新報』, 1943년 6월 16일, 3면 4단.

〈표 3-13〉 1941년(20회), 1942년(21회) 조선미술전람회 입상 신문 기사

1941년(20회)	1942년(21회)
初特選의 기쁨: "螺鈿平卓"作者 金田奉龍氏	

출처: 『조선총독부 관보』 제4307호, 19, 1941년 6월 4일; 「鮮展入選作品」, 『每日新報』, 1942년 5월 27일, 3면 11단. 『每日新報』, 1942년 5월 29일, 2면 10단.

　1942년(제21회 대회)에 김봉룡은 당초모양촉전평탁(唐草模樣蜀鈿平卓)으로 입선, 나전평탁(螺鈿平卓)으로 특선을 수상하였는데 조선총독부의 창씨개명 작업에 따라 김봉룡의 이름은 김전봉룡(金田奉龍)으로 되어 있었으며 1943년, 1944년까지 조선미술전람회 출품에 계속 사용하였다. 김봉룡은 인터뷰에서 8년째 출품하여 매년 입상하였으나 올해에는 재료 수급이 원활하지 않았으나 예상외의 특선을 수상하였다. 우

75) 『조선총독부 관보』 제4895호, 1943년 5월 29일.

리나라는 아직 외국에 비교하여 나전칠기의 수준과 발전 속도가 늦어져 있어 이것을 교육할 수 있는 기관이나 지도자 양성의 필요성을 언급하였다. 이미 김봉룡은 이때부터 나전칠기 문화가 꽃을 피울 수 있는 바탕으로 교육의 중요성을 이야기하였다.

〈표 3-14〉에서 1944년 김영주는 식붕(飾棚), 김기주는 조선문갑(朝鮮文匣)과 고전식팔각식갑(古典式八角飾匣)으로 나란히 형제가 특선을 수상하였으며 김봉룡은 당초문수상(唐草紋手箱), 고대문양나침문고(古代文樣螺針文庫)로 입선하였다.[76] 1934년부터 1944년까지 조선미술전람회에서 통영지역 출신 나전칠기 작가들 다수가 출품하여 입선과 특선 수상하였으며 특히 김봉룡은 연속하여 10회 입상, 김기주, 김영주 형제가 특선과 입선을 수상하여 일제강점기라는 시대적 상황에도 불구하고 조선 장인의 뛰어난 기교와 우월성으로 예술가 반열에 올라 공예가로서 통영 나전칠기의 저력을 유감없이 발휘하였다.

〈표 3-14〉 1943년(22회), 1944년(23회) 조선미술전람회 입상 신문 기사

---

76) 『조선총독부 관보』 제5197호, 1944년 6월 3일.

영예의 특선작가 형제가 특선에

출처: 「제22회 조선미술전람회 수상작(同: 京城)」, 『每日新報』, 1943년 5월 25일; 「23회 朝展입선 작품 발표」, 『每日新報』, 1944년 5월 30일; 「영예의 특선작가(형제가 특선에) 金榮柱 씨의 영예」, 『每日新報』, 1944년 6월 2일.

하지만 아쉬움도 존재하였다. 전람회 출품작들은 일본인들의 취향과 기호에 맞게 구성되었으며 그들이 선호하는 붕(棚)과 같은 일본풍으로 재생되거나 모방제품이 등장하는 환경으로 변하였으며 이것은 해방 이후 우리나라 현대 가구 양식에도 영향을 주었다. 장인에서 예술가라는 명칭을 얻으며 사회적 신분은 격상되었으나 예술가의 명칭에 걸맞은 근대적이고 진보적인 양식을 이루어내지 못하였으며 조선 고유의 전통도 왜곡되었다. 총독부가 설정한 테두리 안에서 진행되어 예술성에 대한 진보적이고 근대화라는 정체성에 대한 고민은 없이 식민주의적 통치 의도에 매몰되었다. 장인들이 각각의 위치에서 생존하고자 최선의 노력을 기울인 것은 부인할 수 없으나 나전칠기 분야가 근대 공예로 나아가는 방향 설정에 관한 것이 과제로 남았다.

불행히도 이 숙제는 해방 이후 확대되어 재생산되고 있었다. 조선미술전람회에 이어 해방 이후 대한민국 미술 전람회(국전)로 이어지는 공모전 문화에서 일제강점기 공모전 문화의 구조는 재현되었다. 소위 국전 출신 공예가 아래에서 근대 공예 교육을 담당하는 공예가가 등장하였으며 이들은 순수 공예의 정체성을 외면하고 예술가 혹은 디자이

너라는 이름으로 그들만의 영역을 구축하였다. 새로운 근대 공예문화의 약진을 외면한 채 장인에서 예술가로 격상된 사회적 신분을 이용하여 일제강점기 시대 구조 속으로 환원되는 그들만의 영역으로 포장하였다. 순수 장인들은 철저하게 외면되었으며 지금도 식민지 시대의 구조라는 형틀에 얽매여서 팽배해진 현대 공예문화의 현실을 무엇으로 표현해야 할지 의문스러웠다. 현재 우리나라 나전칠기와 다른 공예 분야 문화가 처해있는 시대의 상황과 별반 다르지 않았다.

조선미술전람회 공예부 나전칠기 분야에서 통영지역 출신 장인들은 조선의 전통적인 전근대적 공예가 근대 공예로 이어지는 징검다리 역할을 하였다. 장인에서 예술품을 창작하는 예술작가로 인정하였으며 그 가치는 실용적인 작품으로 거듭나서 예전과 다른 예술품으로 평가받았다. 조선미술전람회 공예부는 일본인들을 위하여 태생부터 운영까지 일본인 주도로 시행되었으나 초기에는 조선의 전통공예에 대한 정체성은 존재하였다. 그러나 조선미술전람회는 총독부가 조선에서 일본 공예의 정체성 확립이라는 목적으로 만든 미술 정책에 따라서 조선 공예의 정체성을 유지하는 데 본질적 제약이 있었다. 조선총독부 문화정책에 동화되는 부정적인 측면도 있으나 장인이 보유한 기량과 기교를 최대한 보여주고자 하는 노력의 흔적이 공예가로서 창작품과 지위 및 품격이 격상되는 인식의 틀을 제공했다.

요컨대 신인 장인들에게 조선미술전람회 공예 분야는 계층 이동의 등용문으로 가치가 충분하였다. 일제강점기 식민지 조선에서 활동한 일부 작가들은 조선미술전람회 공예 분야에서 수상자가 되는 영예를 얻었으나 조선의 전통적인 공예는 일제강점기 상황에서 점점 일본화된 형태로 변화되어 수용된 모습으로 나타났다. 일제강점기 산업 침탈과 공예문화 정책은 민족 전통수공업을 천시하고 격하시키려는 의도였다. 즉 조선시대 우리 전통공예 문화는 낡은 구시대 유물로 취급하여 식민지 조선의 무기력함을 유도하는 정책으로 식민지 시기 일본산업과 기계문명의 우월성과 장인들에게는 생존을 위한 문화의 종속을 강조하고 있었다.

4. 전시하 나전칠기 산업의 진로

1) 「사치품 금령」(7·7조치)의 실행과 파장

1937년 중일전쟁이 발발하면서 군수물자 조달을 위한 재정 긴축 정책이 시행되었다. 일본에서는 각종 산업을 압박하는 일련의 조처들이 속속 발표되었으며 백금, 금과 같은 군수 광물에 대한 절약과 사치품에 대한 물품세를 시행하였다. 1938년에는 동과 납, 주석의 사용을 제한하고 1939년에는 마침내 보석류의 수입 전면 금지 조처가 내려지고 귀금속 업계에서는 금은 제품 연맹을 조직해서 재고로 있는 귀금속을 공출했다. 군수산업 생산 확충을 위하여 일반 국내 수요 사용 제한을 강화할 물자에 대하여 제조, 사용, 판매를 제한하고 배급을 통제하고 피혁, 도료, 안료, 칠기 등의 공업과 중소산업이 영향을 받았다.[77]

식민지 조선에서도 이와 같은 조처들이 그대로 재현되었다. 칠기가 포함된 물품 특별세의 세액과 세율 및 품목이 전쟁 특별세법의 물품 특별세 조세 종목 협의에서 결정되었다.[78] 조선에서 임시 증액한 세액 약 1,200만 원의 80%는 중일전쟁 군비로 사용하였으며 20%는 조선총독부 회계의 전쟁과 관련된 추가 재원으로 사용되었다.[79]

[77] 「물자동원의 강화와 영향받는 중소 상공업」, 『동아일보』, 1939년 1월 3일, 10면 3단.
[78] 「물품 특별세의 세액 세율 품목 결정」, 『동아일보』, 1938년 2월 12일, 1면 8단.
[79] 「지나 사변 관계의 조선 임시 증세 내용」, 『동아일보』, 1938년 2월 23일, 2면 1단.

1939년 10월 1일에 비녀와 반지, 금제품에 대하여 민간으로부터 매입하였으며 가공되지 않은 금에 대한 매입을 조선은행에서 민간으로부터 실시하였다. 비녀, 귀이개, 반지, 메달 등과 같은 고금(古金)에 대한 매상까지 단행해 각 금융 조합과 은행 등 금융 기관이 모두 동원되었다.[80] 장신구들은 국방비로 헌납되었고 소소한 것이라도 부풀리고 부각하여 언론은 공출을 위한 보도를 대대적으로 하였다.

1940년 일본에서는 장신구 산업 몰락에 결정타로 작용한 '7·7금령'을 실시하였다. '사치품 제조·판매 제한 규칙'이 공포하여 사변 기념일인 7월 7일에 실시되기에 이르렀으며 주무대신이 규정 혹은 지정하거나 허가받지 않은 물품의 제조와 이동은 금지하였다. 가격통제령 시행규칙에 따라 도지사가 금액을 지정할 품목을 총독부에서 고시로 지정하였다.[81]

물품 내용은 주무대신이 정하고 생산과 판매를 업으로 하는 자는 지방 장관의 허가를 받아야 했으며 미리 허가된 물품을 매수 또는 매도하는 경우는 제외하였다.[82] 일본 본토 상공성에서 1940년 7월 6일 발표되어 7일부터 실시한 사치품 등 제조에 판매 제한 규칙의 제조판매품 범위를 확대하여 결정, 발표하였다. 생활 환경, 문화 수준, 직업의 종류에 따라서 물자와 자금의 낭비를 방지하고 결코 전시에 방심하지 말고 간소하게 하라고 하며 화려한 생활을 청산하여 소기의 목적 달성에 협력할 각오를 새롭게 요구하였다. 조선에서도 법규의 준비가 끝나는 대로 추가 실행할 예정이라 하였다.[83]

전시 체제가 출범하면서 새로운 체제를 세우고 전반적인 소비를 더욱

---

80) 홍지연, 『(시간이 만든 빛의 유혹) 앤티크 주얼리』, 수막새, 2006.
81) 「지사 가격 지정」, 『동아일보』, 1940년 6월 19일, 4면 8단.
82) 『동아일보』, 1940년 7월 7일, 1면 8단.
83) 『동아일보』, 1940년 7월 9일, 1면 4단.

억제하기 시작하였다. 유람, 유흥 영업 등의 제한을 위하여 풍속경찰을 강화하고 고급 연초를 금지하였으며 경마에도 공채 제도를 시행하였고 상품권 통제와 출장 판매 등도 제한하였다.[84] 국민 생활을 전시 속에 편성하고 사치품 제한 규칙 24의 일부로 제조 제한 제품으로 칠기(漆器), 미술 장식품, 칠사(漆絲) 등이 제조 제한 제품으로 지정되었다.[85] 통제경제에 대한 완벽한 추진을 위하여 경제통제협력회의 후원으로 경제 강조주간을 실시하기도 하였다.[86] 이렇듯 침략 전쟁 시기로 접어들면서 생필품을 비롯한 각종 산업 생산품은 규제 대상이 되었다.

전쟁물자 공출을 위하여 총독부의 철저한 통제 아래에서 규정되었다. 가구, 미술 장식품, 칠사(漆絲) 등이 제조 제한 품목으로 묶이면서 여기에 사용되는 옻칠도 규제 대상이 되었다. 일제강점기 초기 이미 전쟁을 위한 군수물자로 병기, 즉 군함의 바닥에 칠을 할 수 있는 재료로서 옻칠을 많이 필요로 한다는 연구조사가 있었다.[87] 7·7금령 강화로 조선 내 상공계의 도자기는 문제가 없으나 칠기(漆器)에는 타격이 예상된다는 기사를 통해서 옻칠이 전쟁을 위한 군수물자로 분류되었음을 알 수 있었다.

> 상공성에서 소비 규정을 꾀하고자 7·7령(사치품 금령)을 개정하고자 현재 연구 중인데 우에 대한 내선의 상공 업계의 영향에 대하여 식산 국에서는 다음과 같은 관측을 내리고 있다. 7·7금령의 개정 강화에 대하여는 상공성에서 총독부에 현재 하등의 연락이 없었으나 전하는 바 개정내용은 (1) 금지 물품에 새로 도자기 漆器 기타도

84) 『동아일보』, 1940년 7월 17일, 1면 4단.
85) 『동아일보』, 1940년 7월 25일, 1면 4단.
86) 『동아일보』, 1940년 8월 8일, 1면 4단.
87) 山口豊正, 「兵器の進步に伴ひ軍艦々底の如き若し漆にて塗り得へさ程の多量の産出あらんには」, 『朝鮮之研究』, 1914.

추가 지시하여 일정 가격 이상의 물건 판매를 금지 함, 漆器는 상당
한 타격이 예상된다. 즉 조선은 원래 고급 나전 세공의 발달을 보아
낙랑 칠기는 미술품으로도 상당히 생산을 보이고 있는 만큼 이것이
금지되면 상당히 영향을 볼 것 같고 금지품의 가격 인하는 공업 방면
엔 그다지 영향이 없어도 상업 방면에는 상당한 타격이 예상된다.[88]

즉, 칠기 중에서도 고급 나전 세공은 특히 더 타격을 입게 될 것이라
고 하였다. 나전 세공은 일본에서는 고대 낙랑 칠기를 재현한 것이라
고 해서 많이 생산되고 판매되었는데 7 · 7금령 강화로 나전칠기가 직
접적인 타격을 맞게 될 것을 암시하였다.

2) 옻칠 공급과 물자 사용 제한

1937년 중일전쟁이 발발하면서 모든 정책은 전시 체제 형태로 바뀌
었다. 전쟁이 격화되자 나전칠기의 주요 원료인 칠(漆) 액 수입이 중국
으로부터 불가능하게 되자 칠(漆) 대용품으로 합성수지의 용도와 사용
방법이 등장[89]하여 나전칠기 업계에 큰 영향을 주었다. 전쟁으로 칠
(漆) 수급이 부족하여 제품이 품귀 상태가 되고 가격은 약 1할에서 2할
올랐으며 전쟁 이전 가격으로 매매되는 것도 있으나 비교적 퇴조되고
있었다. 세공에 사용되는 실톱 가격도 3배로 오르고 세금도 부과되었
으며 수익도 감소하였으며 결과적으로 원료가 부족하여 제품 가격은
비율만큼 인상되지 못하였다.[90]

---

[88] 「七, 七令強化와 半島商工界 陶磁器는 問題 없으나 漆器에는 打擊豫想」, 『매일신보』,
1941년 4월 29일, 4면 1단.
[89] 「합성수지의 제법과 용도」, 『동아일보』, 1938년 7월 15일, 5면 1단.
[90] 『동아일보』, 1938년 6월 26일.

나전칠기가 칠 부족으로 제작을 중지하여 자취를 감춘다고 하면 어
느 누구를 물론하고 애석한 것은 사실일 것이다. 각지에서 일반예
술상품으로 대량 제작하고 있었는데 그 질에 있었으나 기술에 있어
서 통영 산이 제일 우량하였던 것으로 전국 어느 백화점을 막론하
고 점두에 이 통영 나전칠기를 볼 수 있으며 다시 세계적으로 널리
해외 각국에까지 상당한 수량이 수출되고 있다. 이 나전칠기의 중
요 원료인 칠은 전부 지나(支那)에서 수입되고 있는데 사변의 발발
로 인하여 수입 등으로 칠의 사용이 제한되어 지금은 겨우 3회밖에
사용치 못하게 되었으니 세계적으로 진출되어 있는 우리가 자랑하
는 예술품인 이 나전칠기가 자취를 감추게 되지 않을까 우려되며
현재 통영에서만 이 제작에 종업하는 직공이 2백여 명이라는데 금
후에 2백여 직공과 그 가족의 생계가 막연하다고 한다.[91]

위 기사에 의하면 당시 칠(漆) 액은 전부 중국에서 수입이 되었는데
전쟁 발발로 수입 불가능해져 겨우 3회 사용할 수 있는 양이 남아 있
다고 하였다. 통영 나전칠기가 예술상품으로 백화점 입구에서 진열하
고 있으며 국내뿐만 아니라 세계 각국으로 수출되고 있는 대표적인 전
통 예술품이라고 하였다. 이러한 나전칠기가 칠(漆) 액의 공급 부족으
로 중단된 위기에 처하고 있다고 신문에서는 크게 보도하고 있었다.
기사의 끝에는 당시 통영지역 나전칠기에 종사했던 직공이 200여 명
정도였는데 직공과 그의 가족은 생계를 걱정해야 하는 처지로 전락하
였다고 하여 나전칠기에 종사하는 사람들의 생계를 우려하고 있었다.

통영칠기제작소에 1939년 6월 옻칠의 공급과 사용 제한 조치가 시행
되었다.[92] 1940년에는 매일신보에 신년 인사 광고를 게재하고 해외로
판로까지 개척하면서 사업은 날로 번창하여 종업원 수 50명, 연 생산
액 7만 원에 이르고 일본인이 운영하는 나전칠기 공장이었다.[93] 옻칠

91) 「漆輸入不可能으로 統營螺鈿漆器悲鳴 二百餘職工生路 漠然」, 『동아일보』, 1939년 6
월 14일, 4면 5단.
92) 『동아일보』, 1939년 6월 14일, 4면 5단.

의 공급과 사용 제한 조치는 통영지역 나전칠기 업계에 영향을 받았다. 하시타 스케타로(橋田助太郎)가 운영하던 통영칠기제작소에도 옻칠의 공급 또한 배급제로 전환되면서 재료의 부족으로 통영 나전칠기는 위기를 맞이하였다. 전시 체제라고 해도 나전칠기의 생산은 생존과 직접 연결되는 문제였기 때문에 통영의 나전칠기 업주들은 분주하게 타개책을 찾아 움직였다.

1940년 2월 통영의 나전칠기 업주들은 원료 확보와 기술 향상을 목적으로 통영 칠공예 조합을 결성하였다.[94] 창립총회에는 통영칠기제작소를 운영하는 하시타 스케타로(橋田助太郎)를 중심으로 동업자 40여 명이 참가하였다. 이들은 나전칠기 재료의 공동 구입에 관한 진정을 당국에 업자들이 하였으며 조합장 하시타 스케타로(橋田助太郎), 부조합장(이형규), 평의원 김일권 외 6명으로 구성하여 조직적인 행동을 통해 전시 동원 체제의 어려움을 극복하고자 하였다. 통영 나전칠기 발달을 위해 연구 제작, 도제 양성과 제품의 공동 구입을 위한 협의를 통해 규약을 설정하였다.[95] 이러한 노력의 하나로 통영지역의 일본인 하시다(橋田)가 경영하는 통영칠기제작소에서는 칠(漆)의 사용 제한 조치에도 불구하고 해외 판로를 개척하는 등 활발한 활동을 하였다. 첫 수출품으로 백 개를 수출하였다고 발표하는 신문 기사가 있었다.

통영 나전칠기 해외로 판로 개척
천년이나 오랬동안 긴 역사를 가진 조선의 특산 예술품 통영 나전칠기는 귀보한 가치 금년 6월부터는 漆의 사용 제한으로 대단히 곤

93) 통영상공회의소, 『통영상공회의소 66년사』, 2002, 86쪽.
94) 「통영 칠공예 조합이 26일 창립」, 『釜山日報』, 1940년 2월 6일 3면 5단; 「궁상(窮狀) 타개와 원료의 확보, 통영 칠공예 조합이 월말경 창립」, 『부산일보』, 1940년 2월 20일 6면 7단; 『부산일보』, 1940년 2월 24일 3면 9단.
95) 「漆の輸入制限業者當局に陳情」, 『朝鮮時報』, 1940년 2월 29일, 5면 6단.

란한 입장에 빠지게 되면서 그 대책으로 해외 수출품을 널리고 橋田(하시다) 나전칠기 제작소에서 80여 명의 직공들이 전심전력으로 구주인의 기호에 맞을 예술 공예품을 연구하여 5, 6종의 견본을 발송 중이더니 그중 『트람프』 갑이 제일 인기를 끌게 되어 금월 10일에 첫 수출품으로 백 개를 수출하였다는데 그 장래가 무역품으로서 기대 중에 있다고 한다.[96]

통영 칠공예 조합에서는 장기적인 나전칠기 육성을 위한 방안도 제시하였다. 나전칠기에 가장 중요한 것이 옻을 확보하고자 이를 위해 통영 칠공예 조합은 옻나무 재배에 관한 청원[97]을 조선총독부에 다시 요청하였다. 이처럼 통영의 나전칠기 업주들은 칠공예 조합을 만들어 조직적으로 전시 체제하의 어려움을 극복하고자 노력하였다. 그중 하나가 나전칠기를 수출품으로 가치를 확립하고자 한 것이었다.

오는 15, 16, 17, 3일간 대판(大阪) 부립 무역관에서 국방 연합 수출품 전시회를 최(催)할 터인데 조선 수출품 공예협회에서는 전시회에 나전칠기 13점을 출품키로 되었다.[98]

나전칠기는 앞에서도 언급하였듯이 수출품으로 명성을 날리고 있었다. 1940년 수출품 전시회에 나전칠기 출품하기로 한다. 조선 수출품 공예협회에서 당시 대표적인 공예품으로 수출되고 있었던 나전칠기 13점을 일본의 오사카에서 열리는 국방 연합 수출품 전시회에 출품하기로 결정되었다. 15, 16, 17일 3일간 오사카부립(大阪府立) 무역관에서 전국 각 지방 연합 수출품 전시회를 개최하게 되었다. 그리고 전시회

96) 「統營螺鈿漆器 海外로 販路開拓 "트람프" 厘初出荷」, 『매일신보』, 1939년 11월 16일, 3면 6단.
97) 통영상공회의소, 『통영상공회의소 66년사』, 2002, 126쪽.
98) 『동아일보』, 1940년 1월 9일.

종료 후 조선 물산협회와 조선 상공장려관 공동주최로 한신 지방의 무역업 대표를 초대하고 조선 수출품에 대하여 장단점을 서로 토론하였다.[99] 전시 동원 체제의 어려움 속에서 나전칠기는 수출품으로의 명목을 동원해 전통을 유지하려고 노력하였다.

한편 나전칠기 장인 전성규가 평북 태천에서 59세를 일기로 세상을 떠났다. 그는 1923년(대정 12년) 파리 만국박람회에서 조선 칠기로서 1등 당선의 영예를 얻어 조선 나전칠기 명성을 세계에 소개하였다. 그 후 선전에 여러 번 특선한 일도 있으며 경성 삼청동에 나전칠기 공장을 두고 제자 양성에 힘써 왔으며 태천 지역에 칠(漆) 공예소가 생겨 그곳 교수로 부임하여 가던 중 영면(永眠)하였다.[100] 나전칠기를 공예화하고 파리 만국박람회 공예품전에서 최고상을 받은 전성규의 이야기를 기사[101]로 다루고 있었다. 일제강점기 조선인 중 나전칠기 분야에서 전성규는 상당한 비중을 차지한 인물이었다.

경성에서는 칠(漆) 사용 통제에도 불구하고 칠(漆) 공예품의 개선을 위하여 칠기 공예 조합 창립총회를 개최하였다. 영업자 또 기술자 등 100여 명으로서 조직된 경성칠기종합공예 조합이 부민관 중강당에서 창립총회를 열었다. 규약 제정과 역원 선임을 의결하였는데 조합장에는 이시노 신지로(石野辰郎), 부조합장에는 조선인 김진갑(金鎭甲), 타쿠오 타카토모(瀨尾孝止) 두 사람과 이사에 이시노 유우로우(石野柳吳郎) 외 아홉 명이 각각 선임되었다.[102]

나전칠기 원료인 칠(漆)의 공급과 통제가 점점 강화되고 있었다. 경성나전칠기공업 조합과 경성칠반 조합에서는 조합 기구의 단일화를 이

99) 『매일신보』, 1940년 1월 14일, 2면 3단.
100) 『매일신보』, 1940년 12월 12일, 2면 10단.
101) 『동아일보』, 1940년 1월 9일.
102) 『매일신보』, 1940년 1월 27일, 6면 7단.

루고자 양 조합을 합병하기로 한다. 합병 조건, 신조합의 명칭 기구의 사업계획서 등에 대하여 논의를 수행하여 조합의 역량을 강화하고 어려움을 극복하고자 하였다.[103]

칠기 제품이 일반 대중들에게도 상당히 귀한 물건이었다. 옻칠의 공급 제한과 통제 강화 여파는 일반 대중에게도 영향을 주어 칠기(漆器) 제품의 사용에 있어 신중할 것을 주문하였다. 먼지나 흠이 생기지 않도록 하는 사용 방법이나 관리 요령 및 손상되었을 때 간단한 수리 요령을 기재한 아래 신문 기사가 있었다.

주의해야 할 칠기 단속

칠기는 꽤 튼튼하기는 합니다만 취급하기가 까다롭다고 함부로 쓰다가는 흠이 나서 품위를 떨어뜨리고 오래 두고 쓰지 못하게 됩니다. 칠기 그릇 쓰는 데 주의 말씀 몇 마디 드리겠습니다. 음식을 담을 때 물기 없는 것을 될 수 있는 대로 담고 오래 두지 마실 것입니다. 그리고 씻을 때는 끓는 물이나 찬물에 오래 담그지 말 것 이상에 든 것은 두 가지이다. 칠기가 싫어하는 수분으로 방지하자는 것입니다. 칠기가 오랜 시간 더운물이나 찬물에 담겨져 있으면 불어 터져서 그릇이 차차 상하게 되는 것입니다. 그 외 질그릇이나 놋그릇 유리그릇을 같이 씻지 말고 칠기는 따로 살짝 씻어 내실 것입니다. 씻은 후에는 보드라운 마른행주로 수분이 하나도 없이 깨끗이 씻어 둘 것, 그리고 들고 다닐 때는 쟁반같이 큰 그릇은 왼쪽 손으로 들지 말고 두 손으로 받쳐 들 것입니다. 그 외 먼지 때문에 흠을 나게 하는 수도 있으니까 씻을 때는 한번 먼지를 터시고 닦을 것입니다. 깨뜨렸을 때는 옻과 밀가루를 같은 분량으로 썩어서 물로 반죽을 해서 풀 대신 쓰면 잘 붙습니다만 없는 경우에는 수예용 풀로 대신하셔도 잘 붙습니다.[104]

1943년 11월 일본이 학도병 지원제 시행에 앞서 각종 군인 원호 사업

103) 『매일신보』, 1941년 8월 26일, 4면 5단.
104) 『매일신보』, 1942년 5월 22일, 2면 4단.

을 전개하였다. 그중에 나전칠기를 제작 판매하도록 하였으며 1943년 경성부에서 군인 원호 사업의 하나로 영화관과 칠기 제조업체를 경영하도록 유도하였다. 놋그릇, 알루미늄을 비롯한 금속류의 제품 그릇 등은 전쟁으로 인하여 앞으로 팽창될 사업비의 공출 대상이 되었으며 이를 대신하여 사용할 수 있는 대용품으로 칠기 공예품을 제작하여 판매하고, 문화영화를 상영하여 수입을 얻고자 하는 신문 기사가 있었다.

> 내년으로 다가온 징병제 실시에 따라 군인 원호 사업은 종래보다 수배로 팽창될 것인데 이렇게 커가는 사업이 언제까지나 기부금에 의한 돈으로만 완벽을 기하기 어려우므로 경성부에서는 이것을 활발하게 키워나갈 강구책을 수립하여 총후 유가족의 생활 부조와 상인 군인들의 원호에 만전을 기하기로 되었다. 지금 당국의 계획으로서는 군사원호회 경성부 분회에서 하고 있는 여러 가지 사업을 확대 강화하는 한편 금후 팽창될 사업비를 충당할 재원을 모으는 한 방법으로서 문화 영화관을 설치하여 계속 수입을 얻게 하고 이와 동시에 놋그릇 혹은 알미늄 그릇 대신으로 사용할 수 있는 대용품이 요구되는 때이므로 **칠기 공예품을 제작하여 판매하는 시설을 갖추어 수입의 길을 얻게 하려는 것**인데 문화영화 극장은 부내 주요한 건물을 빌려 쓰려고 물색 중이며 **칠기 공예품 제작소도 역시 당장에 집을 건축하기는 여러 가지로 어려움으로 우선 적당한 건물을 빌려 경영**하리라 한다. 그리고 이와는 따로 경비 30만 원으로서 부(府)내에 군인원호회관을 건설하여 또한 이 건물을 토대로 하여 원호에 관한 여러 가지 종류의 사업을 행할 터인데 회관 밑에는 약 1천 명을 수용할 수 있는 대 강당을 두고 위에 층은 소강당을 몇 개 두어 이것을 결혼식장으로도 빌려주며 기타 유족에게 수산(授産: 일자리를 마련할 수 있도록)을 지도하는 강습회 등도 열어 원호 사업을 활발히 전개시킬 것이라 한다.[105]

하지만 일제의 패전 등의 상황으로 원자재 공급이 어렵게 된 상황에

105) 『매일신보』, 1943년 3월 20일, 2면 3단.

서 나전칠기 제조는 위축되어 갔다. 1941년 7·7령(사치품금령)[106] 강화로 나전칠기 산업은 더 심한 타격을 받았으며 총독부 상공성 식산국에서 칠 제품(漆絲) 등 일정 가격 이상의 물건을 정하고 있었던[107] 이러한 상황에서 나전칠기 산업은 후퇴할 수밖에 없었다. 나전칠기 조합을 공동으로 결성하여 칠을 공동 매입하거나 칠 나무 재배를 허락해 달라는 요구를 조선총독부를 비롯하여 당국에 청원하는 등 자구책을 강구 하고자 하였다. 또 공출되는 금속류 그릇의 대용품으로 칠기 용품 사용을 유도하였지만 모든 정책은 전시 체제에 맞추어져 있었으며 계속되는 전시 체제로 이어지면서 일본은 결국 패망하였다.

일제강점기하에서도 통영지역 나전칠기는 미약하나마 그 전통의 근원을 수동적으로 이어 왔다. 일제강점기라는 특수성 속에서도 공업전습소를 통한 제도권에서 실시된 기능인 양성은 통영지역 나전칠기의 버팀목이 되기도 하였다. 이러한 과정에서 역설적으로 우리 장인들의 뛰어난 기술과 솜씨에 감탄하여 우리 것을 배워 가는 현상이 일어나기도 하였으나 결과적으로 일제강점기의 시대적 배경 아래 우리 스스로 독자성은 상실되었다. 일본인들에 의해 우리의 전통이 타율적으로 작용되었으며 일본의 침략적 식민사관에 의해 통영지역 나전칠기는 진행되었다.

이렇게 진행된 통영지역 나전칠기 문화는 스스로 전통성과 창조성을 발휘할 수 없었다. 통영지역 나전칠기는 조선 총독과 총독부에서 관심을 가졌으나 타율적 상황에 놓이게 되었다. 그러나 일제강점기를 시작으로 일본의 침략 전쟁이라는 특수 상황을 거치면서도 통영지역

---

106) 1937년 중일전쟁이 발발하면서 군수물자 조달을 위하여 긴축재정이 실시되고, 1938년에는 납과 주석의 사용을 금지시키고 1940년에는 '7·7금령'이란 불린 '사치품 제조, 판매에 관한 규칙'이 공포되고 나전칠기도 포함되어 실시되었다(http://cafe.naver.com/mvfga/10869).
107) 『동아일보』, 1940년 7월 24일, 1면 4단.

은 나름대로 독자적인 나전칠기 문화를 유지하고자 노력하였다. 이러한 환경 속에서도 통영지역 나전칠기가 일제강점기 동안 흥행을 할 수 있었던 것은 타의에 영합할 수밖에 없었던 당시로서는 힘없는 민족의 서글픈 비애였다.

水産「統營港」の一部

〈그림 3-16〉 1934년 12월 9일 통영항. 출처: 『조선신보』.

제4장
/
근대 **통영지역 나전칠기 공장**과 **장인**

螺鈿漆器

근대 통영지역 나전칠기 공장과 장인

1. 조선인 나전칠기 공장의 실태

1) 공장의 설립 상황

통영에서는 1880년대 후반부터 청패세공(나전칠기) 공장이 설립되었다. 〈표 4-1〉은 1880년~1915년 사이 통영면 관내에 설립된 대표적인 공장이다. 1914년 통영지역(거제 포함) 공장은 수공업형의 영세한 공장으로 청패세공공장, 탁형제공장, 창신공장 등 3곳이었다.

〈표 4-1〉 통영면 관내 공장 현황(1914년 12월)

공장	위치	공장주	창립	공장건평(평)	자본금(원)	기술자 수		직공 수		연간취업일수	생산품		
						한국	일본	한국	일본		종류	수량(점)	금액(원)
청패세공공장	통영면 서부동	박정수(朴貞洙)	1887.4.	4	300	1	·	5	·	350	청패세공품(青貝細工品)	180	695
탁형제공장	통영면 신상(흥)동	탁태훈(卓泰勳)	1914.3.	100	5000	1	·	8	·	330	금목도물(金木塗物)	130	900
창신공장	통영면 서부동	박태우(朴泰佑)	1912.8.	80	400	1	·	15	·	320	직기(織機) 잡목물(雜木物)	80	930

출처: 山本精一, 『慶南統營郡案內』, 1915, 56쪽.

가장 먼저 설립된 공장은 박정수의 청패세공공장이었다. 1887년 7월 설립되어 통제영 폐영(1895년) 시기보다 앞서고 있었으며 이 공장이 등장한 시기는 서양 문물 수용과 박람회의 출품 등을 목적으로 조선에서 전통공예에 관심이 높았을 때였다. 청패는 전복 껍데기를 갈아서 자개의 재료로 사용하는 것으로 청패세공은 나전칠기 주재료의 용도로 많이 사용되었다. 공장 위치는 통영면 서부동(현 문화동)으로 청패세공 제조인에 대한 사비 기증금 교부식이 세병관에서 거행되었는데 박정수는 데라우치 마사타케(寺內正毅) 조선 총독으로부터 사비 보조를 받았다.[1]

탁형제공장은 1914년에 설립되었다. 통영군 통영면 신흥동(현 태평동)에 거주하는 탁태훈(卓泰勳)의 아들로 탁익조(卓翼祚), 탁승조(卓承祚), 탁석조(卓錫祚), 탁임조(卓任祚)가 함께 운영하였으며 사형제는 공업전습소를 졸업하였다. 탁익조는 금공, 탁승조는 칠공, 탁석조는 목공, 탁임조는 직공 등 각기 다른 분야에서 두각을 나타내었으며 금공, 칠공, 목공, 직공의 각각 분야에서 부산 물산 공진회(1915년)[2]에 출품하여 가장 우수하였으며 1등과 2등을 수상하였다. 신문 기사에는 목물, 금물, 칠물, 직물 주문이 답지하고 지방 인사의 칭찬으로 청년이 모범 됨은 조선 전국의 영광으로 집안을 다스리는 사람으로서는 실로 감복하지 아니할 수 없다고 하였다.[3]

탁형제공장의 경우 조선인 공장 중 자본금이 가장 많았다. 탁형제 생산품은 제작 과정에 있어서 각각 다른 방식의 기법을 사용하는 품목이기에 생산 수량에도 차이가 있었다. 탁형제공장이 설립된 시기는 1915

[1] 『매일신보』, 1913년 5월 10일.
[2] 「공진회 각 방면(시정 5년 기념 공진회)」, 『매일신보』, 1915년 4월 5일 2면 6단.
[3] 『매일신보』, 1915년 2월 10일, 3면 6단.

년 시정 5주년 기념 물산 공진회를 앞둔 시점으로 산업공장을 설립하여 본격적인 식민지 자본가로 활동하기 시작했다. 전습소에서 우수한 성적을 거두며 졸업한 탁 형제들이 출품작을 본격적으로 제작하면서 공장을 설립하였다. 탁형제공장 대표 탁태훈(卓泰勳)과 아들 사형제 및 탁 집안[4]의 친인척들은 통영지역의 대자본가로 일제강점기 초기 통영 경제권을 장악했다.[5]

창신공장은 설립된 1912년에 설립되었다. 이 공장의 경우 직공 숫자에 비교해 생산량은 많지 않았으며 경남도에서는 전습소를 설치하여 도제 양성 사업을 추진하던 시기였다. 특히 직기(織機)는 작은 소품이 아니라 요즘 베틀 정도 크기로 짐작되었으며 많은 부품 가공에 필요한 인원으로 추정되었다. 좀 더 복잡한 작업 공정이 요구되며, 시일도 오래 걸리기 때문으로 세 군데 공장 중 창신공장의 경우 자본 규모에 비해 직공 수가 두 회사에 비해 2배가량 많았다.

잡목물(雜木物)이라는 품목을 볼 때 여러 종목의 물품을 생산한 것으로 추정되었으며 창신공장, 탁형제공장은 나전칠기 생산과 직접적인 관련은 없어 보이나 생산품 종류에서 당시와 관련성이 있었다. 목물이라는 당시의 표기로 보아 나전칠기를 위한 백골(옻칠과 자개 시문을 위한 뼈대) 제작이 추측되었다. 나전칠기 제작에 있어 백골의 주재료는 나무인데 이들 공장에서 백골을 제작하는 나무와 관련된 물품을 생산하였을 것으로 추정되었으며 박태우[6]는 기록이 거의 없어 알 수 없지만 태합굴[7] 입구에 양조장을 준공하여 운영했다.[8]

---

4) 통영의 탁가들은 일제 식민지 초기부터 방가 일가와 견줄 정도로 큰손으로 알려져 있다. 특히, 1915년 2월 탁 형제들은 별도의 산업공장을 설립하여 본격적인 자본가로 활동하기 시작했다.

5) http://www.ohmynews.com/NWS_Web/view/at_pg.aspx?CNTN_CD=A0000155325

6) 「통영 세무 관내 조선 주조 조합 평의원」, 『매일신보』, 1934년 9월 3일.

기술자와 직공은 모두 조선인이었다. 기술자는 공장주였으며, 그 밑으로 도제식 양성 과정의 직공이 있었으며 주 생산품은 청패세공품, 직기 잡목물, 금목도물 등으로 청패세공공장은 180점, 창신공장은 80점, 탁형제공장은 130점이었다. 연간 취업 일수는 350일, 320일, 330일로 청패세공공장이 가장 많아 생산량에 비교하면 많은 노동을 하였다.

직공도 5명에 불과하여 타 공장과 비교를 하면 생산 금액은 낮고 수량이 많았으며 1년 중 몇 날(명절과 연말연시)을 제외하고는 모두 작업을 하였던 것을 보면 영세한 가내수공업의 전형적 환경이었다. 통영이라는 도시의 규모에서 보면 가내수공업 형태에서 크게 벗어나지 못했던 현실을 반영하고 있었으며 이들 공장은 모두 스스로 운영하는 곳이었다.

1914년에 통영군 공업품 생산은 목기(木器) 부분에 조선인 생산 가구 수가 74호[9]였다. 대부분 조선인으로 모두가 영세한 것으로 보였으며 정확한 기록은 없었으나, 그러나 여기에서도 소량이지만 나무 그릇 종류의 칠기 백골이 생산되었을 것으로 추정되었다. 〈표 4-1〉의 청패세공공장 생산 금액을 보면 695원(圓)으로 두 공장의 규모에 비하여 생산액이 제일 저조하였으며 이 공장들과 연관이 되어 보였다.

1927년(소화 2년) 8월에는 통영지역 조선인 강기홍이 조선칠공사[경남 통영군 통영읍 대화정, 주요 생산: 식탁, 옷장(タンス)]를 설립하였다. 상시 5인 이상 직공을 고용하고 있었으며,[10] 조선칠공사의 운영

---

7) 통영반도와 미륵도를 연결하는 해저터널을 일본인들이 도요토미 히데요시의 관명(官名)을 따서 태합굴(太閤掘)이라 이름 붙였다(http://terms.naver.com/entry.nhn?docId=2056205&cid=42840&categoryId=42855).

8) 「朴泰佑씨의 양조장」, 『釜山日報』, 1934년 9월 1일 3면 7단.

9) 山本精一, 『慶南統營郡案內』, 1915, 36쪽.

및 경영 전반에 관한 내용은 현재 기록의 부재로 서술하는 데 제약이 있었으나 강기홍은 통영지역 나전칠기 발전을 위하여 주도적이고 활발한 활동을 하였다.

2) 나전칠기 장인의 실태

일제강점기 통영지역에서 나전칠기 직종에 종사했던 장인들이 많이 있었다. 이들은 일제강점기 통영지역에서 나전칠기 분야에 함께했던 조선인 장인들의 단결을 위하여 연구회와 조합을 결성하여 그들의 권리와 권익을 수호하고자 단체를 조직하고 구성원으로 활동하였다.

나전칠기 장인으로 엄성봉(嚴成奉), 박정수(朴貞洙), 박목수(朴穆壽) 등이 있었으며 박정수는 통영지역에서 활동하였고, 박목수는 일제강점기 초기 서울로 상경하여 이왕직미술품제작소에서 근무하며 이후 서울에서 정착하여 활동하였다. 엄성봉은 통영지역에서 활동했던 기록은 없었으며 신문 기사에서 관련 근거를 찾을 수 있었는데 엄성봉에 관한 내용은 신문 기사 외에 다른 자료는 부재하였다.

1940년 수곡 전성규의 장남 전창한(全昌漢)의 인터뷰 내용에 그의 활동에 관한 기록 일부가 약간 서술되어 있었다.

> 당시 나전칠기를 만드는 비재를 가진 사람이라고는 전 조선에 오직 **통영 엄성봉** 한 사람으로 **그의 제자 엄항주 등 6인**밖에 없었다. 엄성봉이 영면 후에 이를 6인이 하대와 멸시를 받아 오며 이조에 들어와서는 거의 끊어지다 싶이한 나전칠기의 생명을 계승하였다. 그러나 봉건시대의 특히 조선 공예술의 모든 것이 그러하지만 전수공업은 몇 사람만이 학대 멸시를 받으면서도 자기들끼리 비밀히 배우고

10) 조선총독부 식산국 편찬, 「기타 공업」, 『조선 공장 명부』, 사단법인 조선 공업협회 발행, 1932년, 248쪽.

전하였기 때문에 이들 6인이 역시 다른 사람에게 그 기술을 알려주지 않았다. 그러던 것을 명치 40년(1907년) 당시 인천감리로 있던 하상기가 진상하여온 나전칠기를 보고 크게 생각한 바 있어 전기 6인의 장공을 강제로 끌어올려 서울에서 만들고 있던 것이다. 전성규는 직접 나전의 제조법을 배우려 하였으나 6인의 장공은 절대 거절하며 나중에는 옆에 얼씬도 못하게할 뿐 아니라 공장 부근에만 가도 폭언과 욕설과 폭행이 한두 번이 아니었다. 그러나 전성규는 끝까지 큰 뜻을 굽히지 않고 공장 부근에서 노는척하며 문치로 혹은 창문을 넘어 보는 등 피눈물 나는 노력을 하기 1년, 자개 껍질을 닦고 깎고 오려 박는 법 혹은 칠(漆) 하는 법을 모조리 배웠을 뿐 아니라 전성규의 기술과 도안의 다양 다채한 재간은 그들 보다 몇 곱절 진보한 바 있었다. 그러나 마침 하상기가 공장 경영의 곤란에 빠진 것을 인계하여 6인을 자기 밑에 사용하며(전성규에게 엄항주 등 6인은 고용됨) 더욱 기술적 연구를 거듭하는 새 장공의 대량적 양성을 하여 나전의 상품화를 꾀하였다.[11]

조선인으로서 나전칠기를 제작하는 재주를 가진 사람으로 통영에 사는 엄성봉(嚴成奉)이 있었다. 엄성봉이 세상을 떠나고 엄항주와 엄용주가 대를 이었으며 이들은 통영지역을 떠나 이주하여 활동하였으며 특히 엄용주는 중앙시험소 산하 조선칠공회 회원으로 활동하면서 1917년 동경 화학 공예박람회에 출품하였다(〈그림 4-1〉 참조).[12]

1907년 당시 인천감리 하상기가 진상된 나전칠기를 보고 생각한 바 있어 직접 운영하고 있던 서울에 있는 공장으로 엄항주 외 6인이 징발되었다. 근대 통영지역 나전칠기 문화가 서울지역에서 정착하는 데 결

11) 「一意精進의 今日! 螺鈿漆器를 工藝化한 全成圭氏: 靑貝와 苦鬪三十餘年! 巴里萬國工藝品展에 最高의 榮譽賞[肯]」, 『동아일보』, 1940년 1월 9일.
12) 특색 있는 조선 칠기, 동경화학공예박람회에 출품됨. 경성칠공예 회원으로 자격으로 1917년 동경화학 공예박람회(화학공예전람회)에 엄용주, 전성규, 임홍상, 장완식, 이필순, 방태식과 함께 사진틀, 최상함(函) 조선 밥상, 벼루 집 등을 출품하였다. 『매일신보』, 1917년 9월 13일, 3면 0단).

정적 영향을 끼친 대표적 장인으로 이들 엄성봉 외에 김재호, 박철주 (형), 박용주(동생), 임홍상 등이 있었다. 1914년 일본인 칠 기술자들이 이왕직미술품제작소(1910년)에 나전칠기 고장인 통영지역 조선인 장인을 데려다 일을 시켰다.[13] 1948년 엄항주는 서울시 종로구 청운동 144에서 경성나전칠기공업사를 운영하였으며 서울공업협회에서 우량공원 표창 수상을 하였다(〈그림 4-2〉 참조).

〈그림 4-1〉 조선 칠기 동경화학공예박람회에 출품(엄용주).
출처:『매일신보』, 1917년 9월 13일, 3면 0단.

〈그림 4-2〉 수상자 엄항주.
출처:『공업신문』, 1948년 3월 3일, 서울공업협회.

1990년에 박용주(당시 71세)의 인터뷰가 있었다. 그의 증조할아버지 박건수, 할아버지 박한성, 아버지 박목수(1883년 서울 상경 이전까지 통영에서 활동), 그리고 본인의 형님 철주까지 모두 칠기인이었다. 증조부가 나전칠기를 처음 배운 곳은 지금의 세병관 근처 칠방과 자개방으로 조부 박한성은 칠(漆) 기술이 뛰어났으며 1914~1915년 사이(기억)에 아버지 박목수를 따라 서울로 이주하여 인사동에 거주하였다.

13) 박형철,『한국 현대 목칠공예에 관한 연구』, 홍익대학교 대학원 석사학위논문, 1976, 20쪽.

일본인의 주선으로 아버지 박목수가 이왕직미술품제작소에서 근무했
으며 그곳에서 2~3년 정도 근무 후 인사동에 큰아들 박철주와 함께 공
장을 운영하였으며 직원은 30명 정도였다. 아버지 박목수가 작고하자
박용주는 형님 박철주와 함께 공장을 운영하였으며[14] 해방 이후에는
박철주와 박용주가 각각 국전에 출품하여 입상하였다(〈그림 4-3〉, 〈그
림 4-4〉 참조).

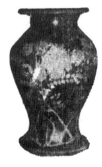

〈그림 4-3〉 국전 4부 공예부.　　〈그림 4-4〉 건칠화병(乾漆花柄). 출처:『동아일보』,
출처:『동광신문』, 1949년 11월 22일.　　1949년 11월 21일, 2면 2단.

　　1947년 박철주(朴鐵柱)는 문교부 주최 조선 종합 미술전람회에 조선
의장(朝鮮衣裝)을 출품하여 특선을 수상하였으며,[15] 1949년 박철주는
건칠 화병으로 문교부장관상을 수상하였고[16] 민예공예사[17]를 운영하
였으며 1957년에는 백태원 유강렬과 함께 국전 추천작가가 되었다.[18]

14) 「나전칠기 인의 길을 4대째 걷는 박용주」,『월간 한국 나전칠기·목칠공예』 4월호,
　　1990.
15) 「종합미술전 포상식」,『조선중앙일보(유해붕)』, 1947년 11월 29일.
16) 『동아일보』, 1949년 11월 21일, 2면 1단.
17) 「민예공예사」, 각종 나전칠기 제품, 서울시 종로구 낙원동 31, 대표 朴鐵柱,『全國主
　　要企業體名鑑(1956년판)』, 大韓商工會議所.
18) 『조선일보』, 1957년 9월 24일, 3면 6단.

박용주는 화군(3회), 영생화 보석상,[19] 조국 수호의 문갑 특선(1953년, 2회),[20] 탁자(1955년 4회), 화목·십자 테이블(1957년 6회),[21] 양면 탁자(1960년 9회)[22] 등의 작품으로 국전에서 수상하는 등 활발한 활동을 하였다.

서울지역에서 활동하였던 김기주(1904년), 김영주(1906년) 형제가 있었다. 이들 형제는 일제강점기 시절부터 해방 이후에도 활발한 활동을 하였으며 김종남(이형규 문하, 1937년 16회 조선미술전람회 입선)이 이들의 사촌 동생으로 김기주는 1992년 11월 10일 국가 중요무형문화재 제10호 나전칠기장(匠) 기능보유자로 인정되는 우석(宇石) 김태희[23] (金泰熙, 1916~1994년, 김진갑[24] 사사)의 매형이자 스승이었다. 김영주는 해방 이후 1946년 광복 이후 공업신문사 후원으로 최초로 개최된 공예품 전람회에서 1등인 특 우량 상을 차지하였다. 수상자 인터뷰에서 공예 방면에 종사한 지 20여 년으로 선전에서도 특선 수상을 하였으며 "독특한 조선 것을 살리기 위해 미력이나마 최선을 다하겠다."는 각오를 밝혔다. 김기주·김영주 형제는 해방 후 1949년 국전 공예부에서 입상하였다(〈그림 4-5〉, 〈그림 4-6〉).

---

19) 『조선일보』, 1953년 11월 26일, 2면 4단.
20) 『경향신문』, 1953년 11월 26일, 2면 4단.
21) 『경향신문』, 1957년 10월 19일, 4면 1단.
22) 『조선일보』, 1960년 9월 26일, 4면 1단.
23) 김태희(金泰熙): 경기도 용인 출생. 18세 때부터 매형 김기주(金鎮柱)로부터 나전칠기의 도안·부착법·도장법 및 칠 정제법 등을 배웠으며, 특히 나전칠기 계의 거장 김진갑(金鎭甲)을 사사하여 현대적인 도안과 창작법, 그리고 작품구상 방법에 대하여 집중적으로 배웠다. 『한국민족문화대백과』, 한국학중앙연구원.
24) 김진갑: 백태원(1923~2008)의 장인. 1900년~1972년 서울에서 목공의 아들로 태어나 배재학당을 거쳐 이왕직(李王職)미술품제작소에 입소하여 칠공부에서 장기명(張基命) 등과 함께 나전칠기의 전통적 기예를 익혔다. 조선미술전람회(鮮展)에 공예부가 신설된 1932년(제11회)부터 1937년 사이에 연이어 여섯 차례 입선 및 특선(제14회)하였고, 1942년에 또다시 입선하였다. 『한국민족문화대백과』, 한국학중앙연구원.

朝鮮것살리자
最優良賞受賞者
金榮朴氏談

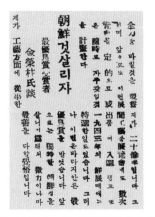

〈그림 4-5〉 조선 것 살리자(최우량 수상자 김영주 씨 담). 출처: 『공업신문』, 1946년 4월 9일.

(黃정閑) 寶石장 (金榮柱) 螺전花百장 (金祺柱

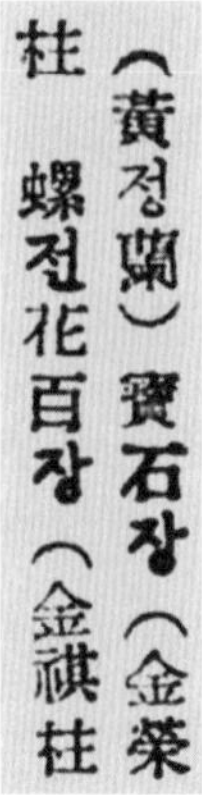

〈그림 4-6〉 1949년 국전 공예부. 출처: 『동아일보』.

김봉룡(一沙: 1902~1994년)은 해방 이전까지 서울에서 활동하였다. 1902년 통영면 도천동에서 태어났으며 나이 17세(1919년)에 통영면 서부동에서 나전칠기 공장을 운영하던 박정수(朴貞洙) 문하에 입문하였다. 그러던 중 근대 나전칠기의 개척자라 불리는 두 번째 스승과의 운명적 만남이 있었다.

그 스승은 나전칠기를 근대화시킨 수곡(守谷) 전성규(全成圭, 1880~1940년)[25]로 김봉룡의 나전칠기 일생에 가장 큰 영향을 준 장본인이었다. 나전칠기에 남다른 애정 및 장인과 예술가로서 기본 덕목과 소양을 전성규 문하에서 습득하게 되었다. 전성규는 특히 끊음질 기법의

25) 전성규는 조선조의 전통공예인 나전칠기의 전통을 전수한 대표적인 '마지막 나전칠기 장인(匠人)'으로 평가받는다. 그러나 조선 공예의 마지막 장인이라기보다는 새로운 나전칠기의 지평을 개척한 '나전칠기의 중시조(中始祖)'라 하는 것이 옳을 듯하다. 더 나아가 나전칠기를 개인의 창조적 정신으로 부흥시킨 '근대 나전칠기 공예의 개척자'라 하는 것이 격에 맞을 듯하다. 이런 찬사를 받음에도 불구하고 그의 행적에 대해서는 잘 알려져 있지 않다(출처: 『koreanart21.com』, 나전칠기를 근대화한 공예가 전성규: 나전칠기의 세계화를 꿈꾼, 근대 공예가 수곡 전성규).

산수, 십장생 문양에 아주 능숙하였으며 평생을 나전칠기 세계화를 꿈꾸었다. 수곡 전성규는 서울에서 나전 실습소를 개소하여 운영하는 등 전통 나전칠기의 가치와 발전 가능성을 버리지 않고 활동하였으며 통영에서는 김봉룡과 송주안을 제자로 맞이하는 운명적 만남이 있었다.[26]

1920년 조선총독부 중앙시험소에 재직하던 기무라 텐코(木村天紅)가 귀국하면서 전성규를 일본에 초청하였다. 김봉룡은 전성규를 따라, 송주안 등과 함께 일본의 도야마현(富山縣) 다카오카시(高岡市)[27] 조선나전사(朝鮮螺鈿社)[28]에 초빙되어 2년간 체류하였다. 1922년 일본에서 귀국한 김봉룡은 서울 종로구 삼청동 전성규의 공방에서 함께 작업하였다.

조선총독부는 프랑스 파리에서 개최되는 만국 장식미술 공예박람회에 나전칠기 출품을 결정하였다.[29] 만국 장식미술 공예박람회에 전성규와 김봉룡이 나전칠기 분야 출품자로 지정되면서 이후 모든 능력을 동원하여 표면에 섬세하고 화려한 장식의 나전칠기를 제작하였다.[30]

26) 김경미, 「나전장인 김봉룡의 삶과 나전 문양」, 국립문화재 연구소, 2010.

27) 노유니아, 「조선나전사와 한국 근대 나전칠기」, 『Korean Jurnal of Cultural Heritage Studies Vol. 49, No2』. 다카오카(高岡)는 일본 도야마(富山)현 제2의 도시로서 동기의 주물 제조와 칠기가 유명한 생산품으로 알려진 곳이다. 일본의 伝統的 工芸品 産業の振興に関する法律에 의거 하여 지원 보호되고 있는 다카오카 칠기는 전통공예품으로 지정되어 있는 일본을 대표하는 칠기 중 하나이다. 그러나 다른 지역과 다카오카의 칠기가 구별되는 것은 장식 기법 중의 하나인 나전칠기 기법이 대표적이다.

28) 노유니아, 「조선나전사와 한국 근대 나전칠기」, 『Korean Jurnal of Cultural Heritage Studies Vol. 49, No.2』, 도쿄대학 인문 사회계 연구과, 2016, 127쪽. 1915년부터 약 6년 간 조선총독부 중앙시험소에서 근무하던 기무라 텐코(木村天紅, 1887~1950)가 퇴직을 하고 귀국하면서 1920년 10월 고향 다카오카(高岡)로 돌아와서 설립한 나전칠기 회사이다. 설립 경위는 「조선 미술 나전칠기보급회 취의서」에 기무라 텐코가 직접 서술한 내용이 기록되어 있었다.

29) 「시사관」, 『매일신보』, 1925년 3월 6일.

30) 「삼청동 전성규 씨, 만국 미술공예 박람에 라뎐 칠긔를 출품하려하나 삼천원 공비업서 걱정」, 『동아일보』, 1924년 11월 15일; 「佛國巴里萬國博覽會에 出品되는 朝鮮工藝品」, 『동아일보』, 1925년 3월 4일; 「파리박람회에 출품할 조선의 미술 공예품, 조선물산 계 점차 多事」, 『동아일보』, 1925년 3월 6일.

〈그림 4-7〉 전성규와 김봉룡, 만국 장식미술 공예박람회 출품작. 출처: 『동아일보』, 1926년 1월 17일.

1925년 프랑스 파리에서 개최된 세계 장식 공예품 박람회에 「대화병(大花瓶)」을 출품(〈그림 4-7〉)하여 입상하며 조선 나전칠기를 전 세계에 알렸다.[31] 김봉룡은 「화병(花瓶)」으로 은상(〈그림 4-8〉, 상장)을 받으면서 조선에서 세계를 대상으로 하는 만국박람회에서 수상 소식과 함께 상장이 전해지자 큰 화제가 되었으며 이때부터 본격적으로 주목 받게 되었다.[32] 특히 김봉룡의 「화병(花瓶)」에 나타난 의장을 보면 20세기 전반 유럽에서 유행하던 아르누보[33] 스타일에 나타난 유리 화

31) 『동아일보』, 1926년 1월 17일, 만국박람회에 입상된 조선의 미술 공예품, 화병(가격 9백 원) 담배 설함과 수함(가격 3백 원)의 세 가지를 화병은 김봉룡 씨의 명의로 수합과 담배 설합은 전성규 씨의 명의로 일본 상공성을 경유하여 출품하였던 것인데 진열되기는 일본관에 된 것이었으나 세계 중에서 가장 미술 감상이 고상한 곳 도회라는 파리에서 만인의 칭찬을 받은 화병은 은패 수함과 담배 설합은 동패의 명예상을 받았다.
32) 「水陸萬里거처온 光彩잇는 賞狀」, 『동아일보』, 1927년 3월 6일, 2면 4단.
33) 19세기 말에서 20세기 초에 걸쳐 프랑스에서 유행한 건축, 공예, 회화 등 여러 예술의 새로운 양식. 식물의 유동적인 곡선을 즐겨 사용한 것이 특징이다.

병을 나전칠기로 재현한 듯한 인상을 주는 작품으로 해방 이후 우리나라 나전칠기의 경향이 상상되었다.[34] 굴곡과 변용으로 얼룩진 일제강점기에 이들의 수상 소식은 나전칠기 장인들과 조선인들에게 큰 자부심과 자존감을 안겨 주었으며 1930년 김봉룡은 고대 미술 나전칠기 공예소를 서울 가회동에 설립하여 독자 공방을 운영하였다.

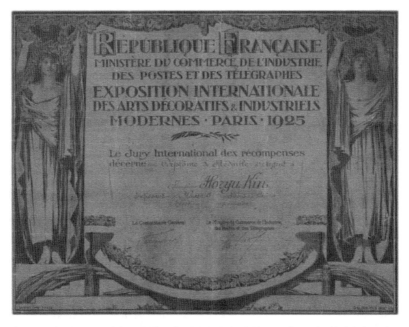

〈그림 4-8〉 파리 만국박람회 일사(一沙) 김봉룡 은상 상장(1925년). 출처: 나전칠기 무형문화재 일사 김봉룡의 명장 세계(cafe.daum.net/ilsa-najeonchilgee).

일제강점기 우리 전통 나전칠기 공예가 변용되어 굴절되는 모습을 인식하고 우리 것을 고수하고자 하였던 강한 의지는 공방이 명칭에서

34) 노유니아, 「조선나전사와 한국 근대 나전칠기」, 『Korean Jurnal of Cultural Heritage Studies Vol. 49, No2』, 도쿄대학 인문 사회계 연구과, 2016, 135쪽.

알 수 있었다. 평안북도 태천군의 칠생산 조합 후원으로 세워진 태천 칠공예소(泰川漆工藝所)가 1937년에 개소되면서 스승 전성규가 교장으로 부임하게 되자 그의 삼청동 공방까지 김봉룡이 운영하였다.

해방 이후에도 김봉룡은 서울에서 다양한 인사들과 교류하면서 생활을 위하여 주문 제작으로 공방을 계속 운영하였다. 1949년 주식회사 삼일사 나전칠기 부장으로 취임하였으며, 1950년 6월 한국전쟁이 발발하면서 가족과 함께 남쪽으로 피난길에 올라 고향 통영에 1951년 2월 도착하였다. 김봉룡은 스승 전성규의 유지를 받들고자 나전의 본고장 통영에 후진양성 교육기관 설립의 필요성을 설득하며 서울의 상공부와 경상남도 도청을 빈번히 왕래하였다.[35]

1951년 경상남도 도립 나전칠기강습소에 근무하였다. 나전칠기강습소에 강사로 초빙되었으며 1952년 나전칠기 기술양성소로 개칭되어 양성소장은 명예직으로 경상남도지사가 맡고 김봉룡은 부소장 겸 나전칠기 담당 교수로 취임하여 운영하였다. 1952년 사임을 하고 1953년에 공방을 설립[36]하여 자영하기 시작하였으며 강사로 재임하는 동안 배출된 김성수, 이성운, 이문찬, 이형만 등 강습소 출신 장인들은 통영지역뿐만 아니라 우리나라 나전칠기 문화의 전성기를 이끄는 주역이 되었다.

1961년 국전에 추천작가의 대우를 받으며 출품하였고, 마침내 1966년 6월 29일 평생을 바쳐 온 장인의 길과 그간의 공로를 인정받아 국가 중요무형문화재 10호 나전칠기장(匠)으로 지정되었다. 1975년 국전 초대작가가 되었으며 1985년 김봉룡옹 소장품 특별 전시회, 1987년 「나전칠기와 도자기의 만남 전(展)」을 가지는 등 1993년까지 작품 활동을 하였

---

[35] 통영시립박물관, 「통영 나전공예의 산실 일사 김봉룡을 만나다」, 『일사 김봉룡 연보』, 2017.
[36] 「韓國螺鈿漆器工藝社」, 대표 金奉龍, 각종 나전칠기 제품, 경상남도 통영군 통영읍 미수리 42, 출처: 『全國主要企業體名鑑(1956년판)』, 大韓商工會議所.

〈그림 4-9〉 태천칠공예소 시절 송주안. 출처:「중요무형문화재 제10호 나전장(송방웅) 전승 도안」,『한국 근현대 나전 도안』.

으며 1994년 94세 나이로 타계하면서 나전장으로서 삶을 마무리하였다.[37]

송주안은 1901년 태어나 1917년 통영 공립 보통학교 4년을 졸업하였다. 그 후 통영공업전습소에 입소하여 여기서 나전칠기 대가 전성규(全成圭)를 만나 본격적으로 나전칠기 수업을 받았다. 그는 "전성규 선생님 밑에서 가르침 받으며 기술을 배울 때의 엄격한 수업은 지금도 눈에 보이듯 생생해요. 스승의 가르침에 미처 따르지 못했을 때는 호된 매도 맞았다." 고 하였다. 송주안은 그렇게 해서 끊음질을 가르침 받았으며 어느 기법이든 최고가 되기까지는 셀 수 없는 반복과 연습으로 고된 수련 과정을 거쳐야 했다.[38] 송주안은 스승 전성규를 따라 연구생으로 일본에서 체류하였다. 일본으로 건너간 전성규와 김봉룡은 먼저 귀국하고 송주안은 8년 동안 머물렀다가 귀국하였다.[39] 전성규를 따라간 장인들과 송주안이 일본에서 체류하는 동안 행적과 활동 내용은 현재로 알려진 것이 없었다.

1928년 28세의 나이로 귀국하자마자 통영 출신 나전장인 엄 씨가 서울에서 공장을 차림에 따라 전성규를 따라가서 2년 동안 일하였다.

37) 통영시립박물관,「통영 나전공예의 산실 일사 김봉룡을 만나다」,『일사 김봉룡 연보』, 2017, 14쪽.
38) 성혜경,「빛을 빚어내는 인고의 외길 송주안 나전 명인」,『문화재사랑』, 문화재청, 2018.
39) 국립문화재연구소,「중요무형문화재 제10호 나전장(송방웅) 전승 도안」,『한국 근·현대 나전 도안』, 2009, 198쪽.

〈그림 4-10〉 "통영칠기제작소창습년근속송주안씨(統營漆器製作所彰拾年勤續宋周安氏)" 표창 은배. 출처: 『한국 근·현대 나전 도안』, 국립문화재연구소.

1929년 통영칠기제작소를 설립하여 경영하던 일본인 하시다 스케타로 (橋田助太郎)에 발탁되어 통영칠기제작소에 입사하여 10년간 근속하고 표창으로 은배(〈그림 4-10〉)를 받았으며, 1940년 스승 전성규가 사망하자 평안북도 태천에 있는 태천군립칠공예소(泰川郡立漆工藝所)[40]의 소장으로 1년간 근무하였다. 송주안(〈그림 4-9〉, 태천공예소 시절)은 태천에 근무하면서 월급으로 100원을 받았으며 당시 일본인 군수의 월급이 60원 정도였다. 태천 생활을 1년 만에 정리하고 1941년

[40] 양질의 칠(漆)이 생산되는 평안북도 태천에 칠생산 조합의 후원으로 1934년 설립된 칠공예 학교이다.

〈그림 4-11〉 하시다 스케타로(橋田助太郎) 통영칠기제작소(1941년, 송주안의 복직). 출처: 박우권.

고향 통영으로 돌아와서[41] 통영칠기제작소(〈그림 4-11〉)에 공장장으로 초빙되어 근무하던 중 해방을 맞이하였으며 1945년 해방이 되면서 일본인 하시다(橋田)가 경영하던 통영칠기제작소 사택을 물려받았다.

　송주안은 일본인이 버리고 간 적산가옥을 불하(拂下)받았으나 당시 사회 상황으로 추론해 볼 때 무주공산(無主空山)의 재산으로 인식되어 직원들 사이에서 분쟁이 발생하였다. 송주안의 아들 송방웅은 "하시다 스케타로(橋田助太郎)의 재산은 모두 송주안에게 주고 갔으나 송주안 선생이 운영하다가 소유권 문제로 직원 간의 알력이 생겨 운영이 어려

---

[41] 국립문화재연구소, 「중요무형문화재 제10호 나전장(송방웅) 전승 도안」, 『한국 근·현대 나전 도안』, 2009. 이때 송주안이 귀향한 이유는 당시 통영칠기제작소에서 공장장으로 초빙되기도 하였을 뿐 아니라, 그해에 늦둥이 아들인 송방웅이 태어나면서 가족들에 대한 그리움도 커졌기 때문이었다고 송방웅은 당시를 회고하였다.

워지게 되어 제재소는 김두열, 사택은 천철동,[42] 공장 건물은 서계문에게 주었다."고 하였다.[43] 해방 이후 통영칠기제작소가 송주안이 대표자로 운영되었던 것을 1947년 2월『민주중보사(民主衆報社)』광고를 통하여 확인할 수 있었다. 결국 직원들의 갈등으로 점점 어려운 일이 발생하자 포기하고 빈손으로 나와 태평동 자택에서 공방을 운영하다 이후 6·25전쟁으로 폐쇄하였다.

이 무렵 송주안은 통영 출신 김홍주가 운영하던 대구의 칠기공장을 거치는 등 어려운 시기를 보냈다.〈그림 4-13〉은 1953년 강문혁[44]이 운영하는 통영칠기주식회사(統營漆器株式會社)에 중역으로 취임하면서 촬영한 것으로 활동은 1958년까지 이어졌다. 사장 강문혁이 사망하자 이곳 역시 폐사되어 태평동 본가에 태평공예사를 설립하여 본격적으로 독자적인 운영을 하였다.[45] 송주안의 '끊음질' 솜씨는 숙련된 기능으로서 그 가치를 인정받아 1979년 5월 24일 79세 나이에 중요무형문화재 제54호 '끊음장(匠)'으로 지정되었다.[46] 송주안은 1981년 초까지 활동하였으며 그해 7월 10일 81세의 나이로 별세하였으며 송주안의 끊음질은 아들 송방웅에게 전수되어 대를 이었다. 그의 아들 송방웅은 1990년에 나전장(끊음질) 보유자로 인정받아 활동하였으며 2020년 7월 작고하였다.

---

[42] 아들 천상원(千相源, 1926.9.15.~2001.3.13)이 1975년 1월 29일 자로 중요무형문화재 제55호 소목장 기능보유자로 지정받았다.

[43] 「통영 나전 칠공예 회고: 송방웅」,『통영문화』12호, 2011, 32쪽.

[44] 강문혁(姜文赫), 1920년 7월 23일생, 본적: 경상남도 통영, 주소: 경상남도 부산시 광복동, 협성 상업학교 졸업, 대한 공예협회 경남지부 지부장, 대한 공예협회 감사, 통영칠기주식회사 사장, 대한 공예협회 이사, 대한 공예협회 부회장(출처: 한국사 데이터 베이스 한국 근현대 인물 자료).

[45] 국립문화재연구소,「중요무형문화재 제10호 나전장(송방웅) 전승도안」,『한국 근·현대 나전 도안』, 2009, 199쪽.

[46] 국립문화재연구소,「중요무형문화재 제10호 나전장(송방웅) 전승도안」,『한국 근·현대 나전 도안』, 2009, 200쪽.

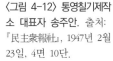

〈그림 4-12〉 통영칠기제작
소 대표자 송주안. 출처:
『民主衆報社』, 1947년 2월
23일, 4면 10단.

〈그림 4-13〉 통영칠기주식회사 송주안 취재역 기간(1952년~1958
년). 출처: 박우권.

통영에서 활동한 장인 박정수가 있었다. 그는 통제영이 영문을 닫기 이전부터 청패세공공장을 운영하였으며 제자 양성에도 힘을 쏟아 그의 문하에는 황동엽(1890년), 김봉룡(1902년), 엄맹운 등이 있었으며 1925년에는 통영 나전칠기연구회를 조직하고 회장을 역임하였다. 연구회는 대화정 남신공장에서 열렸으며 임시의장으로 개회사를 하고 회장에 선임되었으며, 연구 보고, 회원 정리, 임원 개선에 관한 것을 논의하고 회계 이형규, 서기 강기홍, 조사위원 김일근이 있었다 (〈그림 4-14〉).

〈그림 4-14〉 나전칠기연구회 임시회.
출처:『시대일보』, 1925, 10월 11일.

1927년 조선칠공사(통영읍 대화정, 주요 생산: 식탁, 옷장)를 설립·운영하였던 강기홍(〈그림 4-15〉)이 있었다. 강기홍은 조선칠공사 설

<그림 4-15> 강기홍.
출처: 『동아일보』, 1931년 3월
20일, 5면 6단.

립 이전부터 나전칠기 직공동맹 창립에 관
여하고 통영 총 동맹회 가입하여 활동하였
으며 조선칠공사 설립 이후 통영 나전칠기
연구회를 주도하였다. 1928년 신간회 통영
지회 간사로 활동에 참여하였으며 1930년
통영 나전칠기를 극찬하는 글「내 고장 명
산 조선 미술의 정췌(萃) 나전칠기 신라불교
전성시대부터」를 『동아일보』에 게재하는 등
통영지역 나전칠기 발전을 위해 언론과 연
구 활동을 비롯한 지역사회 운동을 활발히
전개하였다. 강기홍에 대한 생몰년에 대해서는 알려진 것은 없으며 공
장 설립 기록만 있으며 운영이나 기타 구체적인 사항은 거의 없었다.

우리 통영은 반도 남단에 위치하여 인구 2만여를 세는 대읍이다. 산
수 좋고 기후 좋은 곳으로 이름이 높다. 이곳에 나는 물산까지도 풍
성한데 첫째로 해산물이 전 조선의 수위를 점하고 있으며 세공업으
로는 명성이 자자한 통영갓도 있다. 그중 특히 내외국 손님들의 찬
사를 받는 나전칠기가 산출되나니 이것이야말로 동양미술사상의
전폭을 찬란히 장식하고 있는 오직 하나뿐인 조선의 자랑거리이다.
그러므로 동양은 말 할 것도 없거니와 멀리 구미 각국까지도 그 성
가가 날로 높아간다. …(중략)… **관존민비의 풍이 있어서 국가의 산
업발달과 인민의 복리 증진을 도외시하고 장사 공업자(쟁이)를 극
도로 천시하였다.** 그러므로 일반 공업이 부진함에 따라 동양미술의
정화요 우리의 자랑 꺼리 나전칠기도 이조 말년에 달하여서는 그림
자를 볼 수 없게 되었던 것이다. 그러나 오랜 역사를 가진 나전칠기
가 永遠理葬이 될 리가 있으랴? 지금부터 3백여 년 전에 우리 통영
에는 삼도 통제사가 부임하게 되어 이곳은 천연적으로 각종 세공 업
발달에 적당한 소질을 가진 지대임을 간파하고 각종 『패』의 생산이
풍성함에 따라 나전의 원료채취가 용이함으로 이를 특히 장려케 하

였다. 그리하여 오랫동안 그림자를 감추었던 나전칠기는 다시금 우
리의 눈앞에 나타나게 된 것이 바로 이때부터이다. 이로서 통영 나
전칠기의 유래를 대략 짐작할 것이다.[47]

기사와 함께 재료(백골) 선정과 건조, 가공 방법, 생칠의 건조와 연
마과정을 거쳐 최종 완성품의 단계를 설명하였다. 나전칠기는 도막이
풍부함과 색채의 영구불변과 내수 내열 등에 견고하고 아주 뛰어나 소
위 현대 미술품으로서 일반 실용품화되는 가능성을 주장하였다. 나전
의 광채는 아름답고 화려하여 한번 보면 황홀함을 금치 못하며 외국
수출, 가게 판매, 위탁 판매, 통신 판매를 하고 최근에 와서는 출장 판
매를 더 하고 있었다. 서재 응접실 같은데 반드시 그 자태를 볼 수가
있으며 기념품, 증답품, 토산품 등에 제1위를 점함으로 1년간 판매고
가 10여 만 원(통영 매상고)의 거액을 올리고 있었다. 통영에서는 조선
칠공 회사 내에 나전칠기연구회를 두어 열심히 연구에 몰두하고 있으
니 이것이 통영 나전칠기의 자랑이라는 칭찬 글이 있었다.

1931년에는 지방 여론을 청취하고자 상공업계 문제를 주제로 하는
주요 도시 순회 좌담회가 열렸다. 통영에 소재하고 있던 각 단체와 분
야를 대표하는 조선인이 13명이 참석하였는데 조선칠공사 사주 강기
홍이 칠기 업계 대표로 참석하였다. 각 단체의 시각에서 통영지역 현
안과 문제점, 발전 방향을 말하였는데, 강기홍은 좌담회를 통하여 목
공과 나전칠기의 현안에 대하여 지적하였다. 통영의 나전칠기와 목공
은 역사가 오래되어 다른 지방보다 발전은 되었으나 경영 방식이 매우
유치하여 확장성이 없음을 강조하고 그 원인을 여러 가지 이야기하였

---

[47] 「내 고장 명산 조선 미술의 정췌 나전칠기, 신라불교 전성시대부터」, 『동아일보』
1930년 10월 30일.

〈그림 4-16〉 주요 도시 순회 좌담.
출처: 『동아일보』, 1931.

다. 첫째 자본의 구조가 취약하여 대규모 경영이 어려우며, 둘째 공업이라는 업종과 공업에 종사하는 사람을 천대시하며, 셋째 나전칠기 공업에 종사하는 종사자 대부분 지식이 부족함을 지적하였다.

도제 양성 교육기관의 필요성을 주장하였다. 통영지역 나전칠기는 조선의 자랑거리로 국제 공업 시장에까지 그 명성이 알려져 있는데 미술적으로 우수한 물품이 산출되도록 공업전습소 혹은 공업학교 등 교육기관 설치를 주장하였다. 나전칠기 제품이 고가여서 대중성이 없으니 될 수 있는 대로 실용적이고 가격도 저렴하게 공급하면 좋겠다는 방법을 제시하였다. 강기홍은 부진 원인으로 종사자 무지에 대한 교육의 필요성을 강조하였으며 자체에서 혁신하지 않으면 가까운 장래에 통영 나전칠기의 근원이 위협받음을 경고하였다. 조선칠공사 내에서 다수의 직공을 양성 중이지만 거의 무지하여 통영 유지의 경제적 후원과 직공양성기관 설치를 요망하였다.[48] 강기홍은 조선칠공사를 운영하면서 통영 나전칠기 발전을 위하여 언론과 소통하며 대중운동, 시민운동에 참여하고 연구회 조직에 앞장서서 연구 활동을 하는 등 왕성한 지역사회 사회운동을 하였다.

---

48) 「主要都市巡廻座談; 第三十 統營篇(一) 통영발전책 발전될 몃가지 [肯: 卓同朝 劉澤植 姜基弘 姜駿警 宋秉文 張基茂 黃德允 金德濬 池斗浩 李斗玉],」『동아일보』1931년 3월 20일,

<〈그림 4-17〉 예성공장 이형규.
출처: 『조선일보』.

통영지역에서 나전칠기 공장을 운영하였던 이형규(李亨奎, 〈그림 4-17〉)가 있었다. 그는 공업전습소를 졸업하고 경성 미술 공장에 근무하다 일본 오사카에 건너가서 2년간 공장을 경영했으며 1924년에 통영으로 돌아와 대화정에 나전칠기 공장을 설립하고 1925년 예성공장(藝成工場)[49]을 운영하였다. 1934년 신문 기사에 이형규는 과거 20년간의 반생을 통하여 나전 공업에 종사하면서 부지런하게 연구를 거듭함으로 나전칠기 업계의 공로자이며 권위자이다. 그리고 설비를 완비한 큰 공장에 기술이 우월한 직공 10명을 지도하여 충분히 건조된 견고하고 우아한 재료와 가장 좋은 방법으로 제작하고 동양 평화 박람회 표창을 비롯하여 진해 공진회, 경성 박람회, 진주 공진회 등에서 많은 상을 받았으며 각 도 진열관에 출품하는 등 각 지역에서 인사와 칭찬을 받았다. 그뿐 아니라 신용을 위주로 하고 큰 이익을 남기지 않아 주문이 끊이지 않는 현상으로 세계적인 미술 공예품의 성가 향상을 위하여 더욱 연구 노력하기를 바란다는 기사가 있었다.[50]

이형규는 나전칠기 직공들과 노동자를 위한 나전칠기 직공동맹 결성에 참여(회계)하였다.[51] 통영지역 『조선일보』 지국에서 임시의장 배

---

49) 「통영시민 운동대회」, 『시대일보』, 1925년 6월 26일.
50) 「나전칠기 계의 권위 이형규 씨」, 『조선일보』, 1934년 6월 19일, 4면 8단.
51) 「나전칠기 직공동맹 창립 7일 통영에서」, 『시대일보』, 1925년 12월 11일.

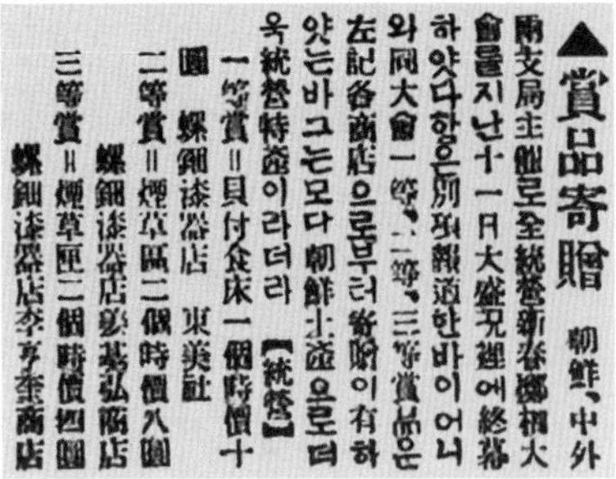

▲賞品寄贈 朝鮮、中外
兩支局主催로全統營新春擲柶大
會를지난十一日大盛況裡에終幕
하얏다함은別項報道한바이어니
와同大會一等、二等、三等賞品은
左記各商店으로부터寄附이有하
얏는바그는모다朝鮮工藝으로더
옥統營特産이라더라【統營】
一等賞=貝付食床一個時價十
圓 螺鈿漆器店 東美社
二等賞=煙草區二個時價八圓
螺鈿漆器店姜基弘商店
三等賞=煙草匣二個時價四圓
螺鈿漆器店李亨奎商店

〈그림 4-18〉 상품 기증. 출처: 『중외일보』.

재협(裵在浹)의 사회로 회의 개회를 하고 회원 단결하여 상호 부조를 생활 기조로 하는 신사회 건설을 창립 목적으로 하였다. 직공들의 권익과 권리 옹호에 앞장서고 동시에 통영지역 시민운동대회에 주도적인 역할을 하였다. 부산인쇄 직공 태업 동맹에 동조하여 의연금을 보내고 통영 정의단 총회에 참석하여 조사부 상무위원[52]으로 활동하고 대중운동에도 참여하는 등 지역사회 운동가로 활발한 활동을 하였다.

1928년 3월에는 통영에서 척사(윷놀이) 대회가 열렸다. 나전칠기점 동미사, 나전칠기점 강기홍 상점, 나전칠기점 이형규 상점이 조합 일원으로 참여하였다.[53] 대회에 1, 2, 3등 시상품을 각 상점이 기증하였다. 1등 상은 패부식상(貝付食床) 1개(시가 10원, 동미사) 2등 상은 연초구(煙草區) 2개(시가 8원, 나전칠 기점 강기홍 상점), 3등 상은 연초갑(煙草匣) 2개(시가 4원, 나전칠기점 이형규 상점)로 통영 특산을 강조하였다(〈그림 4-18〉).[54]

당시 통영에서 왕성한 활동을 하였으나 현재 이형규(1890년대 추정)의 생몰에 관한 기록은 전혀 없으며 동양미술사를 경영한 김종남의 장인이라는 하용권 의 증언이 있었다. 통영지역에서 활동한 장인은 박정수를 선두로 이형규, 강기홍, 김일근, 전혁석, 김영규, 서계문, 김현우,

52) 「정의단 임시회」, 『조선일보』, 1925년 11월 23일.
53) 『중외일보』, 1928년 3월 1일.
54) 「통영 척사(윷놀이)대회 상품 기증」, 『중외일보』, 1928년 3월 15일.

〈그림 4-19〉 황동수. 출처: 『한
국 월간 나전칠기·목칠공예』 7
월호, 1989.

김모업, 배재협, 백정택, 서문갑, 조덕현,
최학기, 김정용, 김영재 등이 통영 나전
칠기 직공동맹회 회원으로 있었다.

칠기 장인 황동수(1910년, 〈그림 4-19〉)
가 있었다. 그는 어려서는 서당에 다녔으
며 보통학교 졸업(통영초교 19회) 후 17
세에 일본 다카오카(高岡) 칠기 공방에 견
습공으로 일하였다. 칠기 업계 입문 계기
는 칠장이었던 형님 황동엽의 영향이었
으며, 나이 차이가 무려 20살이어서 따르
지 않을 도리가 없었다고 회상하였다. 황
동수가 일본에 갔을 때 4~5년 전부터 먼저 와 있던 김봉룡과 송주안 외
에 이계기, 김금조 등이 근무하고 있었으며 그중 김금조가 먼저 일본으
로 온 것으로 기억하였다. 당시 일본의 기법은 시회(蒔繪)가 전부였으며
조선에서 건너간 장인들이 자개를 세공하였으며 5년 정도 근무 후 교
토(京都)의 마도야마자키 공방으로 옮겨 일하던 중 해방되었다.

귀국하여 통영에 정착하고 나전칠기 공방을 운영하였다. 그는 주로
상(床)을 주로 만들어 판매하여 생활을 유지하였으며 당시 통영지방에
는 김종남의 동양미술사, 이형규 등의 공방이 제일 크게 자리 잡고 있
었다. 형님 황동엽은 15세에 충무 세병관(통제영 공방 자리 터)에서 박
정수에게 칠일을 배웠으며 당시에는 전복, 소라 껍데기를 숫돌로 얇게
갈아 그림을 그려 넣었다. 군데군데 날카로운 송곳으로 구멍을 뚫어
그것을 손으로 절단하고 줄칼로 다듬어 사용하였으며 그 외의 것은 가
위로 오려 형태를 구성하였다. 이후 부산으로 이주하여 칠 작업을 계
속하였으며 72세에 칠붓을 놓았다. 큰형님의 장남 황철영이 작업 중이
며, 둘째 형님의 아들 황덕황은 중도에 포기하였으며 작업 도구는 숯

〈그림 4-20〉 김두옥. 출처: 공훈전
자 사료관 독립유공자 공적조서.

을 직접 구워 사용하였다. 그 재료는
연못가에서 자라난 처녀 꽃나무를 잘
라 태워 만들었으며 붓은 말총을 사용
하여 만들되 인모가 들어간 것이 최고
품이었다.[55]

칠기 제조업자 김두옥(생: 1895년 11
월 7일, 몰: 1935년 12월 15일, 〈그림
4-20〉)[56]이 있었다. 그는 1919 통영에
서 3·1운동을 선도하고 일경을 피하
여 중국 상해로 건너가 임정에서 활동
하다, 1921년 재입국하여 군자금 모집에 활동 중 하동 쌍계사에서 체
포되어[57] 1921년 8월 2일 부산지방법원에서 징역 1년을 받고 옥고를
살았다. 제령 제7호 위반으로 부산지방법원에서 징역 1년을 선고받고
대구 복심원 형사 2부에 항소하였으나 상해 임시정부와 내통하여 인
심 동요를 위한 격문을 배포하고 자금모집 혐의로 기각당하고 원심이
확정되었다.[58]

1922년 7월 대구 감옥에서 복역 중 가출옥하여 귀향하였다.[59] 이후
1925년 통영 청년동맹 창립회 자유 강연회에서 '오인의 진로'라는 주제
로 강연회를 하였으며[60] 경남 기자동맹 창립에 참여하고[61] 1926년 3
월 통영 청년총회 평의회 임원을 역임[62]하였다. 김두옥의 직업이 칠기

55) 「나전칠기 인생 결코 후회한 적 없어(황동수 옹 인터뷰)」, 『한국 월간 나전칠기·목
   칠공예』 7월호, 1989.
56) 「독립유공자 공적조서」, 『국가보훈처 공훈전자 사료관』.
57) 「여행 중인 통영 김두옥 체포」, 『동아일보』, 1921년 5월 10일, 3면 3단.
58) 「국가기록원, 인명 검색, 김두옥」, 『독립운동 관련 판결문』.
59) 「김두옥씨(통영 길야정) 가출옥(통영)」, 『동아일보』, 1922년 7월 2일, 4면 4단.
60) 「통영에서 청년동맹 자유 강연회」, 『조선일보』, 1925년 2월 17일, 1면 6단.
61) 「경남 기자동맹 창립에 참가」, 『조선일보』, 1925년 3월 26일, 1면 4단.

제조업으로 되어 있으나 칠기와 관련 활동은 없었으며 민족운동 활동
을 한 독립운동가였다.

3) 조선인 나전칠기 조직

통영지역에서 일제강점기 이전부터 상인 조합이 조직되어 활동하였
다. 통영지역에서는 여러 상인 조합 단체가 결성되어 운영되었으며 그
단결력은 아주 튼튼하고 강고하였다고 『통영군안내』에 나오는데 그중
하나가 칠(漆) 공예였다.[63]

1925년 12월 7일 나전칠기 직공동맹[64]이 결성되었으며 1926년 12월
7일 나전칠기 직공동맹회 1주년 기념식을 하였다(〈그림 4-21〉 참조).[65]

〈그림 4-21〉 나전칠기 직공동맹 창립(7일 통영에서). 출처: 『시대일보』.

통영 나전칠기연구회는 나전칠기 조직으로 연구회가 설립되고 정기
모임을 가지면서 연구회 활동을 통하여 새로운 제품의 개발과 홍보하

---

62) 「통영 청년총회 평의원 임원」, 『동아일보』, 1926년 2월 22일, 4면 9단.
63) 통영상공회의소, 『통영상공회의소 66년사』, 2002, 3쪽(상인 조합: 면포, 잡화, 갓, 금속
공예, 칠공예, 대합조개 등의 조합).
64) 「나전칠기 직공동맹 창립」, 『時代日報』, 1925년 12월 11일.
65) 『中外日報』, 1926년 12월 11일.

는 역할을 하는 등 설립될 당시부터 활발한 활동을 전개하였다.

연구회는 임시총회를 1925년 10월 4일 오전 9시에 대화정 남신공장 내에서 개최하고 임시의장 박정수의 개회사 이후 아래 사항을 결의하고 12시경에 산회하였다. 결의 사항으로는 연구자 보고에 관한 건, 회원 정리에 관한 건, 임원 개선에 관한 건 등이 있었다.[66] 1927년 12월 1일 임시의장으로 선임된 강기홍은 연구회에 시 작품 출품 결의를 시작으로 나전칠기 제작 기법을 정리한 칠기 제작 서책을 발간하기로 하는 등 임시총회를 개최하였다.[67]

통영칠공업 조합과 통영공업 협회에 가입하는 문제는 이듬해인 1928년 2월 15일에 제2차 정기총회를 실시하여 여기에서 연구회원들 의사에 따라 결정되었다.[68] 1928년 8월의 임시총회에서는 시작품 판매 보고와 재정 정리에 관한 논의하였으며[69] 제3차 정기총회에서는 회원의 정리와 제2회 시작품 출품에 관하여 11월 1일의 회의에서 결의하였다. 또한 통영 나전칠기 월보를 통하여 통영지역 나전칠기 전반에 관한 내용을 알리고자 이를 간행할 것을 결의하였다.[70]

1929년 2월 7일 경남 통영 나전칠기연구회에서 오후 8시 대화정 조선칠공사 내에서 회장 강기홍의 사회로 임시총회를 개최하였다. 회의 내용으로는 재무 보고를 비롯하여 제반 의결 사항에 들어가서 일반 회원의 의무인 제2회 연구품을 출품하기로 결의하였다. 연구 제품의 시가는 2백여 원으로서 연구회 재산으로 보충하며 기타 사항으로 오는 정월 15일 정기총회를 열기로 하였다.[71]

66) 「못고지」, 『時代日報』, 1925년 10월 11일.
67) 「나전칠기연구회(통영)」, 『동아일보』, 1927년 12월 9일, 5면 9단.
68) 「나전칠기연구회 정총(통영)」, 『동아일보』, 1928년 2월 22일, 4면 11단.
69) 「통영 나전칠기연구회 임총」, 『동아일보』, 1928년 8월 24일, 4면 11단.
70) 「통영 나전칠기연구회 거일일정총」, 『동아일보』, 1928년 11월 6일, 4면 1단.

1929년 10월 15일에도 통영 나전칠기연구회 위원회가 개최[72]되어 조선칠공사 대표인 조선인 강기홍의 사회로 진행되었다. 이 위원회 회의에서 임원으로는 회장 이형규, 연구부장 강기홍, 총무 김영규, 재무 서계문, 기서 송주안이 선임되었다.[73]

〈표 4-2〉 통영지역 나전칠기연구회 활동

순	개최 일시	장소	회의 종류	회장	회의 내용
1	1925년 10월 4일	대화정 남신공장	임시 총회	임시 의장 박정수	연구자 보고, 회원 정리, 임원 개선, 회장 박정수(朴貞洙), 회계 李亨圭(이형규), 서기 姜基弘(강기홍), 조사위원 金一根(김일근)
2	1925년 12월 7일	통영 조선일보 지국	창립 총회	임시 회장 裵在埉	통영총동맹회 가입할 것, 임원: 상무위원 姜基弘, 위원 金一根, 金英奎, 全爀錫, 金賢祐, 서기 全爀錫, 회계 李亨奎, 부산인쇄 직공동맹 파업에 대하여 의연금 모금
3	1926년 12월 7일	대화정 포교당	1주년 기념식	사회 全爀錫	崔學騏의 나전칠기 직공동맹회 역사와 경과 보고
4	1927년 12월 1일	대화정 사무소	임시 총회	의장 강기홍	백골분배, 시작품 출품 기일, 칠기제법서 발행
5	1928년 2월 15일	대화정 강기홍칠공소	2차 정기 총회	임시 의장	연구회 시작품, 통영칠공업 조합, 통영공업 협회 가입
7	1928년 3월	연구회 회원자격 통영 척사 대회 참가			나전칠기점 동미사, 나전칠기점 강기홍 상점, 나전칠기점 이형규 상점
6	1928년 8월 17일	대화정 강기홍칠공소	임시 총회	의장 강기홍	시험작품 검사, 시험작품 판매 보고, 재정 정리, 정기 총회 개최
8	1928년 11월 1일	대화정 조선칠공사	3차 정기 총회	의장 강기홍	회원의 정리, 제2회 시작품 관련 통영 나전칠기 월보 발행, 임원 개선

71) 「칠기 연구회 총회(통영)」, 『동아일보』, 1929년 2월 14일, 4면 8단.
72) 「통영 나전칠기연구회 위원회개최」, 『동아일보』, 1929년 10월 22일, 3면 9단.
73) 「칠기 연구회 총회(통영)」, 『동아일보』, 1929년 9월 22일, 4면 2단.

순	개최 일시	장소	회의 종류	회장	회의 내용
9	1929년 2월 7일	대화정 조선칠공사	임시 총회	의장 강기홍	재무 보고, 결의 사항: 일반 회원의 의무인 제2회 연구품을 출품, 연구 제 품의 시가는 2백여 원으로서 연구회 의 재산으로 보충, 기타 오는 정월 15 일 정기 총회 개최
10	1929년 10월 15일	연구 위원회 개최		사회 강기홍	회장 이형규, 연구부장 강기홍, 총무 김영규, 재무 서계문, 기서 송주안 선임

비고: '강기홍칠공소'와 '조선칠공사'는 같은 곳임.

　　1925년 임시총회를 시작으로 출발한 나전칠기연구회의 활발한 활동
은 1929년까지 계속되어 통영지역 나전칠기 산업이 일본에 이어 미국
의 뉴욕까지 홍보하는 역할도 하였다. 연구회의 홍보 활동으로 통영지
역 나전칠기는 국내는 물론 국외로 알려지기 시작하면서 해외 판로를
확보하여 수출품으로서의 길을 열었다. 당시 나전칠기를 대량으로 구
매해서 판매하는 도매상이 활동하였다는 기사[74]가 게재된 것으로 보
아 나전칠기의 호응은 좋은 편이었다.

　　1940년 2월 26일에는 원료 확보와 기술 향상을 목적으로 통영 칠공
예 조합이 조직되었다. 조합장 하시다 스케타로(橋田助太郞), 부조합
장 이형규, 평의원 이태숙, 김현우, 박헌근, 김원보, 김일권, 김현백, 김
평규 7명을 선임하고 또 상담역에 군수, 경찰서장, 상공회 의장이 선임
되었다.[75] 중일전쟁으로 옻칠 수급의 어려움을 겪게 되자 일본인을 중
심으로 한 통영 칠공예 조합을 창립하였으며 하시다 스케타로(橋田助
太郞)를 중심으로 동업자 50여 명으로 구성하여 나전칠기 재료의 공동
구입에 관한 진정을 지역 유지의 도움을 받아 총독부에 요청하였다.[76]

---

74) 「米國에 輸出되는 統營螺鈿漆器 販路가 漸次擴大」, 『동아일보』, 1928년 10월 15일, 4
면 3단.
75) 「통영 칠공예 조합이 26일 창립」, 『釜山日報』, 1940년 2월 28일, 3면 9단.

이렇듯 통영지역 나전칠기 문화는 해방 이전까지 단체 활동의 기반에 의하여 꾸준히 유지되어 왔다.

4) 조선인 나전칠기 장인의 계보

통영지역 나전칠기 장인 계보를 정리하는 것은 상당한 어려움이 있었다. 일부 장인을 제외하고 장인들 사이에서 배움의 관계는 일정하지 않았으며 같은 시대와 시기에 활동했으나 한 사람 아래에서 배움이 이루어진 것이 아니었다. 부족한 부분을 서로 상호 보완적인 관계에서 구성되어 여기서 약간 저기서 약간 이런 방법으로 기능 전승이 이루어졌으며 현대에 가까워질수록 계보 형성의 관계는 매우 복잡하게 얽혀 있었다. 예를 들어 A의 공장에서 일을 배우기 시작하였으나 본격적인 숙련 기술은 B의 공장에서 이루어져 사실상 명확하고 뚜렷한 계보를 작성하는 것은 불가능하였다. 나전칠기 공예가들은 혈연 또는 사제관계로 얽혀 매우 복잡하였다.

통영지역 통제영 공방에서 진공 물건과 군수품을 제작하였으며, 1887년 4월 박정수에 의하여 청패세공공장이 설립되어 운영되었지만 1895년 통제영이 문을 닫으면서 중단되었다.[77] 이후 통제영을 기반으로 활동했던 나전칠기 장인들은 전국 각 지역으로 흩어졌다고 추측할 뿐 관련한 기록의 부재로 인하여 구체적인 서술은 불가하였다. 그러나 통영지역에 남아서 활동하였던 나전칠기 장인의 흔적을 찾아보면 과거 통제영 공방에서 활동하였을 것이라는 추정되는 엄성봉(嚴成奉)이라는 인물을 『동아일보』 기사에서 찾을 수 있었다. 엄성봉의 이름은 『동아

76) 「漆の輸入制限業者當局に陳情」, 『朝鮮時報』, 1940년 2월 29일.
77) 山本精一, 『慶南統營郡案內』第七, 工業及商業編, 1915, 58쪽.

일보』 기사 외에는 전혀 등장하지 않고 있으며 그의 구체적인 행적이나 활동에 관해 확인할 수 있는 자료는 없었다.

통영지역 나전칠기는 통제영 시대를 지나 개항기, 일제강점기를 거치면서 전승되어 왔다. 이런 과정에서 서울을 비롯하여 멀리 평북 태천 지역까지 통영지역 장인들은 전국으로 심지어 일본까지 진출하여 통영 전통 나전칠기 문화를 보급하였다. 여기에 서술되지 않은 수많은 장인이 존재하였으나 이들에 대한 기록과 사료의 부재로 인하여 단편적이지만 앞에 전술된 몇몇 기록과 하용권의 구술 증언에 의존하였다.

하용권이 나전칠기에 입문할 당시(1954년경)를 증언하였다. 당시 통영지역 나전칠기 원로는 이형규이며, 동양미술사의 김종남은 그의 사위, 송기수는 손아래 동서 관계였다. 당시 같은 원로급으로는 송주안, 김봉룡, 김금조, 전태인이며 박정대(나전부), 김춘겸(칠부), 박창수(칠부) 등 기능인들이 세대를 이었다.[78] 신문 기사와 논문과 목칠공예 월간지 기록 및 구술자 하용권의 증언과 기록으로 확인되는 통영지역 출신으로 활동하였던 나전칠기 장인의 명단을 작성하였다. 엄성봉 행적을 확인할 수 없으며 엄항주, 엄용주(1907년 하상기에 의하여 두 사람은 서울로 징발된 것만 확인될 뿐 그 외 명단은 명확히는 알 수 없음), 생몰 연대 파악이 가능한 사람들과 같은 시기에 활동했을 것으로 추정되는 장인을 서술하였다.

◆. 엄성봉 → 엄용주, 엄항주
◆. 박건수 → 박한성 → 박목수[朴穆壽, 개옥 492(1883년) 당시 주소 통영군 통영면 명정리, 이왕직 근무] → 박철주(朴銕柱, 박목수의 장남, 1907년) → 박용주(朴鎔柱, 박목수의 삼남 1910) → 박상문(桑汶, 박철주의 자, 1938년)

---

78) 하용권 증언.

◆ 박정수 → 송주안(1901~1981년, 나전), 김봉룡(1902~1994년, 나전), 엄맹운(嚴孟云), 황동엽(1890년, 15세 때 박정수에게 칠일을 배움)

◎ 김봉룡(金奉龍, 1902~1994년, 나전) → 김성수(1935년, 양성소 1기, 나전) → 이문찬(1942년, 양성소 2기, 나전) → 이형만(1946, 1963년 양성소 수료, 나전)

◎ 송주안(1901~1981년, 나전)→ 송방웅(1940년).

◎ 황동엽(1890년) → 황동수[1910년, 통영초등학교 19회(12세)], 황동엽의 동생[형과 20세 차이, 17세인 1927년 도일(高岡), 4~5년 전부터 김금조, 이계기, 송주안, 김봉룡 등이 있었음] → 황동엽 장남 황영철(칠부), 둘째 아들 황덕황(칠부).[79]

◆ 이형규(李亨奎, 1896년생 추정, 근거:『조선일보』, 1934년 6월 19일 기사, 김종남의 장인어른) → 김종남(1910년생 추정, 통영읍 명정리) → 송기수(나전), 김춘겸(옻칠), 박창수(옻칠), 박정대(나전) → 하용권(1933, 나전), 정병환(나전).

◆ 김두옥(金斗玉, 1895년생, 통영 길야정 69, 칠기 제조업, 27세, 독립운동으로 투옥 징역 1년).

◆ 김기주(金棋柱 혹은 金鎮柱, 1904)와 김영주(金榮柱, 1906)는 형제이며 김종남의 사촌형이었다.

김홍주(金鴻柱, 1904년)는 조선미술전람회 수상 당시 주소가 청운정 144번지, 김영주가 경영하는 나전제작판매소와 1948년 엄항주의 주소가 같았다. 서술된 장인 이외에 강기홍, 김일근, 전혁석, 김영규, 서계문, 김현우, 김모업, 배재협, 백정택, 서문갑, 조덕현, 최학기, 김정용, 김영재 등이 일제강점기에 통영지역에서 활동하였으며 이들은 통영 나전칠기 직공동맹회 회원이었다. 근대에 이르기까지 수많은 장인이 존재하였으나 계보에 대한 이들의 얽힌 관계를 어떻게 풀어야 할지 새로운 과제로 남았다.

[79] 「나전칠기 인생 결코 후회 한적 없어(황동수 옹 인터뷰)」, 『한국 월간 나전칠기 · 목칠공예』 7월호, 1989.

〈표 4-3〉 주요 장인들의 활동과 이력

시기	주요 활동 이력
개항기	**엄성봉**의 아들 엄항주, 엄용주는 1907년 하상기에 의하여 서울로 징발된 것만 확인되었다. **박정수**는 1925년 통영지역 나전칠기연구회 회장으로 활동하였다. 제자 황동엽, 김봉룡, 송주안, 엄맹운이 확인되었다. **박목수**는 이왕직미술품제작소에 일인(日人)들이 근무하도록 하였다. 2~3년 정도 근무 후 큰아들 철주 씨와 함께 인사동에 공장을 차리고 직원은 30명 정도였다. **이형규**(김종남의 장인)는 통영에서 공방이 제일 크게 자리 잡고 있었으며 장인들의 권익 보호를 위한 사회 활동과 시민운동에 참여하였다. **황동엽**은 황동수의 형으로 20세 이상의 나이 차이가 있는 기록으로 1890년에 태어났으며 다른 기록은 부재였다.
일제강점기	**김봉룡**(1902~1994, 나전)은 박정수의 문하에서 기초를 배우고 서울의 전성규 문하에서 본격적인 나전칠기를 익혀 1920년 일본 다카오카시(高岡市) 소재 조선나전사(朝鮮螺鈿社)에 초빙된 전성규를 따라 일본에 머물렀다. 1922년 귀국하여 서울 종로구 삼청동 전성규의 공방에서 일하였다. 1951년 통영 나전칠기강습소에 강사로 근무하였으며 1956년 경상남도 나전칠기 기술양성소 부소장에 취임하였다. 1967년에 중요무형문화재로 지정되어 주름질 기법의 발전을 이루었다. 강원도 원주로 이주하여 활동하였다. **송주안**(1901~1981, 나전)은 박정수의 문하로 입문하여 나전칠기의 기초를 익히고 통영공업전습소 1년을 수료하였다. 1920년 일본 다카오카시(高岡市) 소재 조선나전사(朝鮮螺鈿社)에 전성규를 따라 1928년까지 일을 하였다. 귀국하여 서울에서 일하면서 1940년 평북 태천 칠 공예소 소장으로 근무를 하였다. 해방 후 통영에서 공방을 자영하였으며 1979년 중요무형문화재로 지정되었다. **김금조**(나전), **이계기** 역시 뚜렷한 활동의 기록이 현재 남아 있지 않다. **김종남**(옻칠)은 옻칠 장인이며 칠장인 이형구의 사위로 통영에서 동양미술사를 운영하였다. **황동수**(옻칠)는 통영초교 졸업하던 12세 때 칠 장인이던 형님 황동엽의 영향으로 입문하여 17세에 일본 다카오카시(高岡市)의 칠기 공방에 견습생으로 입시를 하였다. 다카오카(高岡)에서 5년 정도 근무 후 교토에 있는 미야자기 공방에서 근무하던 중 그의 나이 35세 때 해방을 맞이하였다. 통영에서 공방을 경영하다가 부산으로 이주하였다. **박철주**(형, 1907), **박용주**(동생, 1910)는 아버지 박목수의 영향이었다.

시기	주요 활동 이력
1950년대	**하용ㅇ**(1933~, 나전)은 1953년경 동양미술사의 점원으로 들어가서 송기수의 문하에서 나전칠기에 입문하였다. 이후 대구, 부산(통영칠기사 근무: 김영호) 등지에서 기술을 익혀 반도공예사(송석권(근): 통영경찰서 경비선 선장)에서 근무하였으며 통영에서 최고의 대우를 받고 크라운공예사(이무성: 통영에서 양품점 경영)로 옮겨 근무하던 중 부도로 이후 문화동 자택에서 독립하였다. 이후 부산으로 이주하여 고려칠기사를 경영하였다. **김성수**(1935~, 나전, 옻칠)는 1951년 나전칠기기술원 양성소 1기생으로 입학하여 1953년 졸업하고, 1956년 나전칠기기술원 양성소 전임강사로 부임하여 1963년까지 근무하였다. 1969년 홍익대학교 전임교수로 위촉되었고, 1973~1975 튀니지(Tunisia) 정부 초청, 정부 파견 공예 지도교수, 1972~1998 숙명여자대학교 미술대학 교수(미술대학장, 기획처장, 교육대학원장, 디자인대학원장, 전통문화 예술대학 원장)를 역임하였다. 현제 통영옻칠미술관장이다. **정병환**(나전)은 하용권과 더불어 통영에서 기술자로서 최고의 대우를 받았다는 하용권의 증언이 있었다.
1960년대	**이문찬**(1942~, 나전)은 1955년 경남 나전칠기기술원 양성소 2기생으로 입학하여 1958년 3년 과정을 졸업 후 5년간 연구부에서 근무하였다. 약간의 외유를 거쳐 1966년 충무시 공예학원 강사와 반도공예사, 동방공예사에서 10여 년 동안 재직하였다. 이후 서울로 전직한다. **이형만**(1946~, 나전)은 1960년 나전칠기기술원 양성소에 입학하여 1963년 3년 과정을 졸업하였다. 기술원 양성소 소장으로 김봉룡 선생이 재직하였다. 1966년 김봉룡 선생의 전수생으로 등록되었다. 스승 김봉룡의 타계 이후 뒤를 이어 1996년 12월 10일 중요무형문화재 제10호 나전장 기능보유자로 인정받고 강원도 원주에서 거주한다. **송방웅**(1940~2020, 나전)은 부친 송주안에게 10여 년에 걸쳐 엄격한 기술지도와 각고의 노력으로 사사하였다. 1990년 선친의 뒤를 이어 중요무형문화재 10호로 지정되었다. **김ㅇㅇ**(1953~, 나전)은 1966년에 나전칠기에 입문하여 1968년 동방공예사에 입사하여 이문찬에게 나전칠기 전 과정과 세필 도안을 8년에 걸쳐 사사하였다.

2. 통영지역 일본인 나전칠기 공장 실태

1) 통영칠공주식회사

조선총독부는 일제강점기 초기 은사 수산 산업 하나로 장려금을 지원하여 각 도에 공업전습소를 설립하여 운영하였다. 통영지역에 설립된 공업전습소는 매년 지방비의 보조에도 경영 성적이 좋지 못하자 총독부에서 1918년 2월경 진남포의 토미타 기사쿠(富田儀作)[80]에게 전습소 경영 방법에 대하여 논의하였다.

그 결과 지방비 보조를 폐지하고 동시에 주식회사로 조직을 변경하고자 하는 취지에서 토미타 기사쿠(富田儀作)가 대부분의 인수를 결정하는 실현 가능성의 회의를 하였다.[81] 통영공업전습소는 가까운 시일 내에 지방비의 보조를 폐지하여 주식회사 조직으로 되는 것이 당연한 것으로 알려졌으며[82] 이 결과 토미타 기사쿠(富田儀作)는 산업 장려 보조금을 받아 공업전습소 조직을 흡수하여 도제 양성 사업을 계속 실행하였다.[83]

1918년 통영지역에서 통영칠공주식회사가 설립[84]되었다. 일본인 토미타 기사쿠(富田儀作)는 은사

〈그림 4-22〉 통영칠공주식회사. 출처: 中村資良 編, 『朝鮮銀行會社要錄』, 東洋經濟新報社, 1921.

---

80) 이가연, 「진남포의 '식민자' 토미타 기사쿠(富田儀作)의 자본축적과 조선 인식」, 『지역과 역사 38』, 2016. 1899년 8월 조선에 건너와서 1900년에 진남포로 거점을 옮겨 정주하였다. 전남 목포와 같이 진남포는 1897년 개항된 장소로 개항과 동시에 일본인이 많이 몰려들었으며 토미타 기사쿠(富田儀作) 역시 그중 한 사람이었다. 청일전쟁과 1904년 러일전쟁으로 진남포가 병참기지화되자 지역적 특수성을 이용하여 자본을 축적하는 토대를 구축하였다. 일본의 상업 자본가로서 진남포의 지역적 특수성을 발판으로 식민지 자본을 축적한 일본의 대표적인 식민 자본가이다.

81) 『부산일보』, 1918년 5월 1일 5면 3단.

82) 『부산일보』, 1918년 5월 4일 6면 6단.

83) 富田精一, 『富田儀作傳』, 1936, 279쪽.

84) 『朝鮮總督府官報』, 1918年 09月 11日. 富田儀作 외 10名의 申請에 따라 統營漆工株式會社 設立을 許可했는데, 資本金 50,000圓으로 本店을 慶尙南道 統營 郡에 둔 同會社의 設立 目的은 螺鈿漆器 其他 一般 漆器의 製造, 販賣에 있다.

금 수산 사업의 지방비 보조를 받아 운영 중이던 통영공업전습소 조직을 인수하여 나전칠기 전습소를 운영하였다. 공업전습소 체제를 기본으로 하는 나전칠기 전습소는 토미타 기사쿠(富田儀作)가 세운 통영칠공주식회사에서 산업보조금을 받아 운영하던 도제 양성 사업에 나전칠기 전습소가 포함되어[85] 전습 및 판매와 졸업 도제에 대해 특별자금의 공급 사업을 함께하였다.[86] 나전칠기 산업은 기술 보급의 특성상 가내수공업으로서 수익이 아주 많이 발생하는 사업이었으며 통영지역에 칠기 제조업자는 약 60, 70호 정도로 전부 개인이 경영하는 아주 영세한 업체로서 회사는 일본인이 운영하는 통영칠공주식회사가 유일하였다.[87]

토미타 기사쿠(富田儀作)는 일본 효고현 출신으로 1899년 8월 조선에 건너와서 진남포 지역에서 활동하던 사람이었다. 그는 1918년 야마구치 세이(山口精) 도움으로 통영칠공주식회사를 창립하여 사장으로 취임하고 야마구치 세이는 전무로 취임[88]하였으며 통영에 거주하였다.[89] 당시 회사 중역은 총 7명으로 사장 토미타 키사쿠, 전무 야마구치 세이,[90] 이사 스야마 미카죠(陶山美賀藏),[91] 핫토리 겐지로

85) 富田精一, 『富田儀作傳』, 1936.
86) 「통영의 나전칠기, 칠공 주식회사의 조직」, 『釜山日報』, 1918년 9월 12일, 1면 4단.
87) 「조선의 각종 부업(5), 漆栽培 및 漆器의 제작(속)」, 『매일신보』, 1923년 11월 6일 2면, 4단.
88) 『朝鮮總督府 官報』 제1959호, 1919년 2월 20일.
89) 『朝鮮總督府 施政25周年 記念 表彰者 明鑑』, 1935, 1026쪽.
90) 1876년생, 岐阜縣 土岐郡 泉町, 1909년 7월 31일 京城의 日本人商業會議所 書記長에 취임, 1917년 12월에 富田儀作과 함께 전 조선 小工業의 조사에 착수하여 1922년 10월까지 조선 전체 13도의 주요 도읍을 시찰하고 그 결과 1918년 11월 慶尙南道 統營에 螺鈿漆器株式會社를 창립하고 전무이사에 취임, 통영 거주, 1935년 통영 읍장.
91) 大分縣 北海部郡 上北津留村 출신으로 명치 36년(1903년) 통영에 이주함. 「통영의 인물(2)」, 『부산일보』, 1915년 9월 7일 4면 6단; [陶山美賀藏군 913년 統營製鋼(株) 전무이사(사장), 1919년 統營電氣(株) 감사, 1920년 統營海運(株)이사, 1920년 統營漁撈(株) 이사, 1921년 統營海産(株) 감사, 1921년 統營煙草(株) 사장, 統營劇場(株) 사장, 1922년 統營煙草元賣捌(株) 사장.

(服部源次郎),[92] 후지미츠 란사쿠(藤光㐧作 감사)[93] 등 5명으로, 조선인 중역은 김현국(金炫國, 취체역),[94] 김기정(金淇正, 감사)[95] 2명이었다.

조선인 중역 김현국, 김기정은 모두 창씨개명하였으며 지역에서 징토 운동의 대상이 되는 등 통영지역의 대표적인 친일파 이력을 가졌던 사람들이었다. 〈표 4-4〉에서 회사의 주소와 대표 자본금 설립 목적은 변함이 없었으며 중역은 약간의 변동이 있었다. 임기가 만료된 중역은 주주총회를 열어 재선임되거나 변경되었으며 중역 선임은 조선총독부 허가를 받아 임명되었으며 총독부 관보에 고시하였다. 초기 전무, 이사, 감사 체제에서 1923년부터 부사장, 전무이사, 이사, 감사 체제로 전환하여 1928년 회사가 해산할 때까지 구성되어 유지되었다.

---

[92] 1877년 10월 5일생으로 1908년 조선으로 건너와 統營에서 貿易商을 운영하였음. 統營海産物株式會社를 운영, 1917년 統營海産物株式會社長, 1920년 統營罐詰(株) 사장, 1921년 統營海運(株) 이사, 統營肥料(株)사장, 統營鑄物(株) 사장, 1922년 統營土地(株) 이사, 1923년 服部商店(合名) 사장, 1925년 朝鮮汽船(株) 이사, 1927년 統營金融組合 이사.

[93] 1884년 1월 28일생으로 山口縣 大島郡 沖浦村 출신으로 1909년 4월 조선으로 건너와 통영에서 농사를 함. 그사이 통영 소방 조장, 통영 소방학교 조합회 의원, 통영 소방 관리자 등 요직에 선출되었음. 1920년 통영해운(주) 감사, 통영제강(주) 이사, 1922년 공동어업(주) 사장.

[94] 김현국(金炫國, 金元炫國)은 1916년 6월 통영위생 조합비 1,000원과 은잔을 기부하고, 1926년 11월 통영면 협의회 의원, 1928년 11월 16일 대례기념장, 통영, 1933년 6월 10일 통영군 소작위원, 1940년 4월 23일 통영산업 조합장 등을 지냈다. 1913년 통영제강 주주(42), 1920년 원동무역(주) 사장(마산), 1925년 거제운항(주) 사장, 1929년 대구상회(합자) 사장, 1932년 거제수리 조합 사장.

[95] 1884년생으로 통영 소재 일어 학교를 졸업, 일본 보통 중학교 수업 후 관립 법학교 졸업하고 조선총독부 판사를 역임 1917년 통영면 상담역으로 변호사를 신청 허가를 받았고 1919년 변호사 등록 취소를 신청하였다. 전형적인 일본화되어 있던 인물로 출세 지향적이었다(1919년 統營電氣(株) 이사, 1924년 南鮮海産物(株) 사장. 김상환, 「1920년대 통영지역 청년운동과 '김기정 징토 운동'」, 『역사와 경계』, 2014, 6, 205쪽).

〈표 4-4〉 통영칠공주식회사 현황(1921년~1928년)

명칭	소재지	대표	자본(圓)	목적	업종	중역
統營漆工 (株) 1918.11.01 설립	경상남도 통영군 통영면 길야정 1	富田 儀作	50,000	나전칠기 및 기타 일반 칠기 제조 판매, 목기 및 금공 기구의 제조 판매, 일반 도제의 양성, 당 업에 관한 재료 및 자금의 공급, 용재 및 칠액 자급	제조 공업	(전무) 山口精, (이사) 陶山美賀藏, 金炫國, 服部源次郎, (감사) 藤光旡作, 金淇正

출처: ★-1 朝鮮 銀行 會社 要錄(1921년 8월 판), 東亞 經濟 時報 社

명칭	소재지	대표	자본(圓)	목적	업종	중역	대주주
統營漆工 (株) 1918.11.01 설립	경상남도 통영군 통영면 길야정 1	富田 儀作	50,000	나전칠기 및 기타 일반 칠기 제조 판매, 목기 및 金工기구 제조 판매, 일반 도제의 양성, 당 업에 관한 재료 및 자금의 공급, 용재 및 칠액 자급	제조 공업	(부사장) 服部源次郎, (전무이사) 山口精, (이사) 陶山美賀藏, 劉漢植, (감사) 藤光旡作, 金淇正	富田儀作(400), 山口精(100), 服部源次郎陶山美賀藏金炫國 (각 40)

출처: ★-2 朝鮮 銀行 會社 要錄(1923년 8월 판), 東亞 經濟 時報 社

명칭	소재지	대표	자본(圓)	목적	업종	중역	대주주
統營漆工 (株) 1918.11.01 설립	경상남도 통영군 통영면 길야정 1	富田 儀作	50,000	나전칠기 및 기타 일반 칠기 제조 판매, 목기 및 금공기구 제조 판매, 일반 도제의 양성, 당 업에 관한 재료 및 자금의 공급, 용재 및 칠액 자급	제조 공업	(부사장) 服部源次郎, (전무이사) 山口精, (이사) 福島彌市良, 劉漢植, (감사) 島津久喜, 金淇正	富田儀作(400), 山口精(100), 服部源次郎陶山美賀藏金炫國 (각 40)

출처: ★-3 朝鮮 銀行 會社 要錄(1925년 8월 판), 東亞 經濟 時報 社

명칭	소재지	대표	자본(圓)	목적	업종	중역	대주주
統營漆工 (株) 1918.11.01 설립	경상남도 통영군 통영면 길야정 1	富田 儀作	50,000	나전칠기 및 기타 일반 칠기 제조 판매, 목기 및 금공기구 제조 판매, 일반 도제의 양성, 당 업에 관한 재료 및 자금의 공급, 용재 및 칠액 자급	제조 공업	(부사장) 服部源次郎, (전무이사) 山口精, (이사) 福島彌市良, 劉漢植, (감사) 金淇正	富田儀作(400), 山口精(100), 服部源次郎陶山美賀藏金炫國 (각 40)

출처: ★-4 朝鮮 銀行 會社 要錄(1927년 6월 판), 東亞 經濟 時報 社

토미타 기사쿠(富田儀作)는 통영에 본점을 두고 서울에 토미타 상회 (富田商會)[96]라는 지점을 두어 통영에서 제작되는 나전칠기를 주로 일

[96] 토미타 키사쿠(富田儀作)는 전통 나전칠기의 개발과 복제에 관여하여 1922년 11월 28 일 서울 남대문의 文巴密 호텔에「조선 미술 공예품 진열관」을 가설하여 나전칠기, 도자기, 골동품 등 4,000여 점을 진열하여 판매하다가 충무로 2가에 富田商會로 개칭 하고 '통영특산'이라는 상표를 부착하여 판매하였다(조석래,「나전칠기 공예의 중심 은 통영이다: 통영 공예의 위상」,『통영문화』제12호, 통영문화원, 2011, 86쪽).

본인을 대상으로 판매하기 시작하였다. 상품은 대부분 일본에서 판매되었으며, 서울 부전출장점(富田出張店)에서 통영 나전칠기라는 상표를 붙이고 포장지를 사용하여 판매하였다. 〈그림 4-23〉은 당시에 사용하던 포장지이며[97] 이 포장지에는 '청패를 두껍게 잘라 그 지역의 옻칠을 여러 번 거듭해서 특별한 칠기로 영구히 기념할 만한' 예술품이라는 통영 나전칠기의 특징을 선전하였다.

〈그림 4-23〉과 〈그림 4-24〉는 일본에서 판매되었던 통영 나전칠기 주식회사 상표이다. 이 상표에는 나전칠기를 '동양미술의 정화'라고 강조하고 있다. 나전칠기는 동양의 전통적인 귀중품이라는 의미를 갖도록 홍보하였다. 또 '조선 통영', '통영 나전칠기', '제조 원조 통영 칠기제작소'의 문구에서 보이듯이 '통영'이라는 지역명이 3번이나 들어가 있었다. 이는 나전칠기 제품이 통영지역에서 제작된 것을 거듭 강조하는 것으로 통영지역 나전칠기 일본에까지 널리 알려져 있다는 것을 증명하였다.[98]

〈그림 4-23〉 부전상회(富田商會), 부전출장점. 출처: 근대 나전칠기공예(부산근대역사관).

〈그림 4-24〉 포장 상자 안에 붙어 있는 부전출장점(富田出張店) 통영 나전칠기 상표. 출처: 근대 나전칠기공예(부산근대역사관)

97) 부산근대역사관, 『근대 나전칠기 공예』, 2014, 73쪽.
98) 부산근대역사관, 『근대 나전칠기 공예』, 2014, 74쪽.

당시 통영칠공주식회사를 제외하고는 통영지역에 있던 나전칠기 공장은 개인에 의하여 경영되는 영세한 가내 공장 수준이었다. 나전칠기 제작은 기술 보급에 비교하여 가내수공업으로서 아주 높은 수익이 창출되는 사업으로 홍보되었으며 1923년경 통영지역에 칠기 제조업자는 약 60, 70호로 전체적으로 나전칠기 생산액은 연액 8, 9만 원을 상회하고 있었으며 나전칠기 공방의 취업자는 200여 명 정도였다.[99] 1925년 7월 토미타 기사쿠(富田儀作)는 칠공 회사의 홍보 및 규모가 부족함을 인식하고 야마구치 세이(山口精) 이사를 부산에 파견하여 시장조사를 하고 새로운 공장 설립 계획과 함께 경영 확장을 추진하였다.[100]

1925년 9월에는 새로운 회사 설치를 위하여 50여 명의 유력자와 함께 2만 원(圓)의 자본 납부를 완료하고, 본 공장은 부산에 두고 현 칠공 회사와 합병을 시도하였다. 당시 통영에서는 고가품만 제조하고 있었으나 부산을 본점, 통영을 분점으로 바꾸어 확장하고 증자하여 고가품만 고집하지 않고 부산지역 토산품으로서 여기에 어울리는 저렴한 제품을 제작하여 수요에 대응하고자 하였다.[101] 1926년에는 부산 칠기 회사와 통영 칠공 회사 합병이 결정되었다.[102]

1928년 토미타 기사쿠(富田儀作)는 나전칠기 회사를 해산하였다. 1918년 창업 이후 도제 양성과 서울에 지점을 설치하여 운영하였으며, 부산 칠기 회사와 합병하여 새로운 경영을 시도하였으나 10년 동안 손실은 누적되었다. 4만 원(圓) 이상의 손해를 보았으며 회사 조직을 다시 정비하고 도제 양성을 폐지하는 등 회사 명칭도 칠기 제작소로 변경하

99) 『매일신보』, 1923년 11월 6일 2면 4단.
100) 「칠공 회사 부산공장설치계획」, 『부산일보』, 1925년 7월 7일.
101) 「드디어 칠공 회사 부산에 본점을 설치, 먼저 새로운 회사를 창립」, 『부산일보』, 1925년 9월 27일.
102) 『조선신문』, 1926년 1월 26일.

여 개인에게 회사를 이전하였다.[103] 일본인들은 사업성이 보이기 시작하자 관심의 대상으로 통영 나전칠기를 주목하였다. 통영 나전칠기는 식민지 당국의 관심을 넘어 일본 민간인들의 관심으로 확장되었다. 그러나 이것은 일제강점기 동안 통영 나전칠기가 왜색이 짙어지게 되는 계기가 되었다.

2) 통영칠기제작소

하시다 스케타로(橋田助太郎)는 1927년(소화 2년 9월) '하시다 칠공장 작공작(橋田漆工場作工場)'[104]을 통영군 대화정에 설립하였다.[105] 하시다는 통영칠공주식회사 제작기술원으로 근무하였던 중 통영 칠공 회사를 인수하여 회사 경영을 시작하였으며 1928년에는 미국에 수출하는 등 점차 판로가 확대되었다.

〈그림 4-25〉는 1933년경 통영칠기제작소를 공장 모습이다. 당시 제작소의 연 생산액은 2만 원을 돌파하여 제조공 기술은 교묘하여 문외한 사람은 생각지도 못할 정도였다고 하였다.[106] 1934년 통영칠기제작소로 명칭을 변경[107]하여 운영하였으며, 1936년에는 연 생산액은 5만원 정도 되었다.[108]

---

103) 富田精一, 『富田儀作傳』, 1936, 280쪽.
104) 1932년(소화 7년)판 『조선 공장 명부』 248쪽에 창업일로 기재되어 있음.
105) 조선총독부 식산국 편찬, 「기타 공업」, 『조선 공장 명부』, 사단법인 조선 공업협회 발행, 248쪽.
106) 『동아일보』, 1933년 12월 22일.
107) 조선총독부 식산국, 『조선 공장 명부 소화 7년판』, 사단법인 조선 공업협회 발행, 1934, 168쪽. 경남 통영군 통영읍 대화정, 소화 2년(1927) 9월 창업, 공장주: 橋田助太郎, 주요 생산: 칠기.
108) 富田精一, 『富田儀作傳』, 1936, 281쪽.

〈그림 4-25〉 통영칠기제작소. 출처: 『동아일보』.

　통영 나전칠기 세공품을 조선을 대표하는 미술품으로 선전하여 만
족스러운 결과가 요코하마(横濱)를 거쳐 미국 뉴욕으로 수출하기로 하
였는데 통영 나전칠기 업계로 왔으며 당시 생산액은 소액이었다.[109] 하
시다 스케타로(橋田助太郞)는 조선미술전람회에 출품하였으며 1933년
부터 1935년까지 3회(12회, 13회, 14회) 입상하였다.

　1939년 통영칠기제작소는 수출을 위하여 다양한 홍보용 제품을 제작
하였다. 홍보용 제품 중 '트럼프 갑'이 선정되어 100여 개를 수출하는 등
무역품으로서 통영 나전칠기가 많은 호응을 얻어 해외로 판로까지 개척
하였다. 칠의 사용 제한으로 경영에 어려움을 겪으면서 그 대책으로 해
외 수출품을 다양화하는 새로운 시도가 있었으며 당시 많은 수의 직공
들이 구매자가 선호하는 예술 공예품 연구와 제작 작업을 하였다.[110]

109) 「동아일보 미국에 수출되는 통영 나전칠기 판로가 점차 확대」, 『동아일보』, 1928년
　　　10월 15일.
110) 「統營螺鈿漆器 海外로 販路開拓 "트람프" 厘初出荷」, 『매일신보』, 1939년 11월 16일.

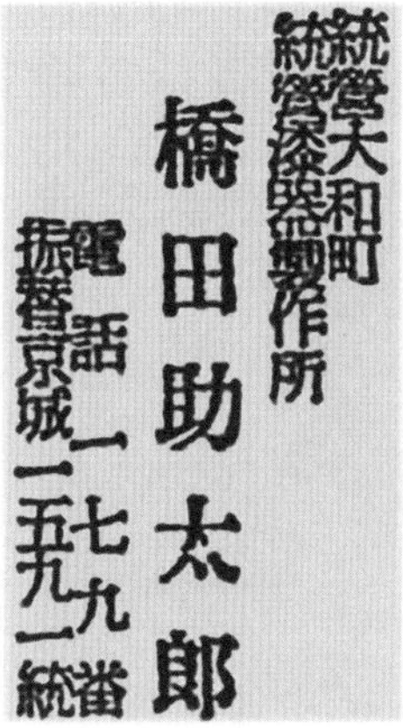

〈그림 4-26〉 통영칠기제작소 광고. 출처: 『매일신보』 1940년 1월 13일.

또한 통영칠기제작소는 1940년에 『매일신보』에 신년 인사 광고[111]를 게재하는 등 사업은 날로 번창하여 종업원 수 50명, 연생산액 7만 원에 이르는 대표적인 나전칠기 공방으로 발돋움했다.[112] 아주 고소득을 올릴 수 있는 직업으로 기술은 함부로 따라 할 수 없다는 나전칠기 제작자로서의 우월성을 내세우고자 하였다.

〈그림 4-27〉은 〈그림 4-28〉에 나오는 상표를 사용한 나전칠기 상자와 제품으로 통영칠기제작소에서 만들어졌다. 신발을 신을 때 사용하는 용도로 추정되었으며 이 제품은 검무를 추는 여인이 나전으로 세공된 칠기 제품이었다.[113] 전체적인 흑색 바탕에 약간의 붉은 색으로 채색되어 있는 이 제품의 디자인과 문양을 보면 전통적인 조선 의장 양식은 아니었다. 조선 전통 양식은 좌우대칭의 문양이 연속적이고 이어지고 끊음질 또는 주름질 기법으로 표현되었다. 그러나 아주 단순하게 검은 칠 바탕의 여백이 많아 조선식 나전에 대한 경험이 많지 않은 일본인의 시각에서 선호하였던 디자인으로 추정되었다. 일본인 공장의 상업행위는 당시 나전칠기 기능인들이 우리 민족 전통의 전승과 예술 작품의 제작보다는 경제적 이익을 추구하는 상업적 제품 생산에 관한 관심이 증폭되었다. 제품 자체도 소형에서 대형화되고 양(洋)가구의 형태(옷장, タンス)로 점점 변해 갔

---

111) 「(祝) 興亞新春: 1940년 1월 초 기업인들의 신년 기원 광고」, 『매일신보』, 1940년 1월 13일 5면 1단(소장처: 「한국연구원」).

112) 통영상공회의소, 『통영상공회의소 66년사』, 2002, 86쪽.

113) 부산근대역사관, 『근대 나전칠기 공예』, 2014, 75쪽.

다.[114] 1940년에는 종업원 수 50명, 연 생산액 7만 원에 이르는 통영지역 대표적인 나전칠기 제작소였다.[115]

〈그림 4-27〉 상자와 제품. 출처: 근대 나전칠기공예(부산근대역사관).

〈그림 4-28〉 상자에 붙은 상표. 출처: 근대 나전칠기공예(부산근대역사관).

114) 富田精一, 『富田儀作傳』, 1936, 278~279쪽.
115) 통영상공회의소, 『통영상공회의소 66년사』, 2002, 86쪽.

제5장
/
해방 이후 **통영**지역 **나전칠기 산업**

螺鈿漆器

해방 이후 통영지역 나전칠기 산업

1. 나전칠기 산업 '육성' 정책과 그 한계

1) 해방 이후 인력 양성 정책(1950년대)

해방 이후 장인들은 뛰어난 솜씨를 바탕으로 새로운 우리 전통의 빛을 발휘하고자 나전칠기 제조업자들이 서울에서 조선 나전칠기 공예 조합을 창립하였다.[1] 공예 조합 이름으로 백화점에서 '자개그릇전(展)'이라는 주제로 창립 기념 전람회를 개최하고 신문 지상을 통하여 판매를 홍보하여 주최하는 등 적극적인 활동을 했다.[2]

나전칠기 전반에 대한 현장 판매와 상담을 진행하고 참고품으로 대외 수출품 본보기 상품을 진열하여 전시하였으며 고령 기술자를 표창하는 등 각종 수상 행사를 하였다.[3] 이들의 활발한 활동은 나전칠기가 수출 산업정책 품목에 선정되는 등 상공업 분야 경제정책 시행에 영향을 주었다.

---

[1] 『조선일보』, 1946년 9월 13일, 2면 9단.
[2] 『동아일보』, 1946년 12월 20일, 2면 9단.
[3] 『조선일보』, 1946년 12월 10일, 2면 9단.

나전칠기 산업은 정부 수출 산업정책 시행의 한 분야가 되었다. 1946
년 상무부에서 수출입 장려품과 금지 물품을 구분하였는데 나전칠기도
다른 공예품들과 함께 대외무역 부분에 있어 수출 장려 품목4)으로 결정
되었다.5) 미군 PX에 진열된 조선 공예품 중 화병, 의걸이, 문갑 등 예술
적 감성이 있는 나전칠기에 관심을 보였으며 차츰 외국인의 관심이 높
아졌다. 1947년 일본으로 입국한 연합국 무역사절단은 당시 일본 제품
보다 우리나라 나전칠기 등을 우수 수출품으로 인식하고 연구의 필요성
을 강조하였다.6) 그러나 이전 농경 중심 경제정책으로 인해 공업 발달
정도가 미약하여 기술 인력 수요 및 양성 환경은 조성되어 있지 않았다.

나전칠기는 우리나라 일부 지역에서 제작되었다. 제작 기술 전수가
체계화되지 않아 기술자 수가 적었으며 또 영세한 자본으로 인한 제작
환경과 재료, 즉 칠과 패(貝)의 수급적인 측면에서 지역적인 제약이 있
었다. 대표적인 생산지로 서울 60개소, 통영, 부산, 광주에 약 20개소가
존재했으며 연간 생산액으로는 5억 원 정도로 조사되었으나 중류 이
상 각 가정에 사치품으로 인식되어 판로가 매우 적은 상황이었다.7) 해
방 이후 미군이 진주하면서 나전칠기가 인기 있는 선물이 되어 다량을
발주할 수 있는 환경이 되었으나 대중적인 수요가 진작되지 않아 제작
이 부진하였다.8) 해방 이후 통영지역뿐만 아니라 우리나라 나전칠기

---

4) 『서울신문』, 1946년 12월, 28일. 수출 장려품: 사과 梨(수량은 무역국에서 통제)栗 잣
(수량은 무역국에서 통제) 수산물(수량은 무역국에서 통제) 모피 단추 단추재료 약품
약재 (약사국 인정품) 인삼 生絲 刺繡布珪砂土, 雲母, 滑石, 石蜡石, 陶磁器, 粘土製
品, 중석, 흑연, 石筆石, 叺繩 이외의 藁製品, 螺鈿漆器具, 만년필.

5) 『서울신문』, 1946년 12월 29일. 상무부, 대외무역 수출입금지품목과 수출 장려 품목
결정 발표, 상무부에서는 긴급물자 확보를 도모하고자 대외무역에 있어서 수출입의
금지 물품과 수출 장려품 목록을 신중히 작성 중이던바 目錄이 완성되어 28일 다음
과 같은 내용을 발표하였다.

6) 『자유신문』, 1947년 8월 26일, 2면 1단.

7) 『자유신문』, 1947년 9월 9일, 2면 1단.

8) 『동아일보』, 1949년 11월 7일, 2면 3단.

업계의 상황으로는 스스로 생산과 유통 등의 조직적 활동을 할 수 있는 바탕이 전혀 형성되어 있지 않았다.

나전칠기 장려 정책은 계속 이어지고 있었다. 여전히 나전칠기 제작에 대한 인프라는 부족하였으나 정부의 경제성장 장려 정책에는 포함되어 다른 공예품과 함께 구체적인 인허가 품목으로 지정되었다. 1948년 수출허가품 개정을 시행하였으며,[9] 1949년 수출입 허가 품목이 개정되어 특산품 장려 품목으로 수공예품 분야 허가[10]가 있었다. 상공부 차관이 적극적인 신(新)수출 부흥과 외화 획득에 있어 구체적인 방안으로 장려[11]하였으며 상공부 고시 36호로 수출 허가 품목으로 재지정되었다.[12]

1950년 5월, 상공 생산 계획을 위해 제2차 상공위원회가 개최되었다. 1차에 이어 2차에서 기초산업, 수출산업, 민생 산업 등의 계획이 수립되었으며, 수출산업에 공예 분야의 나전칠기가 포함되었다.[13] 실제로 1951년 대만과의 교역 물자에 관한 종류 및 형태에 관한 토의 결과, 한국의 나전칠기 등을 특수 가공품으로 수출하기로 하였다.[14] 또한 같은 해 시카고에서 개최되는 국제무역박람회 출품을 위한 수출 산물 및 특산품 조사 보고에 나전칠기가 추천되었다.[15] 1952년 정부는 나전칠기를 수출 가능 품목으로 선정하였고[16] 같은 해 상공부에서는 수출 부진의 타개 정책으로 수출 장려 보상 제도를 구상하였다. 수출품 국내 가

9) 『동아일보』, 1948년 11월 24일, 1면 12단.
10) 『자유신문』, 1949년 2월 23일.
11) 『자유신문』, 1949년 12월 8일.
12) 『경향신문』, 1949년 12월 30일, 2면 1단.
13) 「제2차 상공위원회, 내년도 상공 생산 계획」, 『상공일보』, 1950년 5월 9일; 「수출산업으로 공예 나전칠기 130만 개(512%) 결정」, 『서울신문』, 1950년 5월 10일.
14) 『동아일보』, 1951년 3월 30일, 2면 5단.
15) 『민주일보』, 1951년 12월 30일.
16) 『동아일보』, 1952년 11월 24일.

격이 높아 해외시장에서 채산성이 부족할 경우 나전칠기 등에 대하여는 원화(圓貨) 보상 제도를 시행하고자 하였다.[17]

해외시장에 진출하는 등 활발한 움직임이 있었다. 1954년에는 한국무역대표부 관계자들과 필리핀 사절단이 통상협정을 수립하면서 나전칠기를 포함하여 2십만 달러 규모의 공예품 수출 약정을 하였다.[18] 캐나다 '토론토'에서 개최된 국제무역박람회에 나전칠기가 많은 주목을 받았으며, 1956년 한국 공예협회를 통하여 나전칠기를 포함한 약 61만 점의 공예품을 미국 공예품 판매업자들이 주문하였다.[19] 1957년에는 미국 텍사스 박람회 한국관에서 나전칠기, 칠기 유기 제품 등 공예품 290점이 진열되었으며 나전칠기는 최고 인기 품목이었다. 현지인들은 이구동성으로 '나이스'를 연발하며 제작 과정을 묻기도 하였고, 한국 대표는 나전칠기도 국제시장에서 수출품으로 손색없다는 인터뷰를 하기도 하였다.[20]

나전칠기가 해외로 진출하는 등 수요는 있었으나 공급은 원활하지 못하였다. 1956년 나전칠기 국내 생산 총수는 229점이었는데 목표한 생산 계획량 900여 점에 많이 미달하여 수출에 지장이 있었다.[21] 1957년에는 상공장려관에서 외국인을 위한 국산품 직매장을 신설하여 나전칠기를 판매하였으며 제5회 수출 공예품 전람회에 쟁반, 탁자 등이 출품되었으나 지역 토산품 정도의 수준을 벗어나지 못하고 있었다.[22] 1958년 뉴욕 세계무역박람회에 토산품 위주의 공예품 성격에서 탈피

---

17) 『동아일보』, 1952년 12월 16일.
18) 『동아일보』, 1954년 4월 30일.
19) 『경향신문』, 1956년 10월 18일.
20) 『동아일보』, 1957년 10월 31일.
21) 『경향신문』, 1956년 12월 30일, 2면 1단.
22) 『동아일보』, 1957년 9월 21일.

하여 우리의 전통적인 '자개장'이 최초로 전시되어[23] 새로운 품목으로 호평받았다.

인력 양성을 위한 나전칠기 교육기관 설립에 대한 의견이 있었다. 1949년 공업국에서는 나전칠기 원료인 칠의 국내 생산이 부진하다고 판단하여 중국에서 수입을 제시하고, 기술 향상을 위하여 공예학교 등을 설치하여 인력 양성의 필요성을 강조하였다.[24] 정부가 경제성장을 위한 정책 수행 과정에 나전칠기가 계속 포함되자 전통을 살리고 유지할 수 있는 기회를 맞이하게 되었다. 전통공예품의 생산과 대책 및 인력 양성에 관한 협의가 본격적으로 시작된 것은 1950년 한국전쟁으로 인해 정부가 부산으로 옮겨온 이후부터였다. 나전칠기에 관한 연구와 기술교육을 목적으로 나전칠기 주산지(主産地)인 통영지역에서 실시를 결정하고 교육기관이 설립되었다.

〈그림 5-1〉은 1951년 8월 경상남도 도립 나전칠기기술원 강습회[25] 개강식 기념 촬영 사진이다. 한국전쟁이라는 혼란기에도 전통 계승의 의

---

23) 『경향신문』, 1958년 5월 30일, 3면 7단.

24) 『동아일보』, 1949년 11월 7일, 2면 3단.

25) 『경상남도 도립 나전칠기기술원 강습소』: 1951년 설립되어 학생정원 40명, 2년제로 나전칠기 교육을 했으며, 1952년 12월에 도립 경상남도 나전칠기기술원 양성소로 개칭하였는데, 단기 기술교육에 국한시키지 않고 옻칠과 나전 실기 그리고 소묘(데생), 디자인(당시 도안), 정밀 묘사, 설계, 제도 등의 전반적인 미술교육을 실시하여, 우리나라 최초로 디자인 교육을 받은 졸업생을 배출한 곳이기도 하다. 강사진은 김봉룡(1902~1994) 부소장(1966년 무형문화재로 지정, 나전장 제10호 줄음질 기법), 끊음질 기법 심부길(1906~1996), 칠예 지도 안용호, 데생 화가 장윤성(일본 태평양 미술학교 회화 전공), 디자인(도안) 설계제도 유강렬(1920~1976, 서울 수복 후 홍익대학교 공예학부 신설 초대 공예학부장 취임) 그리고 일본에서도 칠예가로 명성을 떨친 칠예의 거장 강창원(1906~1977)이 있었다. 국민화가 이중섭(1916~1956)의 특강과 화가 김용주(1910~1959), 문인으로는 초정 김상옥(1920~2004)으로 구성되어 있었다. 나전칠기기술원 양성소는 1962년 8월 충무시로 이관하여 시립 충무시 공예학원으로 개칭하여 기술교육을 실시했고, 1971년 연구부로 개칭, 학생모집을 중단하고 디자인과 수출상품 개발에 역점을 두었으나, 몇 년 후 폐원했다(출처: http://www.koya-culture.com/news/article.html?no=94269).

지를 가진 정부 정책 결정으로 전국 유일한 나전칠기 전문 인력 양성 기관이 통영지역에 탄생하였다. 한국전쟁으로 통영에 피난한 유강렬[26]은 나전칠기 문화의 새로운 도약을 위하여 김봉룡의 협조를 받아 경남도청을 설득하여 통영에 나전칠기기술원 양성소를 발족시켰다. 정원 40명의 2년제 과정으로 전쟁이라는 참화 속에서 전통문화를 계승하자는 의지와 복원을 염원하는 뜻이 모여서 통영지역에 나전칠기기술원 강습소가 세워졌다. 도립 나전칠기기술원 강습소 1기생으로 현재 통영옻칠미술관 김성수 관장은 강습소 설립된 배경에 관하여 이야기하였다.

〈그림 5-1〉 경상남도 나전칠기 강습회 개강식 기념(1951년 8월 10일). 출처: 박우권.

26) 우정 유강렬, 1920년 함경북도 북청출생으로 1944년 동경 일본 미술학교 공예도안과 졸업, 이중섭(李仲燮), 한묵(韓默) 등과 교유하며 작품 생활을 하다가 6·25 때 월남하여 부산에서 최순우(崔淳雨), 박고석(朴古石), 김환기(金煥基), 장욱진(張旭鎭) 등 당시 모더니스트 예술가들과 교우하였다. 1976년 사망할 때까지 홍익대학교에 재직하면서 공예학부장, 2부대 학장, 산업미술 대학원장을 역임하였다.

청와대 쪽에 사람들이 모여 갖고 화염 속에 우리 문화재가 파괴되고 없어지고 있는데 어떻게 해야 하느냐? 맨손으로 가만있지 말고 다음에 복원이라도 할 수 있도록 해야지 않겠느냐 의논이 됐어요. 그러면 자리는 어디로 할까, 통영은 50년에 이미 인민군이 한 번 지나간 자리고 400년 가져온 뿌리가 있으니까 거기 두자, 이래서 경남 도립 나전칠기기술원 양성소가 들어서게 됐어요. 김봉룡(줄음질)·심부길(끊음질)·안용호(칠예)·장윤성(데생)·유강렬(디자인) 같은 인물에게서 배웠고요, 강창원·이중섭 같은 거장의 특강도 이어졌던 것이랍니다.[27]

더불어 통영지역에 자리를 잡은 것은 나전칠기의 400년의 역사와 전쟁의 상흔을 한 번 겪은 지리적 특성 때문이었다. 2년 과정의 강습소 교육과정은 지금 특성화고교 수준을 능가하는 전문적인 미술교육기관이었다.[28] 김성수의 인터뷰 증언 내용을 바탕으로 구성한 당시의 담당 과목과 강사진은 〈표 5-1〉과 같다.

〈표 5-1〉 1951년 경상남도 도립 나전칠기기술원 강습소 과목과 담당 강사

교과목	담당 강사
나전칠기(줄음질)	김봉룡
나전칠기(끊음질)	심부길
옻칠(칠예)	안용호
소 묘(데생)	장윤성
디자인, 정밀 묘사, 설계제도(디자인)	유강렬
특강(회화, 건칠)	이중섭, 강창원

출처: 「시민 시대가 만난 사람 김성수 관장」 인터뷰 내용을 바탕으로 작성.

27) 김훤주의 지역에서 본 세상 인터뷰 내용(http://2kim.idomin.com/2560, 2014년 3월 27일).
28) 「시민 시대가 만난 사람 김성수 관장」, 『시민 시대』, 2010년 9월호.

〈표 5-1〉에서 보듯이, 강습소에서는 현대식 교육과정이 적용되고 있었다. 교과목으로 소묘, 정밀 묘사, 디자인, 설계제도, 나전 실습, 옻칠 실습을 채택하여 체계적인 현대식 디자인 교육과정으로 강의하였다. 강사진으로는 나전칠기에 김봉룡(교장), 옻칠에 안용호, 소묘(데생) 장윤성,[29] 디자인, 정밀 묘사, 설계제도에 주임 강사 유강렬이 담당하였다.

〈그림 5-2〉 이중섭, 유강렬, 안용호(1952년). 출처: 박우권.

동경대학 칠예과를 졸업한 강창원(건칠 공예)과 가끔 특강을 맡았던 화가 이중섭, 김용주, 김종식, 시인 초정 김상옥이 함께하였다(〈그림 5-2〉 참조). 특히, 유강렬은 종래에 볼 수 없었던 새로운 방식의 교육과정[30]으로 재래식 도제 교육을 탈피하는 획기적인 현대적 디자인 감

[29] 일본 태평양 미술학교에서 회화 전공(통영여중 미술 강사, 부인 김희조 통영여고 음악 강사)(출처: 『한산신문』, 2010년 10월 23일).

각 수준의 교육을 시행하였다. 강습소에서 다양한 분야의 예술가들을 초청하여 강연할 수 있었던 것은 당시 통영지역에는 전쟁을 피해 현대적인 감각을 지닌 이중섭을 비롯한 다른 분야의 예술가들이 많이 모여 있어 가능했다.

대부분 선생은 서울 수복 시기에 맞추어 상경하였다. 통영지역 생활을 정리하고 서울에서 활동하기 위해 상경하였으며 다만, 김봉룡과 장윤성은 계속 강습소에 남아 학생들 지도에 힘썼다.[31] 나전칠기기술원 강습소는 1952년 12월에 나전칠기기술원 양성소로 개칭하여 본격적인 전문가 교육을 시작하였다. 강습소에서 양성소로 이름을 개칭한 것은 단순 기능인 양성을 넘어 전문적인 기능인을 양성하겠다는 의지가 담겨 있었다. 좀 더 특화되고 전문화된 기능인의 필요가 증가하고 있었으며 1953년에는 충무소방서 2층에서 전시회가 열려 현대적인 감각의 작품을 제작할 수 있는 역량을 선보였다.[32]

1955년 교육과정이 개편되어 연구부서가 신설되어 새로운 강사들이 부임하여 담당하였다. 〈표 5-2〉와 같이 연구부는 졸업생 중 희망하는 학생들을 대상으로 하여 연구생 과정을 밟을 수 있도록 1년 과정이 신설되었다. 연구부를 나전부와 칠부로 구분하여 분야별 전문 기능인을 양성하는 새로운 교육과정으로 개편하였으며 칠부 임성춘, 나전부 구복조가 담당하였다.[33]

---

30) 당시로서는 디자인, 정밀 묘사, 설계제도라는 단어조차 생소하였다. 도안이라는 단어로 1960년대까지 사용되었다.

31) 조석래, 「나전칠기 공예의 중심은 통영이다」, 『통영문화』 12호, 통영문화원, 2011.

32) 손영학, 「경남 통영의 나전칠기 연구」, 『향토사 연구』 15, 향토사 연구 전국협의회, 2003, 27쪽.

33) 손영학, 「경남 통영의 나전칠기 연구」, 『향토사연구』 15, 전국 향토사 연구 전국협의회, 2003, 155~207쪽.

〈표 5-2〉 개편된 교육과정과 담당 강사

교육과정		수료 기간	
나전칠기		기본 교육과정 2년	1960년부터 3년으로 연장
연구부 (신설)	칠부	연구생 심화과정 1년	담당: 임성춘
	나전부		담당: 구복조

   학생들 수업은 연구생을 보조하여 현장에서 기술을 익히는 도제 방식의 교육이 이루어졌다. 이러한 시스템은 전성규가 파리미술 박람회 수상 후 서울 장곡천에 설립하였던 나전 실습소 운영 내규를 기본으로 두고 구성된 것으로 생각되었다. 실습소는 4년 과정으로 1년차에는 자비, 2년차에는 소득 절반 급여, 3년차에는 소득 전부를 급여, 4년차에는 부속 기구를 주고 공장까지 빌려주어 영업하게 하는 내규가 있었다.[34] 연구부는 강사를 보조하는 역할을 하면서 제품을 제작하여 판매할 수 있는 구조로 되어 있었다.

   1956년 통영 나전칠기강습소 1회 졸업생이었던 김성수[35]가 나전칠기 강사를 담당하였다. 1960년 2년이었던 교육과정이 3년으로 연장되었으며[36] 1960년 4월 양성소 3회 졸업식이 있었다(〈그림 5-3〉). 교육과정이 늘어나고 교과에 있어서 나전부, 칠부가 구분된 것은 나전칠기의 전문성을 더 확실하게 다지기 위함이었다.

---

34) 『동아일보』, 1927년 4월 2일.

35) 김성수(1935~) 통영출생, 1953년 통영 나전칠기강습소 1회 졸업, 1956년 경상남도 나전칠기기술원 양성소 강사, 1961~1963년 충무 공예학원 강사, 1963~1966년 국전 공예부 연 4회 특선, 1969년 홍익대학교 미술대학 교수, 1972년 숙명여자대학교 교수, 2006년 현 통영 옻칠미술관 관장. 스승이던 유강렬 선생과 안용호 선생이 전쟁 전의 직장으로 복귀하면서 그 빈자리를 동시에 메우고자 강습소 1기 수료자이며 3년의 실전경험을 쌓은 김성수 관장이 부임하여 유강열 선생이 담당했던 디자인과 제도, 정밀 묘사, 공예사 그리고 안용호 선생의 나전기법과 옻칠기법을 가르쳤다. 부산 동광동의 통영칠기사(김영호)에 근무하고 있었다(「시민 시대가 만난 사람 김성수 관장」, 『시민 시대』 9월호, 2010, 18-19쪽).

36) 손영학, 「경남 통영의 나전칠기 연구」, 『향토사 연구』 15, 향토사 연구 전국협의회, 2003, 29쪽.

〈그림 5-3〉 경상남도 나전칠기기술원 양성소 제3회 졸업 기념(1960년 4월 14일). 출처: 박우권.

〈그림 5-4〉 김봉룡(1961년).
출처:『경향신문』.

1959년에는 상공부 중요 사업 월별 예산으로 지방사업비 5억 3,800만 환을 집행하면서 나전칠기 기술원 양성비와 칠정제 시설비를 편성하였다.[37] 1960년 3회 졸업과 함께 12월에는 경남 공예협회의 후원으로 기술원 양성소 강당에서 전시회를 개최하였으며 데생, 식물 사생, 도안, 나전칠기 실습 제품이 전시되었고 당시 출품한 수강생은 60여 명이었다.[38] 당시 재학생 현황은 총 83명으로 1년생 28명, 2년생 27명, 연구생 28명이었으며 부소장으로 김봉룡이 재

[37]『동아일보』, 1959년 8월 2일, 1면 8단.
[38]『마산일보』, 1960년 12월 25일, 3면 10단.

직하였다.[39] 사진 속의 건물은 현재 통영지역 항남동에 현존하고 있으며 국가 등록문화재 801호로 지정되었다.

2) 나전칠기 산업 양성화와 교육기관 확충(1960년대)

1960년대에는 한창 공업화 정책이 추진되면서 기능 인력의 수요가 증가하고 있었다. 한국전쟁 이후 사회 재건을 위한 공업정책과 수출정책을 시행하면서 이것을 뒷받침할 수 있는 인프라와 인적 자원이 요구되었다. 이전까지 농업 분야를 중심으로 하는 경제정책에 초점을 두고 있어서 공업화 전략에 동원될 수 있는 기술 인적 자원은 많이 부족하였다. 기능 인력 수요가 있었으나 기능 인력 양성에 대한 여건이 충분하지 못하여 공업화 정책과 전략이 요구하는 인력 양성이 부족하였다.

1962년 경제개발계획을 전후로 나전칠기 기술 인력 양성 정책이 본격적으로 추진되었다. 정부 차원 또는 자본가의 필요에 따라 기술 인력 수급 방안을 모색하면서 나전칠기기술원 양성소는 충무시 공예학원으로 명칭을 변경하고 가일층 기능 교육을 강화하였다. 1962년 4월에는 사무엘 D. 버거 주한 미 대사가 기술원 양성소를 시찰하는 등의 관심이 있었다.[40] 당시 통영에서 생산되는 품목은 「자개농」, 「자개 꽃병」, 「자개경대」 등이 주로 제작되었으며 통영지역 나전칠기 공장은 350여 개소 정도 되었다.[41]

1962년 정부 지원으로 이루어지는 한산대첩 기념제전[42]에서 임진왜

---

39) 『경향신문』, 1961년 8월 6일, 3면 5단.
40) 『동아일보』, 1962년 4월 9일, 1면 10단.
41) 『경향신문』, 1961년 8월 6일, 3면 4단.
42) 1962년에 한산대첩 기념제전이라는 이름으로 시작한 이 향토축제는 그동안 '한산대첩 축제'로 개칭되고 관광 축제를 지향하여 2014년 현재 제53회 행사를 치렀다. 원래 이 행사는 매년 10월에 개최되어 왔는데 2000년부터 임진왜란 당시의 실제 한산대첩 일인

란의 한산대첩을 기념하고 통영지역 명산물인 나전칠기 전시회가 열렸고, 여기서도 통영 나전칠기는 좋은 반응을 얻고 있었다.[43] 1965년 당시 나전칠기 공장은 전국적으로 수백 군데 이상이 있었으며, 그중 서울에 약 150개가 모여 있었다.[44] 1963년 충무시립공예학원 강사진이 변화하였다. 김성수 후임으로 서원식, 구복조 후임으로 이문찬이 부임하였다.[45]

경남 나전칠기기술원 양성소는 1962년 8월 운영권이 충무시로 이관되었고 이후 '충무시립공예학원'으로 개칭하면서 현 '통영문화원' 자리로 옮겨 개원하였다. 충무시에서는 1963년 4월 충무시립공예학원을 고등기술학원으로 승격시키고 하였다. 이에 경상남도는 충무시 소재 고등기술학원 청사와 공장 신축비로 총 350만 원의 보조금을 상공부에 신청하였다.

한편, 통영 나전칠기 제품의 해외 홍보를 위한 방법으로 해외공관과 무역관을 이용하여 공예품 전시회를 열도록 독려하였다. 나전칠기를 해외에 수출하는 방법으로서 미국 사람들이 선호하고 기호와 생활에 알맞은 동양적인 예술품을 만들도록 연구를 지원하였다. 이렇듯 충무시립공예학원은 경상남도의 전폭적인 지원정책을 배경으로 충무시 차원의 활발한 지원활동이 있었다.[46]

1963년 3월에는 제5회 졸업생(〈그림 5-5〉)을 배출하였다.

8월 14일 전후로 개최 시기를 바꾸고, 1999년까지 해군에서 치렀던 한산대첩 기념행사와 해병대가 주관한 통영 상륙작전 기념행사, 그리고 한려수도 바다축제 등 4개 행사를 통합, 민·관·군이 공동으로 개최하고 있다. 통영시가 축제를 주최하고 한산대첩 기념 사업회가 주관한다.

43) 『경향신문』, 1966년 4월 13일.
44) 『경향신문』, 1965년 4월 14일.
45) 손영학, 「경남 통영의 나전칠기 연구」, 『향토사 연구』 15, 향토사 연구 전국협의회, 2003, 30쪽.
46) 『마산일보』, 1963년 4월 8일, 4면 1단.

〈그림 5-5〉 충무시 공예기술학원 5회 졸업 기념(1963년). 출처: 박우권.

　충무시립공예학원은 나전칠기 제도권 교육기관으로서 자리 잡게 되었다. 아시아 재단 후원으로 유강렬은 1964년 충무시 공예학원 기술협조를 위한 시찰단을 편성해 현지 조사에 나섰다.[47] 〈그림 5-6〉은 1964년 4월 홍익대학교 교수와 학생 등이 기술지원 시찰단이라는 이름으로 문화동 소재 공예학원을 방문하여 기술 및 연구 등에 관한 상호협약을 맺었다.[48]

　1965년 9월에는 충무시 동호동 남망산 공원 내에 충무시립 공예학원이 건립되었다.[49] 여기서 충무시가 주축이 되어 나전칠기 기술자 360명 양성하기로 하였다. 총예산 450만 원을 투입하였으며 각종 최신

---

[47] 이상호, 『우정 유강렬론』, 동아대학교 대학원 석사논문, 1988; 「유강렬 작품집」, 삼화인쇄 주식회사, 1981.

[48] 「[地方版] 螺鈿漆器 學院 弘益大와 結緣」, 『마산일보』, 1964년 5월 12일, 2면 7단.

[49] 원장: 김형근, 충무 공예학원, 동호동 230번지, 교원 4명, 학생 56명. 김일룡, 「통영 나전칠기 역사」, 『통영 나전칠기 회고와 전망』, 통영 여성 포럼, 2011, 17쪽.

〈그림 5-6〉 충무시 공예학원 홍익대학교 기술지원 시찰단(1964년). 출처: 박우권.

시설을 완비한 공예학원 확산정책은 추진하였다. 이 사업은 정부가 추진하는 경제개발 1차 5개년 계획(1962~1966년)의 성적에 포함되었다. 당시 전국 나전칠기 업체 수는 227곳인데, 충무시에만 그것의 50%에 해당하는 113개의 나전칠기 업체가 있었다.

이러한 정부 경제개발 정책과 충무시 시책 등으로 고무된 학생들이 나전칠기 기술을 배우기 위해 공예학원(〈그림 5-7〉)이나 각지의 작은 공방으로 모여들었다. 새로운 일자리가 창출되었으며 종사하는 인력 수요도 증가했으나 인력 공급 부족으로 숙련된 기능인이 없어서 품질이 저하되는 원인이 되기도 하였다. 공예학원에서 3년 정규 기술 과정을 거친 기능인들이 배출되었다. 그러나 이들 인력이 전국으로 흩어지면서 정작 통영에는 기능인이 부족한 현상이 나타났다. 그러는 가운데 정부의 2차 경제개발 계획과 그에 수반한 나전칠기 산업 지원정책이 추진되었다.

＜木工部에서 木材를 다루는 연구생들＞

〈그림 5-7〉 나전칠기의 고장, 충무 공예학원을 찾아. 출처: 『마산일보』, 1966년 4월 1일, 4면 1단.

　　정부가 경제개발 제2차 5개년계획(1967~1971년)을 추진하자, 경상 남도는 나전공예를 특화하여 산업으로 육성하고자 시설비로 1,105만 9,000원(시비 315만 9,000원, 민간투자액 790만 원)을 투입하기로 하였 다. 기술인 50명 양성을 위하여 충무시 차원의 장학제도 신설과 새로 운 디자인을 개발하여 전국 각 기업체와 중요 도시에 판로 개척을 위 한 상설 전시장을 설치하려고 하였다.

　　공예품의 해외 판로 개척을 위한 수출 진흥위원회 구성 및 검사 기 구 설치와 목재 가공 공장 설치, 호분 제조 공장 설치, 해외 상품 전시 장 설치와 공예 실업인 해외 파견과 수출품 보관 창고 건립(100평) 등 이 계획되었다. 이 사업이 완료되면 1967년도에는 15,000불, 1971년도 에는 63,000불을 획득하리라 예상되었다.[50]

충무시도 활발한 지원정책을 수립하였다. 지역에 많은 사업체가 분포되어 있고 앞으로 설립될 가내 공업센터에서 나전칠기 기술과 디자인에 관한 기초적인 개발연구 등 지원이 필요하였다. 아울러 민간자본을 유치하고 원재료 공동 구입 사업 등 센터의 기능이 활성화되도록 지원하였다.[51] 이에 1967년 5월 충무시립공예학원(〈그림 5-8〉, 원장 김형근)에서 디자인부가 생기고 강사와 교사진이 확충되면서 나전칠기 디자인 전시회가 호심 다방에서 개최되었다.[52]

이러한 지원정책과 전시회 등으로 나전칠기 산업이 전환기를 맞았으나 이상의 계획은 실제 실행되기 어려웠다. 결국 전통을 고수하고 있던 장인들은 차츰 밀려났고, 공예학원에서 제도권 교육을 수료한 대부분 장인도 1인 혹은 2인 정도의 영세 업체에 머무는 상황이었다.

〈그림 5-8〉 동호동 현 남망산 공원 내 건립된 충무시립공예학원. 출처:『경남매일신문』, 1967년 2월 25일.

50)『경남매일신문』, 1967년 2월 25일, 2면 1단.
51)『마산일보』, 1966년 2월 1일, 4면 8단.
52)『경남매일신문』, 1967년 7월 8일, 2면 10단.

3) 나전칠기 인력 확충과 산업의 퇴조(1970년대)

통영 나전칠기 산업의 위기는 1960년대 중반부터 조금씩 예고되었다. 여러 지원정책이 발표되었으나 실행은 미미하였으며 공예학원에서 양성된 인력조차 지역을 떠나 좀 나은 직장으로 가는 바람에 오히려 기능인 부족 현상이 나타났다.

인력의 부족은 제품 질의 저하로 이어졌으며 세련되지 못한 디자인으로 수요자 욕구를 충족할 수 있는 기능을 갖추지 못하였다. 전통 기법 연구가 병행되지 않았고 '사이비 모더니즘'이 잠식하고 있었으며 장인 기질을 바탕으로 하여 창의성을 발휘하고 전통을 계승하고자 하는 노력은 없었다. 단순 기능인 양성을 넘어 전통적인 공예를 종합적으로 연구 검토하고 관리하여 현대화하는 시스템을 가진 국가적 전문기구 도입이 역설되었으나 관련 정책은 시행되지 않았다.[53] 지자체 또한 지역 나전칠기 문화에 대한 홍보와 판매 전략과 마케팅, 인력 관리 등 개인 사업체에서 부족한 부분을 보충해야 했으나, 제대로 실행하지 못하였다. 이처럼 지원정책이 효과를 발휘하지 못하면서, 나전칠기 산업은 갈수록 가내수공업이라는 한계를 벗어나지 못하는 상황이었다.

경제성장에 따라 나전칠기 수요가 폭발하면서도 일면 품질 저하라는 문제점이 대두하였다. 이런 문제점에도 불구하고 오로지 영리를 목적으로 하는 제작자들의 등장으로 인력난과 함께 나전칠기 업계의 심각한 위기가 엄습하고 있었다. 이와 관련한 당시 기사를 보자.

> 1951년 도립 기술원 강습소가 1962년 시로 이관되어 3년 과정의 공예학원이 되었다. 그동안 졸업생들은 대도시로 진출하여 취직률 100%이나 오히려 인력이 모자라는 실정이다. 현재 충무시의 나전칠

---

53) 『경향신문』, 1966년 3월 19일.

기 제작소는 40여 등록업체가 있고 제작소의 명칭이 없이 소규모로 집에서 운영하는 가내 공예의 집은 약 220호이다. 전국의 나전칠기 기술자 약 880명 가운데 500여 명이 충무시에 있고 그 부양가족은 5천 명 정도로 집계되고 있다. 월간 생산량은 5천 점으로 서울과 해외로 수출되며 연간 수입은 2백만 달러이나 생산자들은 여전히 가난을 면하지 못하고 있다. 기술공의 보수가 월 5~6천 원, 중견 기술자는 10,000원 정도이고 노련한 장인이라야 15,000원 정도의 보수를 받고 있었다. 많은 수의 기능인들이 통영지역에서 배출되고 있었지만 정작 통영지역에서 종사하는 기능인이 받는 대우는 대도시와 많은 차이를 보이고 있었다.[54]

인력 부족은 곧 기술력 저하로 이어졌으며 재료 또한 값싼 물건으로 대체되어 사용되었고 전통 기법으로 제작하는 환경은 점점 외면되어 갔다. 저가 제품을 만드느라 천 대신 백지 혹은 신문지를 깔고 수입되는 '카슈' 또는 '호마이카'라는 대용 칠을 대부분 사용하는 전통적인 재료의 변용이 있었다. 제작 과정과 재료의 변용 및 수요자의 기능성을 충족하지 못한 디자인 부재로 인하여 통영지역 전통 나전칠기는 순수함과 옛 정취를 점점 잃어 가고 있는 상황이 있었다.

1970년대에 접어들면서 통영지역 기술자들이 도시지역으로 떠나는 경향이 더욱 잦아졌다. 좀 더 좋은 대우를 받을 수 있는 중견 기술자들은 점점 대도시로 이주하여 정착하였으며 통영지역에서는 기술자 부족으로 업체가 위기를 맞이하였다. 통영지역에서는 중견 기술자에게 월 1만 원이 지급되는 반면 대도시인 서울, 부산 등지에서는 월 1만 8,000원의 보수에 숙식까지 제공하고 있었다. 사실 중견 기술자가 되기 위해 3~5년이라는 세월 동안 기술 연마하여 기능을 축적하였으나 개인 사업체 경영자들이 이들에게 지역에서 주어지는 대우는 적절한

54) 『경향신문』, 1966년 7월 4일, 5면.

만족감을 주지 못하였다. 이런 이유로 통영지역 나전칠기 2백여 개의 업체 중 30여 개소는 기술자 부족 현상으로 제작 환경은 점점 위축되었다. 그 결과 인력 부족에 따른 판로상의 어려움이 촉발되었다.[55]

1971년 1월부로 충무시립공예학원의 학생 모집이 설립된 지 20년 만에 중지되었다. 제도권 인력 양성이 위기에 처하였으며 지금까지 전통공예의 재현이라는 목표 아래 1951년 설립되었던 학원이 역사 속으로 사라진 것이다. 그래도 그해 지역 국회의원 선거에 출마한 모 의원이 나전칠기 공예의 집중 육성을 공약으로 내세울 만큼 통영지역에서 나전칠기 산업은 여전히 중요한 산업 분야였다.[56]

이제 충무시립공예학원은 폐교되고 공예연구소로 개칭되었다. 그러나 공예연구소도 재정난과 연구 인력의 부재, 디자인에 대한 인식 부족과 현대 감각에 맞는 제품개발 부진 등으로 나전칠기 기능의 전승은 쉽지 않았고, 결국 1975년에 폐쇄되었다.

1951년부터 폐쇄될 때까지 공예학원에서 양성되어 배출된 나전칠기 기술자는 960여 명에 달했다.[57] 양성된 기능 인력들은 통영뿐만 아니라 서울, 부산, 대구 등 전국 각 지역으로 진출하여 통영 기술자의 전성기를 이룩하였다. 그리고 1970년대 말까지도 이들의 영향력이 유지되고 있었다.

제도권 교육 기능 상실로 공방에 들어가서 나전칠기를 배우고자 하는 사람들이 많이 생겼으며 교육 방법도 과거 도제 방식의 시스템으로 회귀하였다. 제도권에서 기회는 상실되었으나 소규모 공방에 들어가서 심부름꾼의 역할을 하면서 어깨 너머로 기술을 익혔으며 이어져 오

---

55) 『경남매일신문』, 1967년 4월 5일, 2면 1단.
56) 『동아일보』, 1971년 5월, 22일, 6면 5단.
57) 조석래, 「나전칠기 공예의 중심은 통영이다」, 『통영문화』 12호, 통영문화원, 2011.

던 전통적인 교육 방식은 사라지고 새로운 제작 방식과 교육에 익숙해 지고 있었다.

제작 과정과 재료의 변용도 함께 이루어지고 있었다. 생산과정의 생략과 정형화되지 못한 문양과 형태, 옻칠이 아닌 값싼 재료에 전적으로 의존하여 제작이 이루어졌다. 일부 뜻있는 장인은 시간과 제작비용이 많이 들어도 우리 전통공예 정체성을 고수하였으나 현재 상황에 알맞은 적절한 대응은 하지 못하였다. 주거 환경과 생활양식의 변화로 나전칠기 수요가 감소하여 업계를 떠나는 사람이 늘어나면서 기술자로 남아야 하는지 전승공예의 한 사람이 되어야 하는지 현실적인 갈림길에 서게 되었다. 장인들 스스로 가장 큰 요인인 경제적 이익을 찾아 이직을 선택하였으며 기능 전승에 대한 것은 누구도 그 어떤 해법을 제안하지 못하였다.

1975년 공예연구소가 폐쇄되면서 경남공예협동 조합[58])이 결성되어 민간으로 기능이 이전되었다. 1977년에 경상남도와 충무시의 지원으로 나전칠기 상설 전시장이 개설되어 운영을 시작하였다. 1978년부터 3년 동안 중소기업 중앙회 지원으로 3회에 걸쳐 나전칠기 세미나를 열었다. 1979년에는 나전칠기 제품의 다양화와 새로운 디자인 보급을 위하여 나전칠기 우수 경진품 대회를 실시하였다.

한편, 1980년대 올림픽을 전후하여 나전칠기에 관심이 고조되었으나 1990년에 접어들면서 소비자의 요구에 호응하지 못한 통영 나전칠기 산업은 점점 쇠락의 길을 걸었다.[59]) 1994년 11월 18일에 무전동에 문화재 공예 전수교육관이 국·도·시비(2억 8천만 원)를 들여 건립되

---

58) 1대와 3대에 김종남, 2대 송철조, 4대와 7대 이태엽 등이 역임하였다. 이 조합은 나전 칠기업에 종사하는 사람들이 조합원으로 주축이 되어 활동하고 있었다.

59) 김시연, 「충무 나전칠기 산업의 생산·유통구조」, 경북대학교 교육대학원 석사학위 논문, 1995.

었으나 이마저도 일부 지역 장인의 전유물이 되었다.

무형문화재 지정 장인에게는 전승 지원금이 지급되었고, 전승자, 전수교육조교, 이수자, 전수 장학생에게는 전통문화 정신을 보존, 계승하고 홍보 등의 활성화 목적으로 여기에 사용되는 경비 및 수당 등이 지급되었다.[60] 하지만 비(非)지정 장인들도 통영 나전칠기 문화를 이어가는 주체였으나 각자 앞에 놓인 환경에 따라서 서로 대립과 갈등이 존재하였다.

이러한 어려움 속에서 통영 나전칠기는 전통과 현대의 사이에서 틈을 좁히지 못하고 장인들조차 하나, 둘 나전칠기와 인연을 놓았고, 특히 주거 환경이 변화하면서 나전칠기 시장은 크게 위축되었다.

2. 통영지역 나전칠기 산업의 영세성

1) 영세 공장의 상황

일제강점기 전 조선의 나전칠기 제작 공장은 15개소, 종사한 기능인은 120여 명 정도였다. 여기에서 제작된 물품 대부분은 일본으로 수출되었으며 26만 1천 점, 599만 원 정도이고 국내 소비량은 81만 1천 8백 점, 금액으로는 4백 20만 원 정도였다.[61]

해방 이후 미군이 진주하면서 수요가 증가하여 나전칠기 산업은 이들에게 관심 산업으로 호평받아 제작 공장 수와 함께 종사 인원도 증가하였으며 1949년 당시 존재했던 나전칠기 공장은 〈표 5-3〉과 같다.

---

[60] 「국가무형문화재 전승 지원금 지급 운영에 관한 규정」, 『문화재청 훈령』 제389호.
[61] 『동아일보』, 1949년, 11월 7일, 2면 2단.

<표 5-3> 1949년 전국 나전칠기 공장 수

구분	서울	전남. 광주	전북 전주	부산 경남. 통영	전국
공장	60	3	1	32	96
인원	500	15	6	160	681

출처: 『동아일보』, 1949년 11월 7일.

1945년 해방 이후부터 6·25전쟁 시기까지 통영지역에는 제법 규모
가 있는 나전칠기 공장이 있었다. 부산, 경남, 통영의 공장은 32개소,
종사 인원 160명으로, 서울 다음으로 공장과 종사 인원이 많았다. 그럼
에도 이들 공장은 대부분 1인 혹은 2인 정도의 소규모 가내수공업 형
태였다. 그중 약간 규모가 있는 곳조차 칠부와 나전부를 합하여도 고
용인이 수가 그다지 많지 않았다. 6·25전쟁 이후에는 전통 기능인 제
작자보다 자본가들이 많이 출현하여 기능을 가진 전통 제작자들은 이
들에게 점점 예속되었다. <표 5-4>는 1949년 통영칠기제작소 상황이
다. 1947년 송주안이 대표로 근무했던 곳으로 추정된다.

<표 5-4> 통영칠기제작소

명칭	소재지	대표자명	종업원 수	제품명	업종
통영칠기 가구 제작소	경상남도 통영읍 문화리	·	·	칠기 가구	기타 제조업

출처: 조선은행 조사부, 『경제연감(1949년)』.

나전칠기 특성상 백골의 조달부터 자개와 칠 등 재료 조달에 있어서 초
기에 많은 자금이 필요하다. 공장 운영에도 많은 경비가 필요하여 소자본
으로는 규모 있는 공장 운영이 불가능하였다. 또 전통적인 제작 방식 과
정 또한 긴 시간이 요구되기에 그다지 채산성이 없는 것으로 알려졌다.
이런 이유로 역으로 전통적인 제작 공정을 생략하거나 재료의 변용

을 통하여 종래 특권층의 전유물이었던 나전칠기가 대중화되는 문제를 초래했다. 더 이상 전통을 바탕으로 하는 새로운 의장은 나타나지 않았다. 개량된 제작 방식을 통해 형성된 간단한 기능 위주 성격과 보수성이 적극적으로 수용되었다.

변화하는 경제 환경에 맞추어서 통영지역 나전칠기 산업도 나전칠기기술원 양성소를 시작으로 여러 지원정책이 있었다. 소위 '성장산업'으로 분류되어 나전칠기 문화가 보편화되기 시작하면서 그들에게 주어지는 대가는 결코 타 산업에 비해 적은 것이 아니었다. 그러나 통영 나전칠기 산업의 운영 환경은 무척 영세하고 소규모였고, 결국 염가의 싸구려 제품이 제작되기 시작하였다. 마치 "악화가 양화를 구축한다."는 그레샴의 법칙(Gresham's law)처럼 염가 지향의 수요층이 대두하면서 소위 '모방된' 나전칠기가 제작되었고, 이것이 오히려 사양화의 길을 촉진하는 원인이 되었다.

흥미로운 것은 1953년『전국 주요 공장 광산명부』를 보면 강성열 가구 제작소가 나온다(〈표 5-5〉). 생산품은 나전칠기가 아닌 양(洋)가구였다. 양(洋) 가구 제품은 양복장, 서랍장, 이불장 등 각각의 기능으로 제작되었으며 이전 가구에 비교하여 서양의 수납 기능에 충실하였다. 전면은 문양이 거의 없이 유리 혹은 거울로 대체되어 금구 장식은 손잡이나 열쇠 기능만 하는 간단한 장식으로 처리되었다. 크기가 큰 것과 넓은 면의 구성은 합판을 사용하여 가능하였으며 제작 과정도 공정별로 세분화하여 작업 내용을 달리하는 제작 방식으로 현대식 기계를 사용하여 제작하였다.

〈표 5-5〉 양(洋)가구 제작소

명칭	소재지	대표자명	종업원	제품명
姜性烈 家具 製作所	통영읍 중앙동 123	강성열(姜性烈)	·	洋家具 一切

출처: 대한상공회의소 편,『전국 주요 공장 광산명부(附 산업단체 무역 업자 일람)』, 1953.

〈표 5-6〉은 1953년 통영지역 나전칠기 사업체이다. 일단 양(洋)가구가 도입되면서 장롱은 양(洋)가구로 일부 대체되었다. 전통 나전칠기 제작 방식으로는 채산성이 형성되지 않았기 때문이었다. 조선 전통 방식의 가구는 일제강점기 이래 재료의 변용과 전통 의장의 변화가 동반되면서 흡사 일본식 가구인 다붕의 모양과 비슷한 모양으로 해방 이후에도 남아 있었다. 또 나전칠기 제품은 기념품 또는 토산품의 성격이 강하여 6·25전쟁 이후 주둔한 미군 혹은 외교 사절들이 귀국하면서 선물로 한국의 나전칠기 소품과 지역 특산품을 선호하였다.

〈표 5-6〉 1953년 통영지역 나전칠기 사업체

사업체명	주소	대표자	업종	중요 생산품	소유	자본금 (千圓)	종업원 수		
							남	여	계
宋基洙 漆器製作所	통영군 통영읍 태평동 462	송기수 (宋基洙)	螺鈿漆 加工業	素盤 小箱子	개인	8	11	0	11
文化漆工場	통영읍 문화동 328	정국곤 (鄭國坤)	螺鈿漆 加工業	素盤 小箱子	개인	7	12	·	12
螺鈿漆器 加工業	통영읍 정량리 180-2	송철조 (宋鐵祚)	螺鈿漆 加工業	素盤 宝石箱	개인	·	12	·	12
太平漆器 美術社	통영읍 태평동 219	김홍주 (金洪珠)	螺鈿漆 加工業	素盤 宝石箱	개인	20	12	·	12
大洋工藝社	통영읍 태평동 604	황동수 (黃東守)	螺鈿漆 加工業	煙草函 宝石箱	개인	10	17	·	17
東洋美術社	통영읍 중앙동 28	김종남 (金種南)	螺鈿漆 加工業	煙草函 宝石櫃	개인	11	12	·	12
統營工藝社	통영읍 정량리 26-1	이점동 (李点童)	螺鈿漆 加工業	文書箱 宝石櫃	개인	·	13	·	13
統營漆器 振興公司	통영읍 문화동 23	강문혁 (姜文赫)	螺鈿漆 加工業	테-불 宝石箱	개인	1,400	103	10	113
東洋 褶貝 工場	통영읍 동호동 315	조현제 (趙玹濟)	螺鈿漆 加工業	靑貝	개인	1,500	15	·	15

출처: 한국은행 조사부, 『생산 기업체 명부』, 1953년 12월.

〈표 5-6〉에서 보면 1953년 통영에서 나전칠기 사업체가 9개소 나온다. 전부 개인이 운영하였으며 종업원은 모두 남자였으나 강문혁이 운영한 통영칠기진흥공사는 유일하게 여성 직공이 근무하였고 자본금이 가장 많았으며 동양섭패공장이 뒤를 이었다. 업종은 모두 나전칠 가공업으로 중요 생산 품목은 공장의 특성에 따라 종류가 달랐으며 유일하게 동양섭패공장에서 청패, 즉 나전칠기에 사용되는 자개를 가공하였다. 중요 생산 품목으로 소반 제작 4곳, 작은 상자 2곳, 보석장(상) 6곳, 문서 상자 1곳, 테이블 1곳, 연초 함 2곳 등으로 다양하였으며 나전칠기 제품은 소품이었다. 김종남은 일제강점기 조선미술전람회 입상 경력이 있었으며 황동수는 일본으로 건너가 일을 하던 중 해방되어 국내로 돌아와서 통영에 정착하였다.

〈표 5-7〉은 1955년 종업원 10명, 납세액 2만 5천 원 이상에 해당하는 통영지역 나전칠기 사업체로서, 총 4개소가 등장한다. 1953년 김홍주가 경영한 태평칠기미술사는 1955년 대한칠기미술사로 명칭이 변경되었고, 공장 주소지와 종업원 규모는 같았으며 제품은 소반, 보석상에서 나전칠기 식상(食床), 책상(冊床)으로 변화되었다. 강문혁의 통영칠기진흥공사는 통영 나전칠기 주식회사로 명칭이 변경되었으며 공장 주소는 같았으나 부산 동광동에 지점을 두고 있었다. 황동수의 대양공예사는 종업원이 13명으로 4명 줄었으며, 조현재의 동양섭패공장은 동화공업사로 회사 명칭을 변경하고 종업원도 31명으로 증가하였으며 청패 재생과 함께 고무가 생산 품목으로 추가되었다.

〈표 5-7〉 1955년 통영지역 나전칠기 사업체(종업원 10명, 납세액 2만 5천 원 이상에 해당)

명칭	대표자	소재지(전화번호)	종업원	제품명
大韓漆器美術社	김홍주(金洪株)	통영읍 태평동 39	12	螺鈿漆器 食床, 冊床

명칭	대표자	소재지(전화번호)	종업원	제품명
統營螺鈿漆器 株式會社	강문혁(姜文赫)	통영시 문화동 113(262) (지)부산시 동광동 2-35	32	螺鈿漆器
大洋工藝社	황동수(黃東守)	통영읍 태평동 604	13	螺鈿漆器 煙草箱
東華工業社	조현제(趙鉉濟)	통영읍 동호동 315(158)	31	靑貝 再生, 고무

출처: 대한상공회의소, 『전국 제조업 요람(要覽)』, 1955.

〈표 5-8〉을 보면, 1956년 통영지역 나전칠기 사업체로는 6곳이 등장한다. 강문혁이 대표로 되어 있는 통영 나전칠기 주식회사와 통영 나전칠공예 조합은 주소가 같았고 요즘 같으면 같은 법인에 소속된 회사로 추정되었으며 종업원 수는 각각 달랐다. 황동수의 대양공예사는 종업원이 10명으로 점점 줄어들었으며 주소도 674번지로 변경되었고, 김봉룡의 한국나전칠기공예사는 직공 10명과 함께 통영군 미수리 42에 주소를 두었으며 1953년부터 이미 공장 운영을 하고 있었다, 송기수는 본인의 이름을 내세운 나전칠기 제작소와 송철조는 1953년부터 각각 같은 주소지에서 꾸준히 공장 운영을 하고 있었다.

〈표 5-8〉 1956년 통영지역 나전칠기 사업체

회사 명칭	대표자	소재지(전화번호)	종업원	제품명
統營 螺鈿漆器 株式會社	강문혁(姜文赫)	경남 통영군 통영읍 문화동 113(2287)	35	각종 나전칠기 제품
統營 螺鈿漆 工藝 組合	강문혁(姜文赫)	경남 통영군 통영읍 문화동 113	40	각종 나전칠기 제품
大洋工藝社	황동수(黃東守)	통영읍 태평동 674	10	각종 나전칠기 제품
韓國螺鈿漆器 工藝社	김봉룡(金奉龍)	통영군 통영읍 미수리 42	10	각종 나전칠기 제품
螺鈿漆器 工藝社	송철조(宋鐵祚)	통영군 통영읍 정량리 180의 2	10	각종 나전칠기 제품
宋基洙 螺鈿漆器 製作所	송기수(宋基洙)	통영군 통영읍 태평동 462	15	각종 나전칠기 제품

출처: 대한상공회의소, 『전국 주요 기업체 명감』 1956.

1957년 대한상공회의소에서 조사할 시기는 통영군에서 충무시로 행정 단위가 변경되었다. 〈표 5-9〉는 1958년도 통영지역 나전칠기 명부이다. 먼저, 김종남은 동양미술사, 황동수의 대양공예사는 같은 상호를 가지고 1953년부터 계속 운영하였으며 조현재의 동화공업사는 유지되었으며 송기수는 통영공예사로 명칭을 변경하였다. 송철조는 나전칠기공예사를 대한미술나전칠기사로 명칭을 변경하고, 최수천은 송기수와 공장 주소는 달랐으나 통영공예사 이름을 같이 사용하였다. 1956년 강문혁의 통영 나전칠공예 조합은 같은 주소지에서 통영 나전칠기공동작업소(대표 강대혁)로 변경되었다. 〈표 5-9〉에 나타난 공장들은 1960년대 이전까지 통영지역에서 운영되었던 규모 있는 대표적인 공장으로 일부는 1970년대까지 운영하였다.

〈표 5-9〉 1958년 통영지역 나전칠기 사업체

회사 명칭	대표자	소재지(전화번호)	목적	업종
東洋美術社	김종남(金種南)	경상남도 충무시 중앙동 56	나전칠기	기타 제조업
統營工藝社	송기수(宋基洙)	경상남도 충무시 태평동 72	나전칠기	기타 제조업
大洋工藝社	황동수(黃東守)	경상남도 충무시 태평동 604	나전칠기	기타 제조업
統營螺鈿漆器 共同作業所	강대혁(姜大赫)	경상남도 충무시 문화동 113	나전칠기	기타 제조업
東華工業社	조현제(趙玹濟)	경상남도 충무시 동호동	나전칠기	기타 제조업
統營工藝社	최수천(崔守天)	경상남도 충무시 당명리 164	나전칠기	기타 제조업
大韓美術 螺鈿漆器社	송철조(宋鐵祚)	경상남도 충무시 정량동 180-2	나전칠기	기타 제조업

출처: 대한상공회의소, 『전국 기업체 총람』(1957년 12월 조사), 1958.

1960년대 통영지역 나전칠기 공장은 일반 가정의 소규모 수공업장까지 합쳐 350여 군데였다.[62] 나전칠기 문화가 대중화되면서 산업의

62) 『경향신문』, 1961년 8월 6일, 3면 5단.

특성상 많은 자본이 요구되어 기능을 보유한 장인들 대부분은 주도적으로 제작하지 못하고 종속되어 제작하는 환경이 불가피하였다. 대부분 자본이 부족한 소규모 공방으로 혼자 혹은 가족 중심으로 운영되어 작업을 하였으며 본인 스스로 모든 것을 감당하고 해결해야 하는 문제를 항상 지니고 있었다. 정부에서 영세 가내공업 지원 자금 제도를 마련하여 수출 가능 업체를 선정하고 나전칠기 등에 융자금을 지원하는 제도를 시행하였다.[63] 하지만 지역에서 숙련된 기능인들은 작업 환경과 대우가 좋은 도시지역으로 전직하여 통영지방에서 소규모 공장 혹은 1인 공장이 확장되었다.

무형문화재도 예외는 아니었다. 김봉룡[64]의 통영 나전칠공예사도 문화동에 있는 세병관의 부속 건물인 관사로 사용하던 곳으로 3개 업체가 함께하고 있었다. 직원이라고는 기능인 2명과 수습공 5명을 고용되어 작업 환경도 아주 열악하고 불결한 공간에서 작업을 하고 있었던 것이 전부였다. 나전칠기 업자들은 원재료인 옻칠 등 원료 조달과 구매력 저하, 수입 재료 가격의 폭등과 경영 압박으로 값싼 재료에 의존하는 실정이었다. 해방 이후 카슈가 밀려들어 오면서 순수 옻칠은 거의 자취를 감추고 있었으며 원자재 수급 상황이 어려워지고 부자재를 확보하지 못한 소규모 공장은 제작에 어려움을 겪고 있었다. 지역 나전칠기 제작소는 40여 개, 간판이

◇無形文化財의
匠人 金奉龍옹

〈그림 5-9〉 김봉룡.
출처: 『경향신문』, 1966.

63) 『경향신문』, 1965년 4월 14일.
64) 「문화재 관리국에서 무형문화재 지정, 무형문화재 12호 나전칠기장 김봉룡(64, 경남 충무시 항남동 240)」, 『조선일보』, 1966년 3월 24일.

없는 가내수공업 방식으로 220여 호가 운영되고 있었으며 부양가족은 5천 명 정도였다.[65]

1960년대 통영의 산업 구조는 지리적 여건을 바탕으로 수산업이 주축이었다. 수산업과 관련된 산업들이 번창을 할 수 있는 자연적 요건 구비[66]와 함께 통영지역에서 번영을 누리던 산업들은 철공소, 조선소, 그물 공장, 이발소, 양복점, 나전칠기 등이 있었다. 통영지역에서는 수산업 분야가 주종을 이루고 있었으나 수산업 못지않게 나전칠기가 번성하였으며 공업은 대체로 저조한 편이고 수산가공업이 발달하였다. 영세한 소규모 가내수공업과 나전칠기 공예가 주종을 이루고 있었으며 가장 번창하여 전체 공업의 35.2%를 차지하고 있었다.[67] 그러나 1964년에 통영상공회의소에서 작성한 통영지역의 상공업 실태 조사에서 나전칠기 산업계는 기능공 부족[68]과 구매력 저하 및 수입 재료 가격의 폭등으로 인하여 경영 압박을 받고 있었다.[69]

당시 나전칠기 사업체 수가 통영의 기업체 가운데 가장 많았다. 나전칠기 산업계가 경영에 어려움을 겪고 있음에도 1965년 주요 업종별 통영상공회의소 회원 업체 현황에서도 나타났다.[70]

〈표 5-10〉에서, 1965년 현재 통영상공회의소 회원 업체는 총 81개 업체였다. 나전칠기는 30개 업체로 1위, 가구 제조가 10개 업체, 죽세공업이 7개 순이었다. 따라서 당시 통영에서 가장 번창한 업종은 나전칠

---

65) 『경향신문』, 1966년 7월 4일, 5면.
66) 김시연, 『충무 나전칠기 산업의 생산·유통구조』, 경북대학교 교육대학원 석사학위 논문, 1995. 17쪽~18쪽.
67) 강종훈, 『충무시의 도시 지리 연구』, 고려대 교육대학원 석사학위 논문, 1981, 47~48쪽.
68) 『동아일보』, 1972년 11월 9일, 3면 8단. "충무 나전칠기 그 수요증가에 비해 통영의 자개 공예는 상대적으로 시들어간다. 그것은 서울 등 도시가구상들이 충무의 기술자를 데려다가 대규모 제작소를 많이 세워 판로가 막혔기 때문이다."
69) 통영상공회의소, 『통영상공회의소 66년사』, 2002, 284쪽.
70) 통영상공회의소, 『통영상공회의소 66년사』, 2002, 284~285쪽.

기였다. 나전칠기를 바탕으로 백골(뼈대)을 제작하는 가구제조업 역시 나전칠기 사업과 직접적으로 관련이 있었다. 이렇게 통영지역에서 나전칠기 산업과 관련된 업종은 상공회의소에 가입된 업체의 약 50%에 해당하였다. 다만, 규모가 큰 나전칠기 사업체가 백골부를 함께 운영한 업체도 있기에 가구제조업체로 등록한 사업체가 10개 업체로 3위였다.

〈표 5-10〉 1965년 주요 업종별 통영상공회의소 회원 업체 현황

업종	제망업	조선업	제재업	철공업	가구 제조	죽세공업	제향공업	나전칠기	합계
업체 수	5	9	4	12	10	7	4	30	81
비율	6	11.5	4.9	14.8	12.3	8.6	4.9	37	100

출처: 통영상공회의소, 『통영상공회의소 66년사』, 2002.

1970년대 초에 이르러 나전칠기 업계에도 변화가 생겼다. 카슈, 호마이카 등 재료의 변용으로 작업 공정이 훨씬 간편해지는 변화가 나타났으며 기존의 전통적인 완전 수공예 체제와 변용된 체제 사이에서 장인들은 갈등하였다. 전통공예 방식에 숙련된 전통 장인들은 하나둘 떠나면서 자본을 가지고 경영 기술을 익힌 사람들의 등장으로 이들에게 고용되었다. 전통 장인들은 비록 이들에게 종속되었으나 작업하는 사람도 경영하는 사람도 모두 나전칠기 기능인이었기 때문에 서로의 어려움을 잘 알고 이해하였다.[71] 나전칠기 열풍이 불면서 웬만큼 생활의 여유가 있는 가정에서는 나전칠기 제품이 없는 집이 없을 정도로 나전칠기 업계가 호황을 누리고 있었다.

이러한 호황에 편승하여 비(非)기능인 출신 공장주가 등장하였다.

---

[71] 「영원한 나전칠기 인으로 살고 싶은 사람(안경섭)」, 『한국 월간 나전칠기 · 목칠공예』 8월호, 1990.

통역지역의 대표적인 등록 나전칠기 사업체로서 이태엽이 문화동 89번지에 설립한 동방공예사가 있었으며 충무(통영)상공회의소 제7대(1970년) 의원으로 시작하여 14대(1994년 2월) 상임위원을 역임하였다.[72] 동방공예사는 오랜 세월 동안 통영지역에서 나전칠기 등록업체로서 운영되었으며 지금도 문화동 세병관 아래에 그 흔적이 남아 있었다.

본격적으로 기능인 출신이 아닌 자본과 경영 기술을 가진 사람들이 등장하면서 통영지역 나전칠기는 새롭게 재편되었다. 경영주들은 나전부, 칠부, 백골부를 함께 두고 경영하였으며 인원 구성의 규모는 작게는 20명 많게는 50명 정도 되었다.

〈표 5-11〉은 1960년대 통영지역 비(非)기능인 출신의 나전칠기 사업체 상황이다. 여기서 대표적인 공장은 당시 통영시 중앙동 소재 반도공예사로 경영자는 송석권(근)이며 통영경찰서 경비선 선장을 하던 사람이었다. 당시 주 생산 품목으로는 속칭 선녀 장이 인기를 얻었으며 하용권이 여기서 4,000원의 월급(1960년대 중반 당시 통영에서 제일 많이 받는 상일꾼)을 받았다.[73]

〈표 5-11〉 통영지역 비(非)기능인 출신의 나전칠기 사업체(1960년대)

경영주	업체명	전직	주요 판매처	위치
송석권	반도공예사	통영경찰서 경비선 선장	부산 일대 (주문 제작)	중앙동
서정진	·	섭패 공장 운영	·	도천리
홍병국	·	·	·	서호동
이무성	크라운공예사	양품점 운영	서울, 부산 지역	중앙동
이태엽	동방공예사	·	서울, 부산 지역	문화동

출처: 「하용권 구술」을 바탕으로 작성.

72) 통영상공회의소, 『통영상공회의소 66년사』, 2002, 317~675쪽.
73) 「하용권 구술 녹취록」.

西紀一九七　年　月　日

⑥⓪①

高麗漆器社

代表　河　龍　權
釜山市 南區 凰美洞 一七一-一
電話 ⑦〇八四三五番

〈그림 5-10〉 고려칠기사.
출처: 하용권.

중앙동에서 양품점을 경영하던 이무성은 크라운공예사를 새롭게 개업하였다. 여기에도 나전부, 칠부, 백골부를 두고 운영하였으며 백골부에 김재겸, 칠부에 김강원, 이종원, 나전부는 정연수, 구성오 등 당시 최고의 기술을 보유한 사람들로 구성되어 있었으며 하용권은 크라운공예사에 스카우트되어 통영에서 기능인으로서 최고 대우를 받았다.[74] 서정진은 처음에 제주도에서 전복 껍데기를 가져와 가공하는 자개(섭패) 공장을 경영하면서 자연스럽게 나전칠기 공장을 운영하였다. 홍병국 역시 기능인 출신이 아닌 사람이 나전칠기 공장을 운영하였으며 전직은 무엇을 하였는지 알 수 없으나 제일 규모가 큰 공장이었다.

하용권은 크라운공예사에 고용되어 50명 정도 직원을 관리하는 총책임자로 근무하게 되었다. 그곳의 경영 상황은 자세히 알 수 없으나 무리한 확장으로 부도가 이어지고 문을 닫으면서 고용되었던 기능인들은 여기저기로 분산되어 지역에 정착하거나 타 도시로 이주하였다고 한다.

기능인들의 배움이란 오로지 나전칠기 기술 하나인데 이것을 바탕으로 약간의 자본을 가진 장인은 소규모 공방을 운영하였다. 사정이 여의치 못한 경우는 혼자 작업하거나 소규모 공방에 들어가서 일하였으며 나전칠기 기능인으로서 자기가 가진 기술력을 바탕으로 각자의

[74] 「하용권 구술 녹취록」.

길을 이어 갔다.

비(非)기능인 사업체의 공통점은 통영지역에서 판매하지 않고 주로 서울, 부산 등 인맥을 이용하여 대도시 위주의 판매망을 구축하고 있었다. 동방공예사 제품 대부분은 서울지역 개인에게 판매되었고, 크라운공예사는 서울에 친척 중 고위 관료 인맥을 통하여 판매망을 확보하였으며, 반도공예사는 주로 부산 쪽에 개인을 상대로 하는 주문 생산을 주로 하였다. 하용권은 이 무렵 문화동 자택에서 소규모로 공방을 열고 운영을 시작하였으며 업체는 순항해 월급쟁이 때보다 수입도 좋았다고 기억하였다. 미리 물건 대금을 미리 받아 제작하기도 하였으며 당시 충무 세무서에서 세금으로 물품세 15,000원을 고지받고 세금 압박으로 1971년 통영을 떠나 부산으로 이주하여 정착하고 1980년대 초까지 고려칠기사(〈그림 5-10〉)를 운영하였다.

1973년 통영상공회의소에 등록된 사업체를 정리하면 〈표 5-12〉와 같다. 제조업으로 식품 가공, 화학공업이 추가되어 통영지역 사업체가 다양화되었으나 여전히 가장 많은 사업체는 나전칠기였다. 10년간 통영에서는 나전칠기 사업체가 42개 업체로 8년 전 1965년에 비해 12개 업체가 증가하였다. 나전칠기는 통영지역 사업체 99개의 42%에 해당하였으며 아래 표에서 나전칠기가 당시는 통영지역사회에서 어떤 위치에 있었는지를 확인할 수 있었다. 또 정치인이 나전칠기 육성정책에 대한 선거공약을 하는 등 1960~1970년대 중반까지 통영지역 나전칠기는 최고의 전성기를 맞이하고 있었다.[75]

75) 「경남공예협동조합, 나전칠기 전시회 67년 9/25-27, 충무시 중앙동」, 『매일경제』, 1967년 9월 25일; 「경남 공예 조합이 설립된 70년대 중반까지만 해도 조합원이 90명 선이었다」, 『매일경제』, 1986년 11월 4일; 「국회의원 선거에서도 여당의 나전칠기 공예의 집중육성을 공약」, 『동아일보』, 1971년 5월 22일.

<표 5-12> 1973년 주요 업종별 통영상공회의소 등록 현황

업종	식품 가공	조선업	철. 공업	가구 제조	화학공업	나전칠기	합계
업체 수(개)	12	11	13	12	9	42	99개
비율(%)	12	11	13	12	9	43	100%

출처: 통영상공회의소, 『통영상공회의소 66년사』, 2002, 285쪽.

이렇듯 나전칠기 산업은 통영지역 사업체의 40~50%를 차지하였다. 통영지역 나전칠기 산업 환경은 이른바 성장산업으로 분류되어 비교적 많은 고용의 기회를 창출하였으며 통영지역 성장산업 중의 하나로 생산이 증가하였다.

2) 특별소비세(물품세) 부과의 파장

나전칠기 제품이 사치품으로 분류되어 높은 세금이 부과되었다. 사치품 규제는 일제강점기에 이미 시작되었다. 1940년대 전쟁물자 동원을 위한 「사치품 제조 판매 제한 규칙」이 공포되었고[76] 해방 이후에도 1946년 8월 사치품에 대하여는 세금을 비싸게 매기고 일상 생활품에 대하여는 과세율 폐지 또는 감소하기 위하여 법령 101호(「세령의 개정」)를 공포하였다.[77]

나전칠기는 사치품에 포함되어 시장 확장의 어려움을 겪게 되었다. 1950년 조세의 관계를 정비함과 아울러 「경제안정 15원칙」[78]에 의거

---

[76] 『삼천리』 제12권 제8호, 1940, 134~135쪽.

[77] 『서울신문』, 1946년 10월 19일.

[78] 경제안정 15원칙(1950년 2월 23일 국무회의 통과, 1950년 3월 4일 발표): 통화 재정 금융에 관한 8개 항목, 유통 질서에 관한 3개 항목, 생산 무역에 관한 4개 항목 총 15개 항목이다. 미군정기에 이어 통화 남발, 물자 공급 부족, 재정 적자 지속으로 인플레이션이 격화되고 있었다. 이러한 경제 상황에 대처하기 위해 우리나라 정부와 미국 정부는 경제안정을 위한 인플레이션의 조속한 극복, 재정 균형의 회복, 금융의 건전화,

물품세법 등이 국회를 통과하여 5월 1일부로 공포하여 실시하였다. 사치품에 대한 세율은 30/100으로 하고 과세 확장 대상으로 가구를 포함하여 군정시대에 폐지된 것을 부활하였다.[79] 1952년 사치품 시행령이 제정되고[80] 1956년 사치품 세율을 인상하나 공예품은 제외되었다.[81] 이러한 법규 속에서 나전칠기는 규제의 대상이 되었다가 제외되는 등의 부침을 겪었는데 이는 결과적으로 나전칠기 발전에 장애가 되었다.

나전칠기 업계는 통영지역을 비롯하여 전국적으로 굉장한 호황기를 맞이하였다. 당시 중년 여성들은 경제 부흥에 힘입어 부의 척도라고 여기는 나전칠기 가구를 안방에 들여놓는 것이 유행이었다. 나전칠기 제품은 적지 않은 가격임에도 불구하고, 재료의 변용으로 호마이카 가구가 사라진 자리에 카슈로 제작된 나전칠기 제품이 옻칠로 둔갑되어 소비자층을 흡수하고 있었다. 웬만한 가정에서 앞다투어 나전칠기 제품을 소유하였으며 나전칠기 제품 하나라도 보유하는 것이 소원이었을 정도로 나전칠기가 소유의 붐을 탔다. 1980년대 중반까지 역사 이래 나전칠기 산업은 최대 번성기를 구가하였다.

나전칠기가 소비자 자신의 지위와 가치를 인정해 주는 수단이 되었다. 고가의 물품이다 보니 받는 사람이나 주는 사람으로서는 서로의 답례의 방편이 되기도 하였다. 자본과 인맥, 사업 수완을 이용한 경영주는 이를 적절히 활용하는 나전칠기 문화의 다른 단면이었다. 이런

생산의 증강을 도모할 수 있는 종합 대책으로 시행되어 각 부처가 구체안을 세워 강력히 추진하고자 하였으나 효과가 충분히 발휘되지 못한 상태에서 한국전쟁 발발로 시행 중단되었다(출처: 국가기록원 기록물, 국무총리비서실 경제안정위원회 회의(제14, 15, 16차 회의 회의록), 1951.
[79] 『상공일보』, 1950년 5월 3일.
[80] 『동아일보』, 1952년 6월 23일, 2면 2단.
[81] 『마산일보』, 1956년 1월 17일, 1면 1단.

이유로 나전칠기 제품의 가격은 상승하고 가치는 하락하는 요인으로 작용하였다. 반면 그 품질은 정규 제작 공정의 생략으로 겉만 화려한 염가 제품이 양산되었다. 인맥 동원으로 인한 판매 한계와 공장 운영 미숙으로 염가 제품이 생산되는 부정적인 요인의 한 부분으로 작용하여 스스로 나전칠기 산업의 위기를 자초하였다.

나전칠기 제품의 수요는 기하급수적으로 증가하였다. 경제개발 부흥기를 맞이하여 전성기를 누리며 그에 발맞추어 여성들은 나전칠기 자개농 소유가 부와 권위의 가늠자 역할을 하였다. 화려하고 우수한 품질의 나전칠기 제품들이 선호되는 만큼 고가였으나 소비자층의 생활 수준에 맞춘 중저가 제품의 등장으로 남을 눈을 의식하지 않는 소비심리에 편승하였다. 여기에서 소위 짝퉁 제품 생산이 확장되어 염가 지향의 소비자 계층이 폭넓게 형성되고 저소득층까지 다양화되었다. 이러한 환경으로 나전칠기의 제품 수요가 기하급수적으로 증가하면서 정부에서 나전칠기 제품을 사치품으로 규정하여 특별소비세라는 이름으로 세금이 부과되기 시작하면서 업계는 지각 변동이 일어났다.

1978년부터 정부는 나전칠기 제품이 사치품으로 규정되고 특별소비세가 부과되었다.[82] 특별소비세는 보석, 모피, 명품 등 사치성 고급제품에 부과되는 것인데 우리나라 전통공예품인 나전칠기에 부과되는 아이러니한 현상이 생겨났다. 특별소비세 이전에는 물품세 항목으로 부과되었으며 세금에 대한 부담으로 영세한 나전칠기 장인은 정상적인 경영이 어려웠으며 심지어 공장 문을 닫고 야밤에 도주하는 상황까지 생겨났다.

하용권의 구술에 의하면 1970년 초기 당시 통영(충무)세무서에서 물

82) 『매일경제』, 1978년 8월 23일, 1면 8단. "1977년 1월부터 부가가치세 시행과 동시에 채택된 세제이다. 사치성 소비 물품의 억제를 위해 도입된 제도이다. 과세 품목 대상은 29개 품목으로 세율은 품목마다 차등 적용되었다."

품세 15,000원의 납부통지를(당시 기억으로 1개월에 15,000원, 삼층장 1벌의 가격은 30,000원 정도) 받은 기억을 하고 있었다. 당시 크라운공예사의 월급은 알 수 없으나 반도공예사에서 4,000원의 월급이었으니 영세한 업자로서는 상당히 큰 액수로 세무를 부담하지 않기 위해 부산으로 이주를 감행하였다.

원로 나전칠기 장인 황동수에 의하면 그가 통영(충무)에서 활동하다가 부산으로 이주한 이유는 통영(충무)세무서에서 나전칠기에 물품세를 부과하는 것이 주된 이유였다고 말하였다.[83] 이주한 지역에서도 세무 공무원이 찾아와서 물품세를 부과하였으며 1980년부터는 인정과세[84]라고 하여 매월 고지서가 발부되었다. 다른 곳으로 이주한 지역에서 좋은 물건을 만들어 유명해지기 시작하여 물건 주문 양은 늘어났으나 이곳에서도 세무 부담에 대한 예외는 없었다. 하용권이 직접 경험한 인정과세 고지서 이야기를 설명하였다.

> 그리하여 광안리에서 일하는데 작품은 잘 팔려 물건이 없어 못 팔 정도였다. 나전부, 칠부 사람을 구할 수 없어 무척 애를 태웠으며 일을 좀 잘하는 사람은 무척이나 속을 태웠다. 그런데 아니나 다를까 광안리 창고 작업장에도 세무 공무원이 찾아와서 물품세를 부과하였는데 1개월에 무조건 장롱 하나 값인 20만 원을 과세하였으며 그 당시로서는 매우 부담이 큰돈이었다. 1980년도부터 매월 인정과세라고 하여 고지서가 나왔다. 그런데 세무 공무원에게 잘 봐달라고 매월 몇 푼의 돈을 주다가 한 달을 넘기면 즉각 매월 자재 구입 장부와 매출 장부를 세무서에 제출하라고 전화가 오곤 하였다. 이것이 여간 부담스럽고 전화 받기도 어려운 일이었다. 세무서 소비

---

83) 「나전칠기 인생 결코 후회한 적 없어(황동수 옹 인터뷰)」, 『한국 월간 나전칠기 · 목칠공예』 7월호, 『한국 나전칠기 보호 협회』, 1989.
84) 인정과세(認定課稅): 정부가 일방적으로 조사하여 결정한 과세 표준에 따라 세금을 부과하는 방법. 납세 의무자로부터 과세 표준의 신고가 없거나 그 신고가 부당하다고 인정될 때 행해진다.

세 그 계에 있는 계장쯤 되면 그 위세야 말할 수 없는 정도였으며
이 세상에서 그보다도 더 높은 분도 없는 것이라 했다.[85]

공장 주인은 경영을 위하여 부적절한 행위를 하였다. 위의 증언에
따르면 공장을 운영하기 위해서는 어쩔 수 없이 세무 공무원에게 별도
의 봉투를 건네면서 세무 행정을 피해 가려고 하였다. 이 행위는 소비
세를 유예하거나 약간 축소되었을 뿐 완전히 면제된 것은 아니었으며
영세사업체를 경영하는 업주들에게 특별소비세는 그만큼 무서웠다.
소위 말하여 정해진 기간에 이것을 이행하지 않으면 어김없이 세금 고
지서가 발부되었으며 이를 징수하기 위해 찾아오는 세무 공무원은 굉
장히 불편하고 부담스럽고 공포의 대상이었다.

당시 제작 공장과 판매상의 점포에 세무서에서 정해진 기간을 정하
여 정기적으로 특별 점검이라는 명목하에 현장 조사를 하였다. 여기에
서 정해진 기간은 설과 추석 등 명절 바로 앞 시기로 이때 업주가 잘
대처하지 못하면 고액의 특별소비세가 부과되었다. 또 제품 출하 시기
를 어떻게 알았는지 그때를 맞추어서 점검이라는 명목으로 공장을 방
문 하였으며 업주는 항상 봉투를 준비해 놓아야 했다. 업자들과 세무
직원 사이에는 항상 무언의 민원이 존재하였으며 점검 나오는 직원의
직급과 수에 따라 봉투 매수와 액수 크기가 달라졌다.

납세증지(〈그림 5-11〉) 부착 여부를 세무서 공무원이 직접 확인하였
다. 제작자들이 개인에게 판매할 때는 납세증지를 받아 한 번 사용하고
두었다가 재사용을 반복하는 부정적인 사례가 종종 있었다. 간혹 제품
하나하나 일일이 확인하여 납세증지가 부착되어 있는지 혹은 재사용한
것이 아닌지 등 매우 까다롭게 검사하였다.

---

85) 「하○○의 구술 녹취록」.

제품이 완성되어 생산지에서 판매점을 거쳐 개인 소비자에게 유통되는 과정에서 세무서에서 발행한 특별소비세 증지 부착 여부를 현장에서 직접 확인하기도 하였다. 이런 경우를 대비하여 항상 별도의 대비를 해야 했으며 그렇지 못한 경우에는 세무서까지 출두하는 불편을 겪는 경우가 종종 있었다. 원래 특소세는 원천징수, 즉 세무서에 먼저 신고하여 납세증지를 받아 부착해야만 생산지에서 출고되어 이동하였다. 이렇듯 특소세와 관련한 일들로 1980년대부터는 세무 당국과 협의하여 소위 납세증지를 배당받았다.

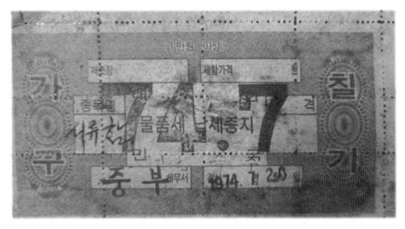

〈그림 5-11〉 1974년 물품세 납세증지. 출처: https://m.blog.naver.com/ilovewood/222261351406.

나전칠기 분야 특별소비세는 매년 국세청에서 일정액을 정하여 각 지역에 배당하였다. 공장 매출 현황은 표면적으로 드러나지 않아 일률적인 과세를 할 수 없었으며, 일정 액수를 정하여 각 공장 규모에 맞게 배당하는 역할을 조합이 담당하였다. 배당액은 공장 규모에 맞추어서 했으며 이런 이유로 나전칠기 조합에서는 세무 당국과 증지 비율을 서로 조정하기 위하여 각종 로비를 하였다. 조합은 특소세 할당에 대한 권한을 가지고 있었는데, 그것은 곧 권력이었고 특권이라, 그렇다 보니 조합의 조직 구성은 합리적으로 이루어질 수 없었다.

지역별로 조합을 만들고 구성된 조합원에게 국세청에서 배분한 납세증지를 배당하였다. 조합 조직원은 친목회 형식으로 해당 지역 나전칠기 인으로 구성하여 조직되었으며 공장 제품의 제작 규모와 직원 숫자를 파악하여 납세증지를 배당하였다. 배당 방식은 예를 들어 매월 10조 정도 생산되는 공장은 4~5매, 5조 제작 공장은 2~3매, 3조 제작 공장은 1~2매, 1조라도 제작하면 1매의 방식으로 분배하였다.[86] 이러한 배당 방법은 규모 있는 공장의 경우 이익을 보았으나 영세사업장은 어려움을 벗어나지 못하였다. 조합은 배정받은 납세증지 소진을 위해 조합 간부들, 즉 조합장, 이사 등의 영향력 있는 권한을 자기들이 유리한 방향으로 행사하였다.

영세한 사업장은 많은 불편을 호소하였다. 조합과 조합 간부의 영향력 아래에서 생존을 위하여 아부하거나 사업장을 자주 옮겨다녔으며 그렇지 못한 상황에서는 아예 구석진 곳으로 숨어들어 음지화되었다. 그러다 보니 영세사업자들은 나전칠기 조합을 탈퇴하고 무등록 사업자로 남으려 했으며 무등록 사업자들은 다른 이익단체에 가입하였다.

여기서 서로 성격이 다른 단체들 사이에 마찰이 일어나 서로의 처지와 입장을 주장하는 분쟁이 발생하기도 하였다. 1970년대 전국의 가구 제조업소는 3,000여 개소로 그중 조합에 가입하지 않은 업소는 1/3 정도로 10,000원 이상 업소에는 20%, 200,000원 이상 업소에는 40%인 현행 물품세를 조정하여 줄 것을 건의[87]하는 등 나전칠기 조합은 세무와 관련하여 사업자들과 아주 밀접한 관계가 있었다.

86) http://blog.naver.com/chilyounglee/60207352937
87) 『매일경제』, 1975년 9월 22일, 5면 8단.

통영지역 나전칠기 조합은 1960년대 들어서 생겼다. 1965년에 결성된 통영지역의 나전칠기 조합의 정확한 명칭은 경상남도 공예 협동조합(이사장 김종남, 〈그림 5-12〉)이었다. 조합은 운영 부실로 인해 1968년부터 1974년까지 유지하다가 이후 1975년 1월 5일 경상남도 공예협동조합 이름으로 다시 설립되었으며, 1978년에는 통영에 상설 전시장까지 개장하였다.88) 이 전시장은 현재 경상남도 창원시 상남동에 있으며 경상남도에서 관리하고 있었다. 경상남도 공예협동조합은 나전칠기를 비롯하여 도자기와 기타 여러 공예의 분야에 종사하는 사람들이 조합원으로 가입되었다. 특히, 나전칠기 종사자들이 조합의 주축으로 활동하였으며 역대 재임한 이사장을 보면 1대와 3대에 김종남, 2대 송철조, 4대와 7대 이태엽이 역임하였다.89)

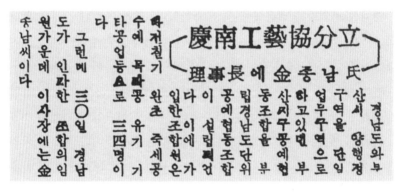

〈그림 5-12〉 경남공예협분립(慶南工藝協分立) 이사장(理事長)에 김(金)종남 씨(氏). 출처: 『마산일보』, 1965년 8월 3일.

특별소비세의 영향으로 70~80년대 나전칠기는 거의 가내수공업 형

88) 송방웅, 「통영 나전 칠공예의 회고」, 『통영문화』 12호, 201, 34쪽.
89) 통영 시사 편찬위원회, 『통영시지』 상, 통영시, 1999, 1,286쪽.

태로 음성화하여 대부분 개인 주택의 지하 단칸방으로 숨어들어 영세화된 공장이 운영되었다. 그 규모는 작게는 방 한 칸, 직원은 2~5명 정도, 약간 규모가 있는 공장은 넓게는 30평 정도로 10명에서 20명 정도되었다. 그러나 제작 공장의 환경은 열악하였으며, 건물의 지하뿐 아니라 심지어 비닐하우스를 공장으로 사용하고 있었다. 이러한 환경에서 제작된 제품은 문갑, 화장대의 경우 30만 원 이상, 장롱의 경우 개당 50만 원 이상에 특소세가 부과되면서 영세업자, 즉 음성업자가 대두하였다.[90]

〈표 5-13〉양성업자와 음성업자 판매 가격 대비표(1982년)를 보면, 100만 원의 장롱 구매에 있어 특소세가 15%(150,000원) 추가되는 현상이 나타났다. 여기에 부가세 115,000원, 연말에 종합소득세까지 합하면 거의 30% 이상의 세금 폭탄을 맞게 되었다.[91] 이 시기부터 소위 음성업자와 양성업자라고 하는 단어가 본격적으로 생겨났다.

〈표 5-13〉양성업자와 음성업자 판매 가격 대비표(1982년, 단위: 원)

종목	양성업자	음성업자
물품대	1,000,000	1,000,000
특별소비세	150,000	0
방위세	45,000	0
부가가치세	119,500	0
소비자가격	1,314,500	1,000,000

출처: http://blog.naver.com/chilyounglee

이들은 서로 다르게 가격을 책정하였는데 추정치는 〈표 5-14〉와 같다. 양성업자는 특별소비세와 방위세, 부가가치세를 포함해서 물품 대

90) 『매일경제』, 1987년 9월 1일, 11면 1단.
91) http://blog.naver.com/chilyounglee/60207273633

금의 31%를 물품세로 내어야 하였다.[92] 그 결과 고객들에게 판매하는 금액이 높아질 수밖에 없었다. 반면에 음성업자는 세금 납부를 하지 않았기 때문에 물품 가격을 그대로 책정할 수 있었다. 고객의 측면에서 보면 상대적으로 저렴한 가격에 구매할 수 있었다. 하지만 음성업자가 세무 당국에 적발되면 감당하지 못할 정도의 세금 폭탄을 맞을 수밖에 없는 구조로 늘 위험 부담이 항상 존재하였다. 그러나 고율의 세금을 피하기 위한 음성업자들은 점점 늘어났다. 〈표 5-14〉는 양성업자와 음성업자의 비율을 추정한 것이다.

〈표 5-14〉 양성업자와 음성업자 비율(전국 추정)

연도	양성업자	음성업자
1977년	107	1,300
1978년	220	1,500
1979년	98	1,900
1980년	59	2,300
1981년	27	3,000
1982년	35	3,500

출처: http://blog.naver.com/chilyounglee

〈표 5-14〉에서 양성업자와 음성업자 비율을 보면, 과중한 특별소비세의 부과로 인하여 음성업자들이 점점 증가하는 모습을 보여준다. 부과되는 세금은 늘어나고 품질 또한 조잡한 염가의 제품이 생산되는 현실이 나전칠기가 뒷걸음치는 원인의 하나로 작용하였다. 과도한 세금에 대한 부담으로 경영은 정상적이지 못하였고, 모방 나전칠기가 생겨나 굳이 좋은 제품을 제작하지 않았다.[93] 나전칠기에 부과되던 특별소

---

[92] 『매일경제』, 1975년 9월 22일, 5면 8단. "물품세 인하방안제시. 고율의 물품세가 부당하다 하여 현행 세율의 절반으로 인하를 주장하고 있다."

비세는 여기에 종사하는 사람들에게는 불안감, 수치심은 물론 이 일을
계속해야 하는가에 대한 절망감을 주는 악법이 되어 세무서라는 말만
들어도 벌벌 떨 때였다고 이야기하였다.

---

93) 『매일경제』, 1987년 9월 1일. "나전칠기 무등록 업체 범람: 등록 업체들은 특별소비세
  부가세 등을 물고 제품을 판매해야 하기에 무등록 업체들의 제품 가격보다 최소한
  세금 부담만큼 고가로 판매해야 하기에 경쟁에서 불리한 위치에 처해 있다."

제6장

/

나전칠기 장인의 여정

螺鈿漆器

나전칠기 장인의 여정

1. 나전칠기와의 인연

1) 재능의 형성과 입문 과정

재능[1]이란 어떤 일을 하는 데 필요한 재주와 능력으로 장인이 되는 중요한 요인 중 하나이다. 재능은 선천적으로 타고난 능력과 가족, 학교, 동네, 가정 등 주변 환경에서 보고 들었던 경험 등의 후천적인 것이 결합하여 형성되었다. 재능을 통해 자신이 제일 잘할 수 있고 무엇을 좋아하는가를 발견하고 따라서 성취 가능성을 통하여 일에 대한 재능을 인식하였다. 재능은 능력 발휘와 노력하여 이루어낸 결과에 대한 자신감을 키우는 바탕이 되었으며 장인의 반열에 올라서는 자산이 되었다. 유년 시절 그림 그리기나 종이를 오려 붙이는 행위를 통해 재능을 발견하기도 하였으며 이 행위를 통하여 성장기에 재능을 발견하는

---

[1] 중요무형문화재 제10호 나전장 기능보유자인 이형만은 기능을 원형 그대로 물려주기 위해선 자식이든 제자든 그 재능이 우선시되어야 한다고 말하며 재능의 중요성을 강조하고 있다(http://blog.naver.com/PostView.nhn?blogId=nobliancom&logNo=150181734816:)(NOBLIAN THE SHILLA).

기회가 주어졌다.

자기의 재능을 확인하고 자신감과 새 호기심에 의한 놀이를 통하여 자연스럽게 손의 재능이 터득되었다.

〈표 6-1〉 손 재능의 발견

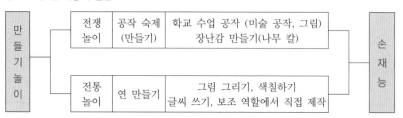

만들기 놀이	전쟁 놀이	공작 숙제 (만들기)	학교 수업 공작 (미술 공작, 그림) 장난감 만들기(나무 칼)	손 재능
	전통 놀이	연 만들기	그림 그리기, 색칠하기 글씨 쓰기, 보조 역할에서 직접 제작	

〈표 6-1〉에서 장인은 일상생활에서 만들기 놀이를 통하여 손으로 조작할 수 있는 재능을 자연스럽게 터득하였다. 놀이를 할 수 있는 재료들은 주변에서 손쉽게 구할 수 있는 것을 이용하여 장난감을 만들고, 놀이에 필요한 것을 제작하기 위해 손을 사용하여 다듬고 하는 행위는 자연스러웠다. 즉, 이런 행위들은 자신도 모르는 사이에 자연스럽게 손기술을 발휘하는 재능으로 축적되었으며 차츰 제작에 익숙해져 손으로 할 수 있는 자신의 재능을 발견하게 되었다. 이들은 놀이를 통하여 자신의 재능을 발견하고 성장시켜 나갔으며 놀이를 통해 얻은 재능이 장인으로 걸어가는 신작로가 되었다.

나전칠기 입문은 이들이 가진 재능보다는 환경적인 면이 더 크게 작용하였다.[2] 장인들은 대부분 나전칠기에 대한 사전정보 없이 기능인으로의 길로 들어섰으며 나전칠기 입문에 대한 동기를 물었을 때 구체적이고 목적이 있는 대답을 하지 못하였다. "어른들이 시켰으니까",[3]

---

2) 『전북일보』, 2005년 5월 20일, "옻칠공예 장인 이의식: 이 씨는 딱히 기술자가 되어보겠다는 의지 없이 동네 형들을 따라다니다 옻칠공예를 배우기 시작했다."

또는 이것을 선택하지 않으면 안 되는 "주어진 환경에서 선택의 여지가 없었지"라고 이야기하였다. 이러한 통영지역 산업 환경이 자신들의 의사와는 아무런 상관없이 나전칠기의 길로 이끌게 했다. 나전칠기 입문은 가업의 승계나 특별한 직업의식 없이 주어진 환경에 의해 받아들일 수밖에 없는 형편이었다.

또 어려운 가정환경으로 상급학교 진학의 대체 수단으로 활용되었다. 열악한 가정형편으로 인해 상급학교에 진학을 포기할 수밖에 없었으며 입문은 자율적인 것보다는 타율적인 면이 강하였다. 현실적으로 상급학교의 진학이 불가능한 상황에서 나전칠기 입문이 상급학교 대체 수단이었으며 개인의 주체적 선택보다는 부모, 친지, 친구 등 주변 환경의 영향이 작용하였다.[4]

〈표 6-2〉 나전칠기 입문과 개념

주제	내용
입문	1. 당시 통영지역 산업 가운데 가장 번창하던 산업 2. 부모의 고민(아들의 장래) 3. 경제의 개념(노동으로 주어지는 대가를 얻는 수단) 4. 나전칠기에 대한 사전정보나 지식이 없음 5. 자기의 적성과는 무관
개념	1. 가난한 가정환경으로 학업 단절(일을 선택하는 것을 당연하게 받아들임) 2. 나전칠기 선택의 묵인(부모님들은 묵시적 이거나 의도 함) 3. 경제적인 불편이 없을 것이라는 생각 4. 생계를 위하여 본인의 의사와 전혀 상관없는 노동의 현장 5. 자신부터 스스로 분리(가족 공동체가 유지되는 희생의 출발) 6. 가족과 주거지가 가까이 있는 일터의 선택 7. 선택된 일을 거부하지 않고 묵묵히 수행

3) 『대한일보』, 2014년 1월 22일.
4) 「가구에 소망을 담는 장인 이한태」, 『한국 월간 나전칠기 · 목칠공예』 3월호, 1991, 나전칠기 장인 이한태는 중학교를 마치고 기술을 배우고 싶다는 생각으로 이것저것 알아보고 다니다가 나전칠기 판매점에 근무하는 누님의 권유로 배우게 되었다.

〈표 6-2〉에서 보면 나전칠기 입문 동기는 여러 요인이 있었다. 나전 칠기에 대한 구체적인 정보는 없었으나 예술성이 기본 바탕으로 하는 직업으로 인식하고 있었으며 이들에게 나전칠기가 갖는 예술성보다 경제적인 기대감이 크게 작용하였다. 경제적인 요인으로 통영지역에 서 가장 번성하고 있던 나전칠기 기술을 익히면 경제적 이득을 얻을 것이라는 기대감이 컸다. 가계 곤란을 어린 나이에 인식하였고 따라서 경제활동을 통해 경제적 이득을 취득해야 하는 것을 당연한 것으로 받 아들이고 있었다. 자신의 희망과 상관없이 가족 구성원으로서 경제적 역할을 해야 하는 것을 깨달아 경제활동에 뛰어들었으며 나전칠기에 입문하는 것이 당시 통영이라는 지역적 상황에서 취할 수 있는 가장 보편적인 방법이었다.

나전칠기 기술 배움을 진학의 대체 수단으로 보았다. 경제적인 이유 로 진학을 포기한 이들에게 나전칠기 전승 학교 입학이나 나전칠기 사 업체에 들어가 기술을 습득하는 것에 대해 상급학교로 진학을 대체하 는 방편으로 인식되었다. 당시 친구들이 상급학교로 진학하는 것을 지 켜보면서 자신의 상황을 비관하지 않고 기술을 익히는 것으로 자신의 환경을 치환하고 있었다.

통영지역에서 쉽게 접할 수 있는 사업체가 나전칠기였기 때문에 거 부감 없이 나전칠기에 입문하였다. 앞서 언급하였듯이 통영지역 사업 체 가운데 절반이 나전칠기 사업체로 이들이 손쉽게 취업할 수 있는 업종이 나전칠기였다. 통영지역에서 번성하고 있던 수산업에는 초등 학교를 졸업한 10대 초반 아이들이 취업하기에는 많은 위험이 뒤따랐 으며, 따라서 어린 나이에 빨리 취업할 수 있는 곳이 나전칠기 사업체 였다.

즉, 경제적으로 어려웠던 시기 가난으로 인해 정규과정의 학업을 지속할 수 없었다. 생계의 차원에서 가족이나 주위 사람들 소개로 나전 칠기 공장이라는 일터에 발을 들여놓게 되었다. 이들은 당시 가계의 곤란을 인식하고 삶의 지속하기 위하여 어린 나이에도 불구하고 노동 해야 하는 것을 당연하게 생각하고 있었다. 빈곤으로 자신부터 스스로 집에서 분리되어야 가족의 공동체적 삶이 유지된다는 것이 이들 내면 에 있었다. 이러한 분리는 가족이라는 울타리 안에서 스스로에 대한 희생과 인내를 요구하는 삶의 선택이 나전칠기였다.

2) 기초 기능의 축적 과정

나전칠기 주체인 장인들의 기술 습득이 어떻게 이루어졌는지에 관 한 실증적인 자료는 정리되어 있지 않았다. 다만 나전칠기 주체로서 거쳐 온 과정을 과거의 장인들도 앞에서 전술된 경로를 거쳤을 것이라 짐작할 뿐이다. 나전칠기를 처음 접하는 사람들은 혼자서 기술을 습득 하는 것이 어려운 구조로 처음에는 주위를 배회하며 기술을 습득하는 과정에서 자신의 의지가 크게 작용했다. 또한 자신이 속한 공장의 주 관성과 환경에 의하여 기술 습득 방법은 다양하게 차이가 날 수밖에 없었다.

나전칠기 기술 전수 방식은 일제강점기를 거치고 세월이 흘러 시대 도 변화하였으나 근대화되지 못하였다. 학습 방법은 전통적인 틀을 벗 어나지 못하였으며 통영지역에서 이러한 전통적인 전수 방식의 틀을 깨고 근대적 기술 전수 시스템이 도입되어 시행되던 중 중단되었다. 나전칠기 제작 기법을 익혀 장인의 위치에 오른 사람들은 각자의 방식 으로 기술을 익혔으며 독특한 그들만의 구조에 순응해야만 구성원의 일원이 될 수 있었다. 나전칠기 업계의 폐쇄성은 매우 강하였으며 이런 환경에 순응해야 기능인으로서의 출발을 할 수 있었다.

　나전칠기 기술 습득은 짧은 기간에 이루어지지 않는 특성이 있었다. 하나의 작품 제작을 위해 여러 가지 공정이 복합적으로 이루어지기 때문으로 그 공정 습득은 오랜 숙련 기간이 요구되었다. 나전칠기 기술을 완벽하게 익혀 작품을 완성하기 위해서는 다양한 과정의 생활을 거쳐 완성되었다. 또한 각 장인이 자신만의 기법을 갖기 위해 과거부터 이어져 온 기술을 바탕으로 새로운 기술을 개발하는 것이 필수적이었다. 자신만이 갖는 독특한 기법의 작품을 만들어야 장인으로 인정을 받게 되기 때문에 오랜 기간 연습은 나전칠기 세계에서는 당연하게 생각하였다.

　기술 습득에 있어서 가장 중요한 것은 당사자의 의지와 노력이었다. 아무리 좋은 공장에 들어가도 본인이 기술을 익히겠다는 의지와 노력이 없으면 다양한 기술 습득은 불가능했다. 명장 혹은 최고의 장인이 되기까지의 과정에 있어서 스스로 노력에 의한 기술 습득이 일종의 관례로 직접적으로 가르쳐 주는 일은 없었다. 입문자들의 기술 습득방식은 선배 혹은 스승으로부터 직접적인 기술 전승의 방식이 아니며 직접적인 가르침을 받기보다는 옆에서 곁눈으로 익히는, 소위 '어깨 너머로' 기술을 하나씩 익혔다.

　입문자들은 '어깨 너머로' 선배가 하는 작업 순서와 방법, 손놀림을 눈으로 기억하였다. 다른 장인들 작업을 옆에서 보면서 2~3년 정도의 수련 과정을 거쳐 겨우 제 몫을 하게 되었다. 처음에는 수습 기간으로 속칭 '꼬마'라고 불리면서 작업장 내에서의 각종 잡심부름 일을 도맡아 하는 역할을 하였다. 이 시기를 지나면 작업 공정에 있어 기본적인 공정의 기초 지도를 조금씩 받기 시작하면서 본격적인 장인의 길로 들어서게 되었다. 이렇게 1년 정도 시간이 지나면 비로소 도구 사용과 재료의 가공 방법 등을 배워서 자기 역할을 이행하였다. 나전칠기 입문자가 중견 장인의 길에 들어서기까지는 약 5년 정도의 기간이 필요했다.

나전칠기 기초 기능의 습득 장소는 교육기관과 공장으로 나누었다. 6·25전쟁 이후 나전칠기기술원 양성소가 있었으며 이후 충무시에서 운영하는 공예학원이 있었다. 나전칠기기술원 양성소 양성에 관한 내용은 전술하였으며 공예학원 출신자의 이야기를 들을 수 있었다. 중학교를 졸업한 뒤 더 이상 진학이 어려워 이곳에 입학하면 상급학교 과정을 공부할 수 있다고 하는 이야기를 듣고 충무시에서 운영하는 공예학원을 입학하였다. 그러나 실제 공예학원에서 이와 같은 혜택은 없었으며 공예학원은 공방이나 작업장 같이 운영되어 오전에 수업을 통해 기능을 익히고 오후에는 오전에 배운 기능을 반복적으로 익히는 시간이 지속되었다. 공예학원의 지도교사들은 전직 장인 혹은 과거 나전칠기기술원 양성소 출신이었다.

공예학원의 수업 방식은 1:1의 수업이 아닌 그룹 지도 방식이었다. 학원생의 실력 차이에 따라서 교육의 정도를 차별화하여 지도하였으며 수업의 내용은 교육과정에 의한 체계적인 내용이 이루어진 것이 아니라 작품 제작 과정 단계에 따라 난이도를 달리하는 수업이었다. 난이도에 따라서 처음에는 줄, 톱 등 도구 다루기를 배우고 이어서 톱을 이용하여 상사 썰기를 익힌 다음 톱대를 이용하여 자개 오리기 등의 과정을 거친다. 한편으로 지도교사들이 작업하는 과정을 지켜보고 보조 역할을 하면서 눈으로 보고 기억하여 익힌 것을 몸으로 습득하는 연습을 하였다. 공예학원에서 기술 습득 과정은 일반 공장에서 일을 배우는 것보다 속도는 느렸으나 제작 공정과 작업 과정 하나하나를 볼 수 있었으며 그 안에서 체계적으로 가르침을 받을 수 있었다.

당시 지도교사의 대우는 충분하지 못했다. 자신이 다니던 공예학원의 지도교사들은 일정한 월급이 없었다고 기억하였으며 당시 공예학원이 충무시청 관리 아래 교사들은 충무시에서 고위층 손님을 위한 답례품을 제작하여 납품하였다. 당시 충무시에서는 공예학원에 사용되는 재료와 그 외 운영 경비만 지원하고 있었으며 교사들은 학생들 지도 이외에는 자기 물건을 만들어 판매하였다. 공예학원에서 체계적인 제작 과정을 배울 수 있음에도 불구하고 현장의 작업장에서 크게 활용할 수는 없었다. 공예학원에서 배우는 과정은 분야별 작업 및 기능 습득은 초보적인 수준으로 3년이라는 시간 동안 배운 내용으로 현장 적용을 할 수 없었다. 나이가 어려서 그런지 학원에서는 아주 기초적인 것만 배울 수 있었으며 이는 통영지역 나전칠기 업계에서 공예학원의 평판에서도 나타났다. 업계에서는 '꼬마'로 들어가 공장에서 일을 배우는 과정을 거친 경우는 인정했으나 오히려 공예학원이라는 제도권 교육에서 배운 경력은 인정받지 못하였다.

개인이 운영하는 공장에서 기초 기능을 배울 수 있었다. 우선 한 공장에서 오랫동안 일을 하면서 기술을 익히는 방법이 있었으며 또 여러 곳의 공장을 옮겨다니면서 각 공장의 기법을 익히는 방법이 있었다. 공장마다 특별한 기술을 가지고 있었기 때문에 여러 군데 공장을 다니는 것도 필요했지만 대규모의 공장에서는 다양한 기법의 기술자를 두었기 때문에 한곳에서 기술을 익히는 것이 유리한 점도 있었다. 입문자들은 자신이 선택한 공장의 규모와 분위기에 따라 한곳에서 지속적인 기술 습득을 하거나 혹은 여러 곳을 전전하면서 하나씩 그 공장만의 특징적 기술을 배워 나갔다.

스스로 기회를 찾아다니며 자신만의 특기를 만들고자 했다. 한 군데 오래 머물러 있다 보면 각각의 공장이 가지고 있는 특유의 기술을 익힐 기회가 없었다. 특기는 따로 배우는 것이 아니라 직공들 주위에서 어깨너머로 배우는 것이었다. 장인의 사회는 나이나 경력에 의한 대가가 지급되지만 제일 우선시되는 것은 아니었다. 기술의 정도에 따라 대우를 요구하거나 받을 수 있어 어깨너머 눈으로 익힌 기술을 연습하는 것을 게을리하지 않았다. 한 단계 더 높은 기술을 혼자서 연습하는 노력을 하여 다른 공장으로 옮겨가서 연습한 기술을 인정받고 주력이 되어 더 높은 대가를 요구하고 받는 희열을 체감하였다.

처음 입문했을 때 3개월 동안은 일을 시키지 않았으며 장인들 옆에 가만히 앉아서 작업을 지켜만 보았다. 전통 장인의 세계에서는 선생으로부터 직접적인 가르침을 받을 수 없는 것이 당연하였다. 처음에 입문할 때도 직접적인 지도의 과정을 거치기보다는 옆에 앉아서 구경하면서 눈으로 보면서 작업 과정을 기억하는 것이었다. 심부름이나 허드렛일하는 과정에서 재료의 종류를 자연스럽게 기억하게 되었으며 작업 공정, 기법에 따라 사용하는 도구의 종류 등 나전칠기에 관한 기본적인 소양을 익힐 수 있었다.

수습 과정은 엄격했다. 공장의 엄한 규율 아래서 조금이라도 실수를 하게 되면 선배들에게 매를 맞는 것이 다반사로 요즘같이 맞았다는 소리는 할 수 없었다. 올바른 기술을 배울 수 있는 것으로 생각하고 매질도 자연스럽게 받아들였으며 기술을 배우는 과정은 선배들의 지시에 따른 수동적인 보조 역할에 불과하였다. 교육 방법은 단순하여서 옆에 앉혀 놓고 선배의 방식을 보고 그대로 재연하는 것으로 그렇지 못하면 매질을 당하는 등의 육체적인 체벌이 따랐다.

선배 장인은 자신이 가지고 있는 기술을 후배에게 전수하는 데에 제한적이었다. 교육 전문가가 아닌 그들은 전통적인 방식을 그대로 따라 하였으며 자신 역시 그런 방법으로 기능을 익히고 배웠다. 후배는 이것이 합리적이지 않다고 이야기할 수 없었고 스승이 아니면 반드시 가르쳐 줘야 할 의무도 없었으며 이런 상황에서 장인으로 성장할 수 있을지는 배우는 사람에게 달려 있었다. 지도를 받는 사람은 합리적이지 않아도 받아들여야만 했으며 최소 3~5년에 걸친 의례적인 과정을 거치지 못하면 다른 사람과 대등한 일을 할 수 있는 기능을 익히지 못하였다.

정리하면, 나전칠기로의 입문은 재능보다는 자신이 처한 경제적 상황을 벗어나기 위함이었다. 집안의 경제적인 상황을 타개하기 위해 자신 의사와 무관하게 나전칠기에 입문하게 되었으나 이를 거부하지 않고 긍정적인 사고를 지니고 나전칠기 기술을 축적하기 위해 최선을 다하였다. 즉 자신이 선택한 나전칠기에 대해 최선을 다해 주어진 조건에 적응하면서 차츰 발전하여 장인의 반열에 오르게 되었다. 잔심부름하면서 공장에서의 기술 축적 과정은 옆에 앉아서 배우고 눈썰미로 기능을 익혔으며 기술은 언어로서 배우는 것이 아니라 철저한 반복과 모방의 방식을 통하여 익히고 스스로 깨달을 수 있는 과정이 요구되었다. 기술은 볼 수는 있으나 가르침은 없었으며 장시간의 수련을 통하여 단순히 기술이 전수되는 것이 아니었다. 경험을 통하여 여러 대상과 마주하면서 상호작용을 하여 새로운 결과를 만들어 내고자 노력하였다. 이러한 관계가 점점 반복되고 감각적인 능력과 사고가 발달하여 수련의 과정을 거쳐야 나전칠기 기초 기능이 쌓이고 완성되었다.

3) 숙련된 기술 축적과 조직 체계

나전칠기의 주요 기술 축적 과정은 다양하였다. 체계적인 전수 과정이 없어 각 공방과 공장마다 기능 숙련 방법은 달랐으며 전통적 전수

과정에서 기능을 익히는 과정은 기능인을 관찰하여 해당 기능을 익히는 선문답 방식이었다.[5] 기술을 습득하기 위해서 자신 있게 능동적으로 움직여야 했으며[6] 장인들은 자신들이 보유한 기능과 기술을 신주 모시듯이 여겨 어깨너머로 배운 기술을 시연하는 과정에서 잘못하면 체벌도 하였다. 소규모의 공장에 있으면 장인들의 수가 적어 다양한 기능을 익히는 것이 불가능하여 이를 극복하기 위해서는 여러 공장을 옮겨다녀야 했다. 그러면서 작업 과정 및 여러 공장 환경의 다양성을 배우고 생소한 기법도 익혔다.

숙련화 과정은 나전칠기에 있어서 필수적이었다. 작업에 사용하는 도구를 능숙하게 다루기 위해서는 실제로 작업에서 그 공정을 사용해 본 경험이 축적되면서 이루어졌다. 숙련화 과정에서 자신에게 맞는 도구를 직접 제작하여 사용하거나 새롭게 나온 기계를 능숙하게 다루어 작업에 활용하였다. 같은 공장에도 선생이나 선배에 따라 각각 다른 기술을 갖고 있었으며 그 공장에서 활용되는 여러 가지 기술들을 함께 익힐 수 있는 장점도 있었다. 기술 축적은 힘든 과정을 거쳐서 이루어 졌으며 기능적으로 각 공정에서 요구되는 작업을 능숙하게 할 수 있도록 스스로 꾸준한 연습이 뒤따라야 했다.

숙련된 기술 축적과 함께 경제적 이득이 함께하였다. 숙련 과정에서 도구를 직접 제작하기도 하고 적절한 도구 사용의 경험을 통하여 높은 수준의 기술 축적이 이루어졌고 이를 통해 자신만의 특기가 생겼다. 자신만의 특화된 기술을 갖추게 되자 경제적인 이득도 함께하였으며

5) 『ECNOMY Choun』, 2011년 8월 4일. "궁금한 것을 물어보면 '한 번 해봐'라는 선문답이 돌아왔다."
6) 『광주일보』, 2016년 7월 18일, "최석현 광주시 명장: 굳은 살이 박힌 최 명장 손은 자신 있게 작업을 설명할 수 있기까지 능동적으로 수많은 연습과 노력을 거쳤음을 대신 말해 주고 있다."

특화된 기술은 장인에게 자신감을 가지게 해주었다. 이러한 자신감은 더 좋은 대우를 받는 일터의 선택으로 이어졌으며 도구를 사용한 공장에서 노동 경험은 임금 협상에서 좀 더 좋은 대우를 요구할 수 있는 유리한 조건의 환경이 이루어졌다. 전국 각지의 공장을 옮겨다니며 공장마다 가진 장기를 습득하여 기술을 축적하였다.[7]

숙련된 기술 축적으로 얻은 칭호는 초보를 벗어나 중일꾼과 상일꾼이었다. 이러한 명칭은 숙련의 고난을 거치면서 자신만의 특화된 기술을 갖추어야 얻을 수 있었으며 숙련된 기능인, 즉 중일꾼, 상일꾼으로 대우와 지위 상승에 효과를 미쳤다. 한 공장에서 심부름꾼으로 시작하여 초보 기술 과정을 경과하고 이후에 승급할 때까지는 어느 정도의 기간이 필요하였다. 이러한 기간이 짧게는 3년에서 길게는 5~6년에 이르는 과정으로[8] 다른 공장으로 전직해 기술 습득이 빠른 경우에는 시간이 단축될 수 있었다. 숙련된 기술 축적은 장인들의 자부심이 되어 전 직장에 비해 높은 임금 요구하여 경제적 이득을 획득할 수 있는 근거가 되었다.

하지만 근속과 전직이라는 방식을 선택하는 데에는 일정한 규칙이 작용하였다. 첫째, 사회 통념상 전직의 선택이 힘들었다. 근속은 신뢰를 바탕으로 이루어졌기 때문에 전직을 선택한다는 것은 용기가 필요했으며 업계의 특성으로 전직하여도 서로 얼굴을 보지 않을 수 없었기에 전직은 쉽지 않았다. 둘째, 나전칠기 업계 조직 구조의 특성이 작용하였다. 나전칠기 공장의 조직에서는 학력이 인정받지 못하였으며 단지 보유 기술 수준, 즉 숙련 정도로 조직이 구성되었으며 기술을 매개

---

7) 『울산신문』, 2012년 9월 19일. "이양운 나전칠기 공예가: 나쁜 아니라 당시 기술쟁이들은 모두들 전국 각지를 돌아다니는 떠돌이들이었다."
8) 「5~6년을 배워야 일당 600원을 받아」, 『동아일보』, 1972년 11월 9일, 3면 8단.

로 한 지위의 상승이 곧 경제적 이익으로 연결되었다. 셋째, 나전칠기 기능 소유자가 다른 직종으로 이직이 쉽지 않았다. 수년에 걸쳐 나전 칠기 기술을 익힌 사람이 다른 직종으로 옮겨 전혀 다른 노동 조건과 환경에 적응하기 어려웠다. 이러한 상황에서 다른 직종으로의 이직은 특별한 경우 이외에는 쉽지 않았다.

전직에서 노동의 조건은 기술 수준과 일치하였다. 업주는 직원들의 기술 수준에 의하여 제품의 품질이 결정되고 경영의 성과로 나타났으며 경영 성패는 곧 장인의 기술 수준과 직접적으로 연결되어 있었다. 반대로 장인은 기술 수준에 따라 대우받았으며 점심시간을 반으로 나누어 연습하며 좀 더 숙련된 고급 기술을 갖추려고 하였다. 향상된 기술 축적은 전직과 근속을 할 때 임금 협상을 통하여 경제적 이득을 획득할 수 있는 동기가 되었다. 작업 환경의 불편을 감수하면서 받은 좋은 대우는 이들에게 자존감과 만족을 주었으며 경제적 획득과 개선된 노동 환경 조건을 얻기 위하여 기술 습득이 장인들에게는 목표가 되었다.

좀 더 자신에게 유리한 노동 조건 획득을 위해 노력하였다. 숙련된 기술을 소유한 장인에 대한 사회적 대우와 경제적 이득을 경험한 장인은 한 단위 높은 고급 기술을 숙련하여 새로운 노동 조건 획득을 위해 전력하였다. 차별성과 경쟁력을 갖추어 최고의 장인 반열에 오르기 위해 노력하였으며 같은 시기에 기술 연마를 시작한 사람 중 중간에 포기하는 사람들도 있었다. 스스로 노력하여 어려움을 이겨내고 똑같은 작업시간 속에서 화장실마저 참아 가며 기술을 익히기 위해 노력하였다. 또한, 공동체라고 하는 생활 속에서 이루어지는 배움은 기능인으로서의 자세를 가지게 하고 직업인으로 새로운 성취의 동기가 생기고 그들의 조직 체계에 순응하였다.

기술자들의 조직 체계는 꼬마(견습), 초보일, 중일, 상일, 최고 책임자 직급으로 나누어져 조직되어 있었다. 공장마다 조직의 구성은 약간 다를 수 있으나 기능의 숙련도와 경력, 직급에 따라 할 수 있는 일이 대부분 정해져 있으며 대우도 각각 달리하였다. 나이가 많은 사람이라도 경력이 적거나 기술이 부족하면 좋은 대우를 받지 못하였다. 숙련도는 사람에 따라서 차등을 두었으며 공장에서 중추적인 역할을 하는 기술자의 옆에는 꼬마가 하나씩 붙어서 일의 보조를 하였다. 아니면 팀을 만들어 상일꾼 아래 두세 명의 중일꾼, 초보 일꾼, 꼬마로 편성하여 조직하고 특히 꼬마는 상급학교 진학 대안으로 나전칠기 수습생(꼬마)으로 도제 생활을 시작하였다.

〈표 6-3〉 조직 체계

체계	기간	작업의 내용
꼬마(수습)	정해진 기간 없음	1. 중일꾼이나 상일꾼 옆에서 항상 대기 　: 허드렛일, 심부름 그 외 연탄불 피우기, 아교 끌이기 등 2. 혼자서 할 수 있는 일이 없음 3. 사정에 따라 주인집 보모의 역할
초보일꾼	3년	작업장 청소하기, 상사 썰기, 도구 관리, 자개 다루기
중일꾼	5년	도구를 이용, 자개 다루기(조각), 자개 켜기
상일꾼	5년 이상	도안 그리기, 도안이 그려진 자개 오리기
최고 책임자	15년 이상	제작 공정의 지휘 감독, 난이도 있는 기법 담당

〈표 6-3〉을 보면, 꼬마(수습) 일꾼의 역할은 주로 공장의 온갖 잡일을 담당하였다. 작업장의 청소, 도구 관리, 나전칠기와 관련된 각종 심부름, 심지어 주인집의 아이를 돌보는 보모 역할도 하였다. 처음부터 공장에서 할 수 있는 일이 없었으며 기술을 배우기 위해서 이런 과정은 당연하게 여겨지던 당시의 나전칠기 업계의 상황으로 꼬마(견습) 일꾼은 이런 상황을 스스로 받아들여야 했다. 이러한 상황을 거쳐 얻어

진 일자리는 현장 교육의 기회로 연결되어 꼬마 일꾼의 입장은 오로지 생계로 이어지는 기술 습득을 위한 기회였다. 이들에게 주어지는 대우 또한 각 공장의 규모나 환경 기타 여건에 따라서 각각 달리하였으며 기술을 배운다는 명목 아래 일을 한 만큼의 최소한의 대가도 주어지지 않은 쓸쓸한 단면도 있었다. 이런 현상은 꼬마(수습) 일꾼의 과정을 견디어 내지 못하고 도중에 그만두기도 하였다.

조직의 구성은 보통 상일꾼 한 사람에 중일꾼 두 사람 초보 일꾼과 꼬마 한둘로 팀이 조직되기도 하였다. 이렇게 팀을 이루기도 하였으나 일정한 규칙은 없었으며 그 공장의 여건에 따라 항상 유동적인 구조로 조직되어 있었다. 조직의 작업은 상일꾼의 지시에 따라 중일꾼의 작업이 이루어졌으며, 상일꾼 위의 최고 책임자는 공장의 모든 일을 관리 감독하는 역할이었다.

〈표 6-4〉에서 보면 중일꾼은 기량을 인정받아 숙련된 기술자로 성장하기 위해 스스로 노력하는 위치였다. 자신의 위치에 주어진 전 단계보다 높은 역할과 과제를 수행하고 현장 배움을 통하여 경험과 경력을 축적하였다. 본격적인 도제 생활의 시작으로 기술이나 지식을 습득하고 완성을 위하여 노력하는 적극적인 태도가 요구되는 위치가 되었다. 수동적이 아닌 능동적인 위치에서의 기능을 익히고 조직의 중추적인 역할이 요구되었으며 중일꾼 시기에는 집단 내에서 친밀감이나 갈등을 경험하였다. 중간 기술자로 조직의 갈등에 대한 중재자의 역할을 해야 했으며 이를 통해 스스로가 좀 더 성숙해질 수 있었다. 자신이 해야 할 일을 스스로 찾아서 실행하는 방법으로 의사결정을 하고 제안하여 미래를 설계하는 역할을 하였으며 상일꾼이 되기 위한 과정으로 조직 관리의 경험이 우선시되기도 하였다.

〈표 6-4〉 중간 기술자로서 조건

중간 기술자	※ 문제점과 해결점을 찾고 해결을 위해 스스로 노력
	※ 최고 장인이 되고자 자신만의 목표와 경험을 통하여 문제 해결
	※ 자기 스스로 훈련, 자신만의 주특기 형성하기
	※ 스스로 공부하고 또 다른 선배 장인을 찾아 나서기도 하는 것

　상일꾼은 조직 전체의 관리와 숙련된 최고 장인이라고 하는 소리를 들을 수 있을 정도의 기술 수준에 오른 위치였다. 계속해서 최고 기능인으로서 삶을 완성하기 위하여 지향하는 목표를 만들고 자신의 확고한 위치와 의지를 위하여 노력해야 했다. 제작 공정을 지휘 감독하고 가장 수준 높은 기법을 구사할 수 있는 위치에 있었으며 최고 기능인으로 소속된 공장 제품의 수준이 좌우되기도 하였다. 나전칠기 분야의 숙련된 전문가는 스스로가 제일 자신 있는 기법을 구사하였으며 차별성을 갖추어 경쟁력을 높여 가야 했다. 현장 경험과 한 차원 더 높은 수준의 배움으로 최고 장인의 반열에 오를 수 있도록 또 다른 스승을 찾아 나서기도 한다. 즉, 상일꾼으로서 경력을 유지하고 기술의 수준도 최고의 정점에 도달하기 위해 자신만의 전문적인 기술개발이 요구되는 위치였다.

　상일꾼들은 공장의 책임을 맡거나 제작 공정의 감독, 관리하는 일을 하였다. 도안 그림을 주로 그리고 하는 일이었으며 또 끊음질하는 등의 기법이나 제작 공정에 따라서 나이가 있는 사람과 경력 소유자의 일이 구분되어 진행되었다. 상일꾼과 중일꾼의 임금 차이는 두 배에서 세배 정도 차이가 있었으며 상일꾼과 최고 책임자는 10년에서 15년 이상 경력의 소유자로 30세 정도가 되면 나이가 많다고 하였다. 경력을 보면 상일꾼들이 하는 일을 하였으나 조직의 단계는 나이가 어려도 중일꾼까지 일하였으며 뒤에 옮겨간 공장에서 최고 책임자로 일을 한 상황도 있었다.

이상 구술자들은 모두 공통점이 있었다. 먼저, 다른 사람들보다 빠른 기술의 습득으로 좋은 대우를 받았다. 초보 일꾼 위치이지만 열심히 노력하여 중간 기술자의 일을 담당하였고 또한 그에 상응하는 대우를 받았다.

아울러 짧은 경력에도 불구하고 탄탄한 기술력을 바탕으로 다른 공장의 조직 내에서도 중일꾼 혹은 상일꾼들의 역할을 담당하였다. 초보 일꾼이지만 높은 대우와 최고의 장인이 되기 위한 노력의 흔적을 그들에게서 찾을 수 있었다.[9]

2. 고용과 대우 상황

나전칠기 업계에서 고용은 일정하지 않았다. 첫째, 나전칠기 공방(공장)에서 사람이 필요한 경우 신입 직원을 고용할 때 지금처럼 공고를 내거나 그렇지 않고 업주의 인적 네트워크를 이용하여 선발하였다. 기술자를 필요로 하는 공장에서는 주위의 나전칠기 공방이나 업계에 종사하는 사람들을 통하여 일정 수준의 요건을 갖춘 사람을 수소문하였다. 둘째, 기술자들이 공방을 찾아오면 우수한 기술 보유자의 경우 즉시 고용이 결정되었다. 공방을 찾아온 기술자를 현장에서 면접하여 유능하다고 인정되면 선발하였다. 기술자들은 공방을 찾아다니며 "직원 구합니까?" 혹은 약간의 안면이 있는 곳은 "일 좀 합시다." 하고 했다. 이처럼 공방에서 장인을 채용하는 것은 부정기적인 상시 채용 방식이었다.

---

[9] 『수도일보』, 2012년 6월 1일. "나전칠기 명장 천봉 김정열 17살 때 공방의 책임자를 맡았으며 어린 나이에도 불구하고 남들보다 2배 이상의 월급을 받았다."

〈표 6-5〉 고용과 대우

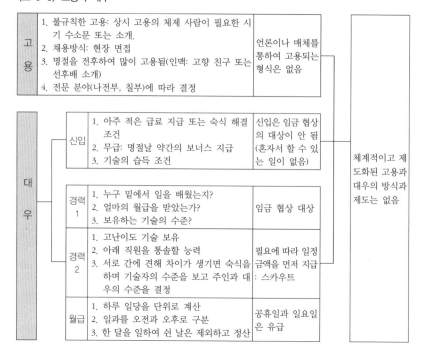

고용	1. 불규칙한 고용: 상시 고용의 체제 사람이 필요한 시기 수소문 또는 소개. 2. 채용방식: 현장 면접 3. 명절을 전후하여 많이 고용됨(인맥: 고향 친구 또는 선후배 소개) 4. 전문 분야(나전부, 칠부)에 따라 결정		언론이나 매체를 통하여 고용되는 형식은 없음	체계적이고 제도화된 고용과 대우의 방식과 제도는 없음
대우	신입	1. 아주 적은 급료 지급 또는 숙식 해결 조건 2. 무급: 명절날 약간의 보너스 지급 3. 기술의 습득 조건	신입은 임금 협상의 대상이 안 됨(혼자서 할 수 있는 일이 없음)	
	경력 1	1. 누구 밑에서 일을 배웠는지? 2. 얼마의 월급을 받았는가? 3. 보유하는 기술의 수준?	임금 협상 대상	
	경력 2	1. 고난이도 기술 보유 2. 아래 직원을 통솔할 능력 3. 서로 간에 견해 차이가 생기면 숙식을 하며 기술자의 수준을 보고 주인과 대우의 수준을 결정	필요에 따라 일정 금액을 먼저 지급: 스카우트	
	월급	1. 하루 일당을 단위로 계산 2. 일과를 오전과 오후로 구분 3. 한 달을 일하여 쉰 날은 제외하고 정산	공휴일과 일요일은 유급	

〈표 6-5〉에서 고용과 대우는 기술 습득 정도에 따라 차이가 있었다. 낮은 기술 수준과 경력이 짧은 경우 채용이 어려웠으나 수준 높은 기술과 화려한 경력 소유자는 고용에 상당한 이점이 있었다. 지금처럼 추천서와 이력서의 개념은 존재하지 않았으며 또 학력도 중요하지 않았다. 이 시기 나전칠기에 종사하는 사람들은 대부분 저학력자로 업주들도 직원을 그렇게 인식하고 있었다. 공장에서 인력이 필요로 하지 않으면 또 다른 공장을 찾아가야 하였으며 고용의 시기는 일정하지 않았다. 통상 명절을 전후하여 많이 전직하고 고용되었고 고용이 되면 신입과 경력으로 구분하였는데, 경력이 있는 사람의 경우 자기 전문 분야(나전부 또는 칠부)에 따라서 업무가 결정되었다.

나전칠기 공방에 처음 들어온 10대 중후반의 용인을 '꼬마'라고 불렀다. 나전칠기 공장에서 소위 '꼬마'라 불리는 신입은 고용이 되었으나 나전칠기 기술을 배울 수 있는 용인은 아니었다. 그들에게는 나전칠기를 만드는 데 필요한 재료를 공방에 옮겨주는 등의 허드렛일이 전부였다. 고용되어서 기술을 배워 익혀야만 제대로 된 대우를 받을 수 있었으며 꼬마 시절의 경우 적은 봉급조차도 못 받는 경우가 있었다.[10] 특히 규모가 작은 공방에서는 명절날이 되어야 보너스 형식으로 약간의 대가 정도를 지급하는 곳도 있었다.[11] 공장에서 기술을 배우고자 타지에서 온 신입의 경우 고용은 숙식을 해결하고 아주 적은 급료가 주어지는 근로조건이 고작이었다.

고용은 고용주의 의향에 의해 결정되었다. 고용주가 제시하는 근무조건을 수락하지 않으면 고용이 이루어지지 않았으며 그나마 경력이 있는 경우에는 꼬마라고 하더라도 최소한의 임금이 주어졌다. 임금을 지급하기 위한 면접은 까다롭게 이루어졌다. 어느 공장에서 근무했는지 먼저 밝히고, 어느 사람 밑에서 일을 배웠는지, 일당을 얼마를 받았는지 등등을 세세하게 물었다. 이러한 현장의 면접을 통해 이전 공장에서 받은 일당, 지금 받고 싶은 액수, 일을 할 수 있는 기술의 수준 등을 점검하여 급여와 근무 여건이 주어졌다. 어느 정도 기술이 숙련되고 경력이 쌓이면서 명절 전후로 친구들이나 혹은 다른 공장으로부터 스카우트를 제안받았다.[12]

공방에서는 나전칠기 작업 전체를 지휘할 고급 기술을 가진 장인이

[10] 『수도일보』, 2012년 6월 1일. "나전칠기 장인 김정열: 처음 3개월 동안은 월급도 받지 않고 오직 일에만 집중하였다."

[11] 『브라보 마이라이프』, 2017년 4월 3일. "그저 명절 때 주는 옷 한 벌과 간식 정도 사먹을 수 있는 용돈이 전부였다. 일요일도 없었다. 휴일은 한 달에 한 번뿐이었다."

[12] 『브라보 마이라이프』, 2017년 4월 3일. "자리를 줄 테니 공장을 옮겨보지 않겠느냐는 제안이었다."

필요하였다. 기술뿐만 아니라 공방의 직원들을 통솔할 능력도 있어야 했다. 그래서 경력자의 경우 일정 금액을 먼저 지급하였으며 경력자 가운데는 이러한 상황을 이용하는 사람도 나타났다. 자신 기술의 우월성을 내세워 선금을 먼저 받고 고용되어 일정 기간이 지난 뒤 흔적 없이 사라져 버려 공방을 운영하는 업주에게 경제적 손실을 주기도 하였다.

장인들의 월급은 하루 일당을 단위로 계산하는 방식이 주류를 이루었다. 하루를 나누어 오전과 오후를 구분하고 이를 한 달간 합한 후 쉬는 날을 삭감하는 정산 방식이었다. 요즘 같은 구인 광고를 통한 체계적인 방법으로 고용은 이루어지지 않았다. 주로 명절을 기준으로 공장의 여건에 의하여 구직 활동이 이루어졌다. 명절이 되면 외지에 갔던 사람들이 고향으로 귀향하여 새로운 일자리를 찾기도 하였다.

공장에서 장인이 필요할 경우 공장주가 직접 제의하기도 하였다. 장인들이 직접 공방을 찾아가서 일자리를 구하는 경우가 대부분이었다. 그러나 친구나 친지 등 주위의 사람들의 인맥에 의한 소개로 경력자를 찾아 업주가 조건을 제시하고 고용을 제안하였으며 경력자의 스카우트에는 인적 네트워크가 동원되었다.

구술자들의 입문과 기술 축적이 이루어지던 시기의 통영지역의 나전칠기 업계는 전성기의 호황을 누리고 있었다. 명절을 앞두고 있을 때는 제작 공정상 마무리를 하여야 했기에 손이 모자라 초과 근무하였으며 기술자들의 수요가 부족하여도 경력 있는 기술자들 공급이 원활하지 못했다. 그것은 1960년대 후반부터 1970년대를 이어 1980년까지 이어온 나전칠기 산업은 흥행을 이루고 있었으나 숙련된 기능공을 배출하는 교육기관이 부족했기 때문이었다. 자연히 나전칠기 기능공들의 수가 줄어들 수밖에 없었으며 숙련된 기술자를 구하기 위해서는 인맥이 동원되었다.

충무시 공예학원이 폐쇄된 이후(1971년 폐쇄) 나전칠기 기능을 배울 수 있는 제도화된 기관은 없었다. 공방 자체에서 기능인들을 양성하고 있을 뿐이었다. 폐쇄되기 전까지도 공예학원이나 혹은 다른 공방에서 기술을 배운 기능인들의 수는 적은 수에 불과하였다. 나전칠기 교육기관이 통영에만 있는 상황에서 일정 수준의 기술을 보유한 기능인들은 좀 더 좋은 조건을 찾아 다른 지역으로 많이 전직하였다. 이러한 경력자들의 부족 현상으로 인해 경력자들에 대한 임금은 올라갔고 반대로 신입은 기술을 배울 수 있다는 명목 아래 숙식 제공으로 일정 기간 급료가 없는 무급의 열악한 고용 환경이었다.

나전칠기 공장에 처음 고용되어 신입으로 들어오면 처음에는 기술과는 거리가 먼일 등을 도맡았다. 온갖 잡심부름과 청소 등 허드렛일부터 주인집의 아이 돌봄도 하였다. 일정 기간 과정을 거치고 나면 나전부의 경우는 자개를 다루는 도구의 사용법부터 시작하여 종류, 사용 기법 등을 차례로 배웠다. 칠부의 경우 도구를 사용하는 방법부터 시작하여 똑같은 과정을 거쳤다. 약간이라도 일당을 받을 수 있는 기본적인 수련의 과정은 사람에 따라 다르지만 2~3년 정도 되었다.

공장마다 각각의 묵시적 기준이 있었다. 이것을 수치로 계산하는 체계적이고 제도화한 것이 아니라 신입, 중간 기술자, 최고 기술자에 따라서 대우는 다르게 정해지는 것이었다. 중간 기술자 중에서도 기술 숙련도가 월등한 사람은 최고 기술자보다 더 많은 일당을 요구하여 사장과 협상을 벌이는 경우가 있었다. 반면, 기술 숙련도가 부족한 사람은 일정 경력이 되어도 경영주가 제시하는 수준 정도 대우받았다. 다른 지역에서 온 사람들의 경우는 요즘같이 생활관 시설이 없어 공장 안에서 숙식하였으며 작업하는 방이 곧 잠자는 방이었다. 나전칠기 직장생활은 기술이 뛰어나더라도 경력에 따라 할 수 있는 작업과 고용 방법은 묵시적으로 정해져 있는 것이었다.

아주 숙련된 기술자들은 선금(요즘 일종의 계약금)을 가끔 요구하였다. 일부 나쁜 마음을 먹은 기술자들은 선금을 받았으나 좀 더 받기 위하여 일하지 않는 사례도 있었다. 고용주와 기술자 간에 견해 차이가 좁혀지지 않으면, 먼저 기술자의 작업 수준을 보고 대우와 수준을 결정하였다. 기술은 단시일에 다듬어진 것이 아니라 오랜 훈련에 의한 것으로 기술자 스스로 직업이나 기능에 대하여 긍지를 가지고 있었다. 계약금 형식으로 돈을 먼저 받고 일하는 풍토가 나전칠기 업계에서 묵시적인 제도로 존재하고 있었다.

나전칠기가 산업화 속에서 흥행으로 이어졌다.[13] 그러나 기술자의 수는 턱없이 부족하여, 4년 정도 종사한 기능인들이 학력 제한 없이 월수입 25만 원(당시 일반 사무실 직원 월급은 15만여 원)[14]을 넘는 대우를 받았다. 경력에 의하여 고용된 숙련된 기술자들은 동년배 기능인보다 아주 높은 대우를 받았다.[15] 이와 같은 대우에 대한 대가로 책임감과 의무를 갖게 되었으나, 열악한 작업 환경은 계속 이어졌으며 중견 기능인으로서 대부분 어렵고 힘들었던 시기로 기억하였다. 자신만의 세계를 구축하여 창조적인 나전칠기를 만들려면 제작 기능이 우선시되어야 하였다.[16]

13) 「서울시 무형문화재(제14호), 정명채 명장」, 『economy chosun』, 2011년 8월 82호. "요즘 PC방처럼 그 당시엔 칠기 공방이 수두룩했어요. 잘한다는 소문이 나면 서로 데려가려고 했죠. 친구들 보다 좋은 대우를 받으며 옮겼어요."

14) http://blog.naver.com/chilyounglee

15) 『무형문화재 라이프스토리 옻칠장 이의식』, 2012년 7월 11일. "1970년대 당시 일하던 사람들은 20~30만 원을 받을 때 나는 90만 원 받았다."

16) 「가구에 소망을 담는 장인 이한태」, 『한국 월간 나전칠기·목칠공예』, 3월호, 1991. "욕심 같아선 나전칠기 전문 디자이너가 많이 배출되었으면 좋겠지만 우선 장인들은 정확히 제작을 해낼 수 있는 기능을 익히는 것이 중요하다."

3. 저질품 판매와 염가 유통 체제

1) 판매(인맥의 도움)

나전칠기는 예로부터 귀한 대접을 받는 공예품이다. 어느 정도 고가의 나전칠기 제품 소유가 부와 지위의 척도가 되었으며 웬만큼 생활의 여유가 있는 가정에서는 나전칠기 제품이 없는 집이 없을 정도로 나전칠기 업계가 호황을 누렸다. 생산제품도 소품은 거의 만들지 않고, 가구 중에서 장롱이 많아 자연히 서민들도 나전칠기 장롱에 관심을 보이기 시작하였다. 수요는 개인 주문에 의한 판매와 대도시 상점을 상대로 판매하였다. 금전적으로 부족한 사람들끼리 모여 장롱 계를 모으는 경우가 있었으며 계주를 통하여 주문받은 사장은 1점을 계주에게 그냥 주고 매월 돈을 모아 순서에 따라 한 명씩 납품하는 이 채로운 판매 방식이 유행하기도 하였다.[17] 또 금전의 여유가 부족한 소비자들은 가격이 저렴한 나전칠기 제품이라면 품질을 좀 부족하여도 개의치 않았다.

1970년대를 지나면서 나전칠기 장롱을 가지고자 하는 열풍이 불기 시작했다. 공장에서는 품질이 좋지 않은 저급의 제품을 생산하는 소위 염가의 나전칠기가 생겨났다. 백골부터 시작하여 재료, 가공의 공정 등이 소비자가 요구하는 제품 가격의 기준에 맞추어서 제작되었다. 제작 공정에 있어서 기준에 미달하는 재료 사용 및 저급한 도안과 일부 공정을 생략하여 제작된 제품이 있었다. 이러한 제품은 이사 몇 번 다니면 문짝이 파손되고 비가 오면 습기를 먹어 붙어 있는 자개가 일어

---

[17] 『매일경제』, 1966년 11월 30일. "서울을 비롯한 대도시에서 나전칠기 가구 구입을 위하여 부녀자들의 契가 성행되고 있어 국내 수요가 점점 급증하여 거래가 활발하게 이루어지고 있다."

나는 현상이 생겨났다.

제작에 이용된 기법과 재료에 따라 제품이 달랐다. 작업의 양은 차이가 없었으나, 소품일수록 높은 가격을 받지 못하였으며 소품 가구로 분류되는 애기장, 문갑, 화장대 등은 가격이 낮게 책정되었으나 공장의 규모와 명성이 있을수록 판매 가격이 높게 책정되었다. 제품의 판매는 도안과 기법, 품질도 중요하였으나 경영주의 인맥 관리에 따라 좀 더 높은 고가품으로 대접을 받을 수 있었다. 제품을 판매하고 대금을 바로 받고 하는 것이 어느 정도의 인맥이나 이름이 있는 장인들은 가능했다. 그러나 초보나 무명 장인들은 제품의 대금 결제를 어음조차도 받지 못하였다.

외상 거래로 기약 없이 기다리는 상황이 되어 공장의 경영이 유지되지 않을 정도였다. 특히 면세점, 백화점 같은 곳에서 물건을 가지고 가면 진열만 해놓고 매매가 될 때까지 대금을 받지 못하는 경우가 있었다. 이러한 상황으로 인해 결국 공장 경영이 어려운 곳은 부도가 발생해 문을 닫게 되었다.

부도를 막고 계속해서 경영을 위해 어쩔 수 없이 싼 값에 제품을 팔 때도 있었다. 지정한 장소에 제품을 진열하지 않으면, 제품을 팔 수 없는 일종의 갑질하는 매매상도 있었다. 제조업자에게 있어서 대금 결제 방법은 개인 주문의 경우에는 주로 현금 거래였으나 매장의 경우에는 어음거래가 많이 있었다. 약속어음으로 대게 3개월, 긴 것은 6개월 정도의 뒤에 대금을 받는 조건으로 재료비와 적당한 인건비 정도의 선에서 거래하였으나 영세성으로 인한 자금력의 부족은 자기자본의 회전율 저하의 요인이 되었다.

제품은 대부분 인맥을 통하여 개인에게 또는 나전칠기 가게에 납품하였다. 통영지역 이외에도 판로를 개척하고자 하였으나, 가격이나 기타 거래에 있어서 물류 경비 조건을 맞출 수 없었다. 제품은 어느 정도 고가 임에도 불구하고 지역으로 이동하는 데 발생하는 물류와 금융에 대한 비용이 많은 부분을 차지하였다. 여러 매장의 주인끼리 제품 가격 담합으로 정당한 가치를 못 받아 많은 어려움을 겪게 되는 경우가 있었다. 주위에 여유가 있는 친척이나 인맥이 있는 친지들이 있으면 물건의 판매가 훨씬 수월하였고, 그렇지 못한 사람들은 판로에 있어서 많은 불편을 겪었다.

나전칠기 장인으로 살아온 공장 주인의 공통점은 자신의 사업을 위한 비전문가였다. 기능인 출신들은 제품을 제작하는 데만 유능하였지, 공장 운영을 할 수 있는 자본의 여유와 판로 등 경영 기획의 요소 부족하여 개인의 사업 능력과 인맥이나 학맥으로 연결된 판매 방식을 통하여 경영하였다. 관공서나 금융기관 소위 사회적으로 경제적으로 힘을 쓸 수 있는 집단과 인맥의 유대가 이들에게 거래가 형성되는 고객층이었다. 경영주 인맥 중 중앙에 친척이라든지 혹은 동창생 등 기타 사회에서 필요한 인맥이 공장 경영을 위한 필수 조건이 되었다. 그러나 기술자 출신들이 운영한 공장은 그러하지 못하여 한번 인맥을 쌓으려면 적잖은 비용 부담과 노력이 필요로 하였다. 공장을 운영한다고 하여도 오래 지속되지 못하였으며 영세성을 면치 못한 채 겨우 명맥을 유지하는 정도에 그치고 있었다.

제품의 유통과 판매 방식을 달리했다. 물건을 중간에서 소개하고 약간의 수수료를 받는 중개인들이 많이 존재하였으며 제품을 제작자로부터 매입하여 직접 판매장에 납품하거나 중개하는 방식이었다. 경영주는 제품이 판매가 많이 되어도 이익을 많이 얻지 못하였으나 공방을 유지는 할 수 있는 정도는 되었다. 이와 달리 개인 주문인 경우는 인맥을 통하여 직거래가 이루어졌으며 개인 주문에 의한 판매는 그 수량은 많지는 않았으나 매장 판매에 비하여 훨씬 높은 가격을 받았다. 개인 주문과 가게의 차이는 많게 5배 정도 되었으며 이것을 구매하는 계층은 주로 상류층으로 좋은 재료의 사용과 난이도 있는 기법, 도안을 주문자가 직접 요구하였다.

나전칠기 제품은 재료부터 모든 것이 노동집약적 형태로 가공 생산되기 때문에 항상 높은 가격에 판매되었다. 그러나 1980년대 중반 이후 생활양식의 변화와 소비 구조의 변화 등으로 장인들은 판매에 어려움을 겪게 된다. 물가에 비하여 높은 가격을 받지 못하였으며, 또 일부는 너무 고가품으로 되어서 대중들의 관심이 대상에서 점점 멀어져 갔다. 결국, 장인들은 생활의 곤란으로 인한 자구책으로 소품 위주의 낮은 단가의 제품을 제작(염가의 나전칠기) 판매하게 되었다. 저가의 상품을 원하는 주문자의 요구에 따라 염가 제품이 제작 판매될 수밖에 없게 되자, 장인으로서의 자존감은 회피하게 되었다.

전통적인 생산에 비교하여 생산 공정의 단축은 대량생산이 가능하고 생산비가 절감되었다. 그러나 이는 곧 제품의 질의 저하로 이어져서 나전칠기가 침체되는 요인의 하나로 작용하는 염가 나전칠기가 등장하였다. 염가 나전칠기의 등장은 장인을 양성할 수 있는 전문적인 교육기관의 미흡에서도 그 요인을 찾을 수 있었다. 전문적이고 체계적인 교육이 없이 도제로 양성된 기능인들은 올바른 제작 과정의 습득이 불가능하였다. 제작상의 눈속임은 비정상적인 판매와 유통으로 이어졌으며 이것은 나전칠기 업계의 관행화가 되기도 하였다.

나전칠기를 전통 민족공예로 승화시켜 계승하기보다 산업화의 부산물인 가구 분야에서 고급 소비성향으로 변화되어 사치성 물건으로 인식이 변모되었다. 나전칠기 제품의 가격은 상승하고 가치는 하락하는 요인으로 작용하였으며 반면 그 품질은 정규 제작 공정의 생략으로 겉만 화려한 염가의 제품이 양산되었다. 인맥 동원으로 인한 판매의 한계와 공장 운영의 미숙이 염가 제품 생산이라는 부정적인 요인의 한 부분으로 작용하였다. 나전칠기 제품 소유가 소비자 자신의 사회적 지위와 신분의 가치를 가늠하는 수단이 되었으며 고가 물품이다 보니 받는 사람이나 주는 사람은 서로에 대한 예의를 갖추는 방편이 되기도 하였다. 자본과 인맥, 사업 수완 등 이를 적절히 활용하는 이용한 경영 방법은 나전칠기 판매 문화의 한 영역을 이루고 있었다.

2) 유통

나전칠기 제품의 일반적인 유통구조는 제조 공장(생산자)을 시작으로 중간도매상, 판매 점포의 3단계의 유통구조가 있었다. 당시 나전칠기 제품의 유통은 요즘같이 대리점이나 전문점 등 프랜차이즈 형태를 통한 유통구조는 없었으며 제작자와 소비자가 중간 상인을 통하지 않고 많이 매입하였으며, 소비자가 제작 현장에 와서 만들어진 물건을 보고 직접 당사자들에 의해 매매가 이루어지는 유통 방식도 있었다. 중간소개업자로서 일종의 거간꾼 역할을 하는 사람들도 존재하였다. 이들은 매장도 없이 약간의 여유자금만 있어도 운영하였다. 생산자로부터 판매 금액의 일정 비율의 수수료를 받고 소비 현지 도·소매상이 요구하는 물건의 종류와 수량 납기일을 파악하여 생산자에게 전달하는 역할을 담당하였다.

영세 자영업자 혹은 무명 장인들은 제품을 만들어 놓아도 판로에 대한 걱정이 항상 존재하였다. 따라서 자본을 가지고 매장을 소유하고 있는 사람들이 여러 공장을 다니면서 자본의 위력을 이용하여 싼값에 제품을 매집하는 경우가 있었다. 이렇게 여러 제조업자를 통하여 매집한 제품을 자신들의 매장(점포)에 진열하여 소비자에게 선별하여 판매하는 방식이 있었다. 대부분 판매점은 소비자들의 눈에 잘 띄는 곳에 보통 제품을 두었으며 고가의 제품은 별도의 장소를 두고 보관하여 소비자들에게 보여주었다. 나전칠기 판매점은 홍보에 크게 관심을 두지 않았으며 그렇다고 판매점마다 어떠한 특색이 있는 것도 아니었다. 이들은 나전칠기에 대한 지식은 부족하였으나 수단과 방법을 가리지 않고 점포를 방문하는 손님을 놓치지 않으려는 데 최선을 다하였다.

산지 도매상 가운데는 간혹 자신들 스스로 작은 규모의 공장을 운영하였으나 그 생산 품목은 한정이 되어 있었다. 그들은 자신의 제품뿐만 아니라 다른 지역의 제조업체 제품도 취급하여 직접 매입 또는 가끔 중간도매상 역할도 하였다. 이런 유통경로는 주로 대도시 지역 중심으로 이루어졌으며 제조도 겸하고 있는 생산자 겸 산지 도매상이었다. 산지 도매상 중 일부는 나전칠기 기능인으로 제작 경험을 가진 사람들이었다. 그들은 나전칠기 업계의 전·후의 사정이 밝았으며 중·고가의 물품과 전통성이 있는 제품들은 개인의 주문으로 유통되었다. 조합을 통한 판매의 방식은 거의 이루어지지 않았으며, 있어도 아주 미약하였다. 조합은 이익집단도 아니어서 적극적인 판매의 주체로 나서지 않았다. 위에서 서술한 판매와 유통의 방식은 아래의 표와 같다.

〈표 6-6〉 판매와 유통

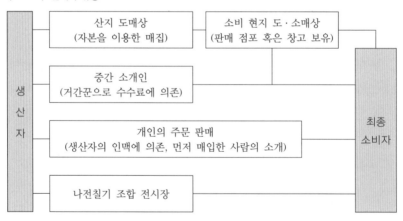

나전칠기는 하나씩 제작할 수 없는 재료의 특수성으로 인하여 보통 5개에서 10개씩 만들었다. 〈표 6-6〉에서 보면 제품이 완성되면 공장에서 직접 소비자에게 판매하는 경우가 있지만 대부분 판매 점포나 중간 도매상으로 넘겼으나 한곳에 여러 개의 제품을 한곳에 독점적으로 공급하지 않고 여러 군데로 분류하여 유통 공급되었다. 가격의 경우 생산 공장에서는 같았다. 그러나 지역에 따라, 판매 점포의 분위기와 구매자 및 판매원의 상술에 따라 판매와 유통의 방식과 가격이 각각 결정되었다. 예를 들면 똑같은 제품이라도 구매자의 신분이나 판매원들의 말솜씨와 매장 환경과 조명, 주변 제품들의 영향에 따라 차이가 날 수 있었다.

　창고라고도 불린 현지 도매상은 공장과 소비자 사이를 중개하였다. 일반적인 매장의 가격보다 저렴하게 매입할 수 있었으며 제작자와 현지 도매상과의 일정한 타협으로 자신의 것을 가져다 놓고 직접 소비자에게 보이기도 하였다. 생산 공장에서 직접 방문 매입은 과정이 축소되어 저렴한 가격으로 매입할 수 있으며 제작 과정 견학과 a/s도 상담할 수 있는 장점이 있었다. 그러나 단점으로는 나전칠기 재료와 공정의 특성상 하나씩 지적하기 어려워 시중 가격보다 비싸게 매입하는 경우가 생겨났다. 제작 기간을 넘기거나 제작 과정을 생략하는 빈약한 제조장에 주문하였을 경우 아주 낮은 품질의 제품을 고르게 되는 경우가 있었다.

　소비자들이 가장 많이 찾는 곳이 시중 판매점이었다. 대부분 판매점은 소비자들 눈에 잘 보이는 곳에는 평균 수준의 제품을 진열하였다. 고가의 제품과 유명 장인(공장)의 제품은 별도의 장소에 진열하여 구매자들이 호기심을 자극하여 가질 수 있도록 유도하였다. 예를 들어 3층 건물이 있으면 3층은 최고급 제품을 분류하여 보관하고 2층은 B급, 1층은 C급의 형식으로 소개하는 것이다. 판매자는 비밀 창고를 만들어

놓고 특수한 제품인 듯 혹은 다른 사람에게 함부로 보여주지 않는 등 소비자를 현혹하여 판매하는 유통의 부정적인 요소의 한 부분으로 존재하였다.

저급한 물건의 등장으로 올바른 기술을 가지고 제작된 장인들의 물건까지도 매도되는 상황이 되었다. 여기에는 당시에 너도나도 나전칠기 제품을 가지고 싶은 소비자들의 사회 분위기도 있었지만 정작 물건을 제작하는 공장과 기술자, 자본을 이용한 판매 상인들의 책임을 피할 수 없었다. 더욱이 일부 고용주와 장인들은 스스로 판매상의 자본 앞에서 나전칠기의 격을 낮추게 되는 요인이 되어 결코 천박하게 뽐내지 않으며 고고한 품위를 잃지 않는 나전칠기 장인의 당당한 모습은 점점 희미해지고 있었다.

4. 기능 전승의 좌절

1) 수단화된 수상

일제강점기 문화정치로 전환하는 과정에서 예술 분야도 여기에 일부가 편성되었다. 조선총독부 회유 정책 중의 하나로 조선미술전람회가 있었으며 처음 선전(鮮展)은 1부 동양화, 2부 서양화 및 조각, 3부 서예로 구분하여 실시했으며, 1932년부터(11회) 서예를 없애고 나전칠기 분야가 포함된 공예부를 신설하였다. 이 선전은 일제 말기인 1944년 제23회까지 지속되었으나 일제의 패망으로 중단되었으며 해방 직후인 1947년 미군정청 문교부가 일제강점기의 선전(鮮展)을 모태로 조선 종합미술전을 열었다. 이듬해인 1948년에는 정부 수립기념전을 계기로 공모전은 정부가 주도하였다. 1949년부터 문교부 주관으로 대한

민국미술전람회(이하 국전)가 만들어졌고 이어 주무 부처가 문화공보부로 바뀌었다. 그러나 정부 주도의 관전(官展) 체제의 부작용이 발생해 국전(國展)은 1981년에 폐지되었다. 이후부터는 한국문화예술진흥원이 주관하는 대한민국미술대전이 시행되었고 1986년부터는 이 공모전을 한국미술협회가 주관하여 오늘에 이르고 있었다.

관전으로 시행된 공모전의 문제는 적지 않았다. 공모전의 문제점에도 불구하고 일부 장인들은 공모전에 참여하여 입상하였으나 전통 장인들은 여기에 참여하지 않는 대신 우리 민족공예 전통의 자존심을 지키면서 작품 활동하였다. 그러나 관 주도로 시행되는 공모전은 점차 영향력이 커져 공모전 영향력의 증대라는 시류에 영합하지 못한 장인들은 점점 뒤로 밀려나게 되었다. 시간이 지날수록 공모전의 영향력이 커지는 상황에서 여기에 편승하지 못한 장인들은 점점 그들의 입지가 좁아질 수밖에 없었다.

그러자 이들은 공모전에 응모해 자신들의 위상을 높이고 약간의 경력이라도 인정받기 위하여 공모전 입상이라는 타이틀이 필요하였다. 전통적인 도제 방식으로 성장한 장인들은 기능인으로서 높은 기술 수준을 바탕으로 예술성과 기능성이 우수한 작품을 만들었으나 대중에게 합당한 평가를 받지 못하였다. 대중들이 예술성과 작품성의 근거로 삼은 것은 공모전 수상으로 이는 공모전을 주관하는 관공서도 마찬가지였으며 국가에서 인정하는 자격과 각종 대회의 수상이 그 대상이 되었다.

1960년 이후 경제성장과 함께 관광객의 증가하면서 관광 민예품 개발의 필요성이 대두되었다. 1971년부터 국제 관광공사, 한국디자인 포장센터가 주관이 되어 제1회 전국 관광 민예품경진대회라는 명칭의 대회에 총 3,841점의 각종 민예품이 출품되어 개최되었다.[18] 지역 특산 민예품의 경쟁적 출품으로 이 대회는 급성장하여 1980년에는 중소

기업진흥공단, 1982년부터는 한국 공예협동조합 연합회 주관으로 주최와 이름이 바뀌어 현재의 대한민국 공예품 대전으로 이어졌다. 이 대회는 각 지방에서 지역 예선을 거친 1, 2, 3등의 작품들이 서울 본선으로 올라가서 서로 경쟁하여 입선, 특선, 대상이 주어졌다. 공예품 산업의 육성, 새로운 아이디어 개발, 민예품의 상품화 및 수출 기반 조성이 주된 목적으로 개인뿐만 아니라 특히 산업체와 연계성이 강하여 지역 장인들은 본인 의사와 상관없이 출품하였다.

경진대회에는 전통공예산업 육성과 발전, 새로운 제품의 개발과 촉진으로 수출에 의의를 두었다. 그러나 이러한 제도의 존재를 알고 있는 장인들은 극히 소수로 대회에 참가하지 않는 많은 장인이 이런 제도 자체를 부정하였다. 장인들은 각종 공모전의 수상자들과 그 수상에 대한 부정적인 면을 인식하고 있었으나 꾸준히 이어지는 대회에 출품하고 싶은 욕구가 싹트기 시작하였다. 제품을 만들어 수익을 창출하는 것도 좋지만 누군가 내 것을 가지고 싶을 만큼 잘 만들었다고 하는 것을 장인들은 자부심으로 생각하였다. 그래서 장인 스스로 자존감으로서 경진대회라고 하는 제도권 행사를 통하여 자신만의 특색을 나타낼 수 있는 수단 중의 하나로 여기기 시작하였다.

공모전과 경진대회 수상은 작품의 가치를 높여주었다. 특히 관광민예품전시회라고 하는 경진대회를 통하여 입상한 장인들은 직접 제작한 제품이 예술품으로서 가치를 가지고 대중으로부터 평가받고 싶어하였다. 경진대회를 통하여 작품의 품질과 규격에 대한 일정한 기준이 마련되고 새로운 아이디어의 상품이 많이 출품되어 장인 각각의 특색 있는 제품이 만들어지기 시작하였다. 희소성에 기능성까지 갖춘 제품을 스스로 제작하여 자신만의 특징을 내세울 수 있었다. 장인들은 이

18) 『관보』 제5931호, 국가기록원, 1971년 8월 23일.

런 작업을 통해 자신감을 가지기 시작하였다.

경진대회에 출품해 수상하자 지역에서 인정받게 되었다. 장인들은 차츰 입상이라는 목표와 실적을 위해서 각종 공모전에 출품을 계속하였으며 경진대회 출품과 수상에 또 다른 이유가 있었다. 장인들은 대부분 어린 시절부터 회사에 들어가 도제식으로 기술을 익힌 장인들로 소위 가방끈이 짧았으며 자신들이 익힌 기술은 수준이 높지만 짧은 학력으로 인해 사회적으로 내세울 것이 없었다. 이런 상황에서 장인들은 스스로 내세울 게 없다고 생각하였고 이를 공모전 수상으로 대리만족하여, 즉 일종의 보상 심리가 작용하였다.

공모전 수상이 사회적 공인이었다. 남들보다 먼저 공모전을 수상하면 제도권이라는 울타리에 먼저 접근하여 명실공히 최고의 장인으로 인정받았으며 공모전 수상이 장인 사회에서 출세의 발판, 즉 사회적 신분 상승의 발판이 되었다. 초창기 여러 공모전에 입상해 이를 실감한 장인들은 주변의 선후배 등 대회를 경험하지 않은 사람들에게 공모전 출품을 권유하였다. 공모전 출품을 통해 장인의 기술 세계는 개인적인 영역에서 벗어나 장인들이 함께 부족한 부분을 채우고 한 단계 더 나아갈 수 있는 계기가 되었다. 이처럼 장인의 사회적 진출의 디딤돌의 역할을 공모전이 하고 있었다. 나전칠기 장인들은 공모전을 초창기에는 도외시했으나 시간이 지나면서 공모전의 효과를 인정하기 시작하였다. 나전칠기 업계의 기능인들은 시대의 흐름을 읽지 못하고 과거에 하였던 장롱 등 가구류에서 벗어나지 못하는 측면이 있었다.

공모전과 경진대회의 수상의 위력이 커지면서 공예품 경진대회의 수상은 산업체나 개인에게서도 경력의 하나로 인정받기 시작하였다. 수상이라는 타이틀을 받아 사회적으로 인정된 수상업체나 개인에 대해서 기업화와 상품 개발에 필요한 약간의 자금 지원이 이루어지는 경제적 효율이 있었다. 이를 통해 디자인과 경영, 설비 등의 지원이 이루어지고 있었으나 실제로 공모전에서 큰 상을 받은 업체나 개인이 수상한 품목을 상품화시키고 판매하는 데에는 많은 불편이 뒤따랐다. 기술적으로 공들여 만든 제품이었지만 정상적인 대가를 받기 어려웠으며, 막상 제품으로 만들어도 판매 또한 부진하여 경제적 이득을 획득하는 것은 힘들었다. 공모전에 입상해 우수 업체로 선정되었다 해도 최고 장인 선정 기준에는 부족하였다.

수상 선정에 대한 잡음은 결국 우수한 재능과 기술력보다는 특정 공모전에서 입상하여 점수를 획득하는 계량적인 방법을 통하여 선정하는 방법으로 변모해 갔다. 이것은 실력보다는 숫자에 치중하는 제도가 기능인의 기술력보다는 줄 세우기를 위한 수단으로 수상 점수 채우기가 우선되는 현상으로 전락하였다.

2) 이직

통영지역에서 직업으로 선택할 수 있는 직종이 몇 개 되지 않았다. 직종 선택의 폭이 좁은 상황에서 통영지역에서 나전칠기가 제일 호황을 누리고 있던 시기였다. 나전칠기 배우겠다는 지망생들이 공방을 찾았으나 많은 수의 사람들은 몇 개월 혹은 1년, 2년을 넘기지 못하고 그만두는 경우가 종종 있었다. 이들에게는 집단 내에서 지위 상승의 능력이 있음에도 중도에 포기하는 것은 청소년기를 거치면서 교육의 경험 부족으로 생각되었다. 불안정한 고용과 상대적으로 낮은 임금과 작업 환경이 취업에 있어서 이들에게는 긍정적인 요소로 작용하지 못하였다.

그들의 기술 수준에 알맞은 대우는 상대적으로 다른 노동과 비교하더라도 나전칠기 분야가 낮은 수준은 아니었다. 그러나 가족의 부양과 더불어 개인의 삶을 유지하기에는 불편한 수준이었으며 특히 미숙련의 초보 일꾼 경우 이들의 기대를 충족시킬 수 있는 환경이 열악하였다. 장인으로서 지위의 상승을 이루고자 했던 입장에서 내부에서 계층 상승의 희망을 발견하기 어려웠다. 장인으로서 더 좋은 환경의 작업장으로의 이동이 아니라 생계가 보장되지 않은 상황에서의 이직은 불가피한 선택이었다.

공장 노동에 쉽게 적응할 수 없었던 원인은 첫째, 경제적인 측면이 열악하였다. 초보 일꾼으로 급여를 받고 할 수 있는 작업이 없어 급여가 지급되지 않았으며 1년 정도 지나도 아주 적은 월급이었다. 초보자에게 주어지는 강도 높은 작업 내용과 강압적인 규율과 익숙하지 않은 공장의 환경에 적응이 어려웠을 것이다. 둘째, 사회적인 대우가 낮았다. 기능인으로 본인이 성공하기 위한 확신이 없었으며 의지가 약한 사람들에게는 불투명하다는 것이었다. 자신의 재능과 기술이 발판이 되어 최고 장인이 되고자 하는 동기의 측면에서 친화적이지 못하였다. 셋째, 공방의 생산성이 취약하였다. 공방 주인의 재정 구조가 취약하여 언제 공방 문을 닫을지도 모를 만큼 대부분 아주 영세한 구조였다.

산업 구조와 주거 문화의 변화로 나전칠기 산업은 점점 위기가 엄습하고 있었다. 세금 제도의 영향과 함께 주거 환경이 아파트 문화로 변화하면서 장롱을 비롯한 실내 가구 제작 공장들은 영세 제작자는 물론 규모를 갖춘 공장들 폐업이 점점 증가하는 양상이 생겼다. 새로운 시류와 문화에 대응하는 방법을 구현하지 못하여 배움이 부족한 장인들에게 한계점으로 다가왔으며 주거 환경의 변화와 경제 위기는 나전칠기 산업에 직격탄을 날렸다. 통영지역은 많은 공장이 운영되어 어느 정도 나전칠기 산업이 유지가 되고 있었으나 제작하는 주위 환경 변화라는 결정적인 위기와 함께 급격하게 사양길로 접어들게 되어 여기에 종사하던 장인들은 하나둘씩 다른 직업으로 이직하였다.

나전칠기가 산업의 위기는 종사자들에게 생계 위기로 다가왔다. 나전칠기에 대한 사명감을 가지고 일을 할 수는 있었으나 당장 생계에 대한 대안을 해결하기 위해 전업을 선택하게 되었다. 백골 일을 하던 사람은 실내 내부 장식 목수로 또 자개나 칠을 다루던 사람은 조선소에 취업하고, 또 다른 기타 업종으로 이직하여 생계를 이어 가고 있었다. 나전칠기 사양화 및 사회 환경 변화와 새로운 문화의 변화에 적응 혜안은 교육 경험이 부족한 종사자 그들에게 제한적이었다. 만약 교육 경험이 주어진 장인들이라면 스스로가 새로운 변화에 대처하고 적응할 수 있는 환경을 그들 나름대로 구성하였을 것으로 보였다. 즉 교육 경험이 모든 것을 대신할 수 없지만 자기의 안목과 식견을 극대화하여 좀 더 그들에게 스스로 유리한 환경을 실현할 수 있는 능력 배양의 바탕이 되었다.

1970년대에 접어들면서 조금씩 시작[19]하여 1980년대 말을 기점으로 이직 현상이 나타났다. 주거 환경이 아파트 문화로 변화하면서 장롱을 비롯한 가구 위주로 제작하던 제작자들은 점점 후퇴하는 양상으로 변화하였다. 주거 환경의 변화와 IMF 경제 위기는 나전칠기 산업에 직격탄을 날렸다. IMF 이전까지도 통영지역에서는 일정 부분 나전칠기 산업이 유지가 되고 있었으나 IMF를 기점으로 결정적인 타격을 받고 급격하게 사양길로 접어들게 되어 여기에 종사하던 장인들은 하나둘씩 다른 직업으로 이직을 시작하였다.

안정적인 생활을 끝까지 유지하지 못한 것은 산업과 사회 환경 구조의 변화였다. 산업 구조의 변화는 나전칠기라는 노동 현장으로부터 이탈하여 장인으로서 스스로 길을 포기하고 생계를 위한 선택이었다. 기

---

[19] 『매일경제』, 1972년 7월 31일, 8면 8단. "티크 목제 장식장 성행을 시작으로 나전칠기 제품은 30%가량의 매출이 감소하였다. 또한 자개의 원가 상승으로 경영난이 가중되었다."

회주의적인 것이 아니라 타율적으로 변화되는 사회 구조 환경 아래에서 다른 직종으로 계층을 이동하여 생계를 위한 일자리를 찾아 새로운 길을 걸어갔다. 생계라는 이익을 극대화하기 위한 기회주의적 동기에서 계층 이동은 이들에게는 가장 중요한 문제 중의 하나였다.

제7장
/
맺음말
한국의 **나전칠기**,
변통과 **모방**으로 영욕의 세월을 보내다

螺鈿漆器

맺음말: 한국의 나전칠기, 변통과 모방으로 영욕의 세월을 보내다

나전칠기는 우리나라 공예문화를 대표하는 분야 가운데 하나이다. 통일신라시대를 이어 고려시대와 조선시대를 거치면서 중앙 관청이 관장하는 관영 체제 아래에서 불교 및 궁중에서 사용하는 물건이었다. 특히 조선 전기까지는 공조(工曹)와 상의원(尙衣院)에 나전장이 각각 2인씩 배치되어 외교적 선물과 왕실 의례와 가례에 사용되는 제품을 제작 공급하였다. 조정에서는 나전칠기에 사용되는 재료(옻칠)와 제작 장인(나전장)을 기관을 두어 직접 관리하였으며 이용자 또한 왕실 등 상류층 있었다.

통제영 공방은 관영 체제 아래에서 운영되었다. 임진왜란 시기에 군수품을, 이후에는 진상품을 제작하였으며 신임 통제사가 부임할 때 우수한 기술을 보유한 장인이 함께하였다. 통제영 공방에 종사한 장인들은 양인(良人)이나 공천(公賤) 중 숙련된 기능을 보유한 사람으로 통제사와 함께한 이들은 공방 최고 책임자가 되었다. 조선 후기 산업사회 경제 환경과 생산 환경이 변화하면서 수공업 제작 환경도 변화하여 직접적인 제작 활동을 통하여 장인들이 생계를 이어 갔다. 더불어 통제영도 영문을 닫게 되면서 여기에서 작업하던 숙련된 나전칠기 장인 역시 직접 공방을 운영하여 제작·판매하였다.

중앙 관청의 관리에서 벗어난 장인들은 전국으로 이동하였다. 장인들은 통영을 비롯하여 자기 고향 혹은 생활이 편리한 지역 등 전국으로 이동해서 활동 영역을 넓혀 갔다. 지리적 여건과 자연적인 환경이 바탕이 된 통영지역은 나전칠기가 지역 전통문화로 정착하는 데 많은 이점이었다. 통영지역은 통제영이 설치되기 이전에는 해안 소재 소규모 어촌이었으나 이후 군사도시로 전환하였으며 나전칠기 분야도 통제영 공방 하나에 포함되어 관의 보호 아래 전승과 발전이 되었다. 통제영 공방 가운데 상·하 칠방에서 나전칠기를 제작하면서 통영지역은 우리나라 나전칠기를 대표하는 주산지로 널리 알려지게 되었다.

　　개항과 일제 강점에 접어들면서 나전칠기 문화는 변모하였다. 외세 문물 유입으로 새로운 제작 환경이 전통과 대립하였으며 전통적인 수공예 제작 방식은 채산성을 형성하지 못했다. 고된 노동력이 요구되는 업종이며 수요 또한 제한적으로 그간의 전통적인 방식으로 가난한 장인이 개인의 힘으로 경쟁하기에는 역부족이었다. 이러한 사회적 환경 변화 및 경제적 분위기에 편승하여 일제강점기 동안 시류에 영합하는 상황으로 흘러갔던 것이 주요한 흐름이었다.

　　여기에다 조선총독부의 교육정책도 창의성 교육보다는 도제(徒弟)적인 방식을 강조하는 한편, 간단한 기능 위주의 교육에 그쳤고, 그나마 식민주의적 정체성론의 이념이 침투하였다. 조선의 나전칠기업은 일본인의 요구에 따라 결국 판매를 목적으로 하는 일본 상품이 되어 그들 사업 대상으로 전락하였다. 일본인 자본가가 진출하면서 실질적인 지배 체제 아래 제작 공정과 재료와 정체성 변용이 병행되었다. 이런 변용은 일본인이 경영하는 제작소에서 우리의 전통적인 의장은 점차 왜식으로 개량되어 그들에게 예속되었다. 그러나 통영지역 장인들은 그들만의 단체를 조직하고 저항 정신으로 뭉쳐 연구회를 조직하는 등 활발한 활동을 통하여 지역 전통 장인으로서 자존심을 지키고 있었다. 조선총독부 주최 관전이지만 조선미술전람회에 입상하는 등 일부 장인은 새로운 환경에 순응하여 소위 장인의 신분에서 예술가로 대우 받는 사회적 신분 상승으로 이어졌다.

이러한 경향은 해방 이후 더욱 확대되었다. 전통 제작 방식 기법에서 벗어난 재료의 변용과 각종 편법으로 이전 시기보다 훨씬 작업 공정이 간소화되고 정형화에서 벗어난 왜곡이 성행하였다. 광복 이후 변화하는 사회 환경과 새로운 문물이 유입되는 과정에서 나전칠기 업계도 예술과 상업성 공존이라는 숙제를 안게 되었다. 오히려 일제강점기 나전칠기 문화를 답습하는 현상은 나전칠기업 성장과 근대화 흐름을 저해하였으며 문화적 향상과 고급화를 위하는 걸림돌이 되었다.

1945년 해방이 되었으나 통영지역 나전칠기 문화는 큰 변화가 없었다. 다행히 1951년 한참 6·25전쟁 중이던 시기, 통영에 도립 나전칠기 기술원 강습소가 개소되면서 나전칠기 전문 인력 양성 기관이 탄생되었으며 1960년대에는 현대식 건물로 신축하여 교육하였다. 1975년 폐쇄될 때까지 나전칠기 정규 교육 아래 배출된 인력은 우리나라 전 지역에서 활동하며 통영지역 나전칠기 문화를 전국으로 확산하는 역할을 하였다.

이러한 환경이 발판이 된 통영지역은 나전칠기로 명성을 얻게 되었으며 전국에 유통되어 우리 생활 속에서 나전칠기 문화의 전성기를 향유 하였다. 통영지역 나전칠기는 1970년대를 거쳐 1980년대 초반까지 신혼용 가구는 물론 계를 조직해서 구매할 만큼 선호했던 제품으로 신분과 부를 나타내는 표본이 되었다. 일부의 경우 계를 조직하고 1번부터 10번까지 순번을 정하여 신혼용 혼수 가구와 생활 가구까지 구매하였다. 소수 특권계층이나 부유층에서 서로 이익이 상충하는 어려운 일을 해결하는 수단으로 사용되었다. 이런 분위기에 편승하여 나전칠기에 관심을 가지면서 다양한 소비계층이 형성되는 현상으로 나타났으며 새로운 소비계층 형성으로 품질은 둘째 치고 나전칠기 제품이라는 이름으로 한 집에 하나 정도 소유하고자 하는 개인 욕망이 유행처럼 번져 나갔다. 시장의 확대와 함께 소비자층이 폭넓게 형성되고 다양화 되었다. 나전칠기 제품 소비가 저소득층까지 소비층이 확대되어 사회 적 분위기에 영합한 나전칠기는 통영지역을 벗어나 전국적으로 폭발 적인 인기를 누렸다.

이런 상황에서 나전칠기 시장이 새롭게 형성되었다. 나전칠기가 고 가와 희소성을 가진 제품으로 인식되어 인기를 얻게 되자 자본을 가진 사람들이 등장했다. 소규모로 운영되던 영세한 장인들 공방은 위축되 기 시작하였으며 이들 요구에 의한 맞춤 방식의 제품 생산과 유통구조 가 생겨났다. 영세한 장인 공방에서 생산되는 제품은 차츰 가격 경쟁 력에서 밀리기 시작하였으며 소수 인원으로 운영하던 전통 장인 공방 도 심각한 재정 압박이 가중되어 운영 위기를 맞이했다. 그러나 위축 은 되었으나 여전히 고위층과 부유층을 위주로 전통 장인이 제작한 화 려한 장식성을 선호하는 고급제품을 요구하는 수요는 일정하게 유지 되었다.

또한 해방 이후 나전칠기 시장의 지속적인 확대와 함께 나전칠기 기 능을 배우고자 하는 사람이 증가하였다. 당시 상급학교 배움의 기회를 얻지 못한 사람들이 통영지역에서 할 수 있는 직업은 불과 몇 가지 되 지 않았으며 나전칠기도 그중 하나였다. 사회적 분위기와 경제적 호황 에 힘입어 나전칠기 기능을 배우고자 하는 사람들이 점점 증가하였으 며 특히 초등학교 이후 상급학교를 진학하지 못한 아이들이 주류를 이 루었다. 이들은 누군가의 손에 이끌려 자의든 타의든 기술 배움터로 향하였으며 이것은 한 개인의 생계 수단과 직결되었으며 이러한 분위 기는 점점 확산하였다. 공방 도제 교육과 제도권 교육이라는 기능이 함 께하면서 새로운 일자리가 만들어지고 증가하여 나전칠기 산업이 성장하는 중요한 배경이 되었다.

한편, 1977년 나전칠기를 사치품으로 분류하여 특별소비세라는 이름으로 별도 세금이 부과되었다. 특별소비세는 나전칠기 산업을 저해하는 요인 가운데 하나로 작용되었으며 영세 장인에게는 엄청난 부담으로 세금을 회피하기 위해 다른 지역으로 이사하거나 음성적으로 운영하였다. 고가(高價) 제품으로서 부유 계층 전유물로 인식되면서 과거의 소품 위주의 제작에서 벗어나 삼층장, 장롱 등 중, 대형 위주의 제품이 주로 인기를 끌기 시작하였다. 높은 가격이 형성되는 고가에도 불구하고 자기들이 선호하는 제품을 주문 제작하여 구매하는 현상이 나타났다. 또 소수 권력 계층이나 일부 부유층에서 이해관계가 걸린 사안을 해결하는 뇌물로 작용하였으며 실제 이러한 경우가 종종 있었다.

나전칠기는 소위 일부 계층이 주도하는 사회 분위기와 경제적 호황에 편승하였다. 따라서 특권계층에 이어 대중들도 나전칠기에 관심 가지면서 다양한 소비계층이 형성되는 현상으로 나타났으며 이러한 계층의 형성은 한 집에 하나 정도의 나전칠기 제품을 소유하고자 하는 욕망이 하나의 유행처럼 되었다. 일부 소비자들은 자기과시를 위하여 저가 나전칠기 제품이라도 소유하기를 원하여 새로운 유통구조 및 재료와 제작 공정의 변화가 나타났다. 여러 사람이 모여 계를 형성하여 계주를 동원하거나 소비자와 생산자 사이에서 수수료를 받는 방식인 중간 도매상제도가 생겨났다. 소비자 심리를 자극하는 구조는 고가 혹은 중저가의 제품을 생활 수준에 맞추어 남을 눈을 의식하지 않고 구매를 요구하는 심리에 편승하였다.

나전칠기 시장의 확대뿐만 아니라 나전칠기 기능을 배우려는 젊은 이들도 증가하였다. 소품 위주 생산에서 다양한 종류의 제품 생산과 시장 확대로 이어지면서 저소득층까지 소비자층이 광범위하게 되었다. 반면 제품의 품질은 저하되어 소비계층 기호에 맞춘 제품을 전문적으로 생산하는 소규모 공방이 생겨났으며 화려하고 우수한 품질의 나전칠기 제품들을 선호하면서 여기에 편승하여 소위 짝퉁 생산이 늘어났다. 소자본 경영을 하는 작은 규모의 소위 짝퉁 공방이 늘어났으며 이는 오히려 나전칠기가 사양산업의 길로 접어들기 시작하는 원인이 되었다. 재료의 변용과 제작 공정 생략으로 생산된 제품은 오히려 나전칠기 문화와 업계에 역효과를 불러왔다.

자본과 인맥을 동원하는 경영인이 등장하였다. 이들은 장인 출신이 아니라 오로지 이익을 목적으로 하는 경영자들로 제품은 전통 공정 생략과 재료의 변용으로 그들 이익에 알맞은 제품을 제작하였다. 전통 장인들은 자본을 가진 경영자들에게 고용되거나 종속되어 이들이 요구하는 수준의 제품을 제작할 수밖에 없는 환경이었다. 생계를 위하여 전통의 길을 포기하고 종속된 나전칠기 장인으로 삶의 방향을 모색해야만 했으며 이는 다른 장인들에게도 영향을 주었다. 이들이 제작한 나전칠기는 싸구려와 저질 제품을 대변하고 염가 나전칠기를 양산하는 환경으로 점점 변하였으며 이는 전국적으로 유행되었다.

특권층의 소유물이 아닌 대중들 누구라도 소유하고 가질 수 있는 제품이 되었으나 비록 염가 물건이지만 제품 소유를 통하여 다른 사람에게 '과시'하려는 경향이 두드러지게 되었다. 이러한 사회적 분위기에 영합한 나전칠기는 통영지역뿐 아니라 전국적으로 엄청난 경제적 풍요를 누리는 환경을 맞이하였으며 제품도 점점 대형화되었다. 이후 몇몇 장인들이 이러한 호황에 편승하여서 새로운 길을 모색 하는듯하였으나 오래 계속되지 못하였으며 나전칠기 산업은 점점 사양화 길을 걷게 되었다.

염가(廉價) 지향의 소비자층 증가로 마치 "악화가 양화를 구축한다."는 그레샴의 법칙처럼 새로운 수요층이 대두하면서 나전칠기 제품의 재료와 제작 공정의 변화가 생겼다. 이런 구조는 고가 혹은 중저가의 제품을 생활수준에 맞추어 남을 눈을 의식하지 않고 구매하고자 하는 소비자의 심리에 편승하였다. 소자본으로 경영하는 작은 규모의 소위 짝퉁 공방(모방 나전칠기)이 늘어났으며 이는 오히려 사양길로 접어드는 원인으로 작용하게 되었다. 재료 변용과 생산공정 생략으로 제작된 제품은 오히려 나전칠기 업계의 '사양화(斜陽化)'를 촉진하였으며 명백히 서양 명품과 짝퉁 간의 적대적 공생관계는 나전칠기에서 통하지 않았다. 결국 모방 나전칠기는 싸구려와 저질 제품을 대변하는 염가의 나전칠기를 양산하는 환경으로 점점 변하여 스스로 무덤을 파고 헤어날 수 없는 수렁으로 점점 빠지고 있었다.

여기에 정부 세정 정책과 지방자치 당국의 무관심도 나전칠기업의 몰락을 촉진하였다. 1970년대에 사치성 산업으로 분류되어 물품세(특별소비세)라는 별도의 세금 부과를 피해 장인들은 음지로 들어갔으며 정부 정책에 대단히 불신했다. 나전칠기기술원 양성소를 이어 충무시 공예학원, 충무 공예연구소가 존재하면서 통영지역의 나전칠기 문화를 지탱하는 근간이 되었다. 그러나 지자체가 외면하면서 제도적으로 마련되어 있던 시스템마저도 폐쇄되고 장인의 육성은커녕 새로운 나전칠기 문화를 이어 갈 수 있는 인프라 구축은 점점 퇴보하고 있었다.

영세한 제작 환경과 장인의 생활고는 나전칠기 기술을 자본에 예속하게 하였다. 전통 장인들은 자본을 가진 경영자들에게 고용되거나 종속되어 이들이 요구하는 수준의 제품을 제작할 수밖에 없는 환경이 되었다. 값싼 모방에 관심을 기울이는 상황이 되면서 이제 나전칠기 제품을 제작하는 장인정신은 약화되었고, 전람회와 공모전 수상의 영광은 소위 작가라는 사회적 신분 상승이라는 개인 욕망 달성의 수단으로 전락하였다. 여기에 순응하지 못한 몇몇 남지 않은 공방은 주인이 혼자 자리를 지켜 오고 있는 상황으로 되었으며 이마저도 결국 생계를 위하여 나전칠기 장인으로 남기를 거부하고 이직하는 현상은 점점 증가하여 얼마 남지 않은 그 흔적조차도 소멸하고 있었다.

통영에서는 나전칠기 장인들이 많이 활동하였으나 아쉽게도 이들은 변화하는 환경에 순응하는 적절한 대응이 부족하였다. 나전칠기를 제작하는 장인들 스스로가 변화하는 시대에 맞추어 그 흐름을 함께하지 못했던 것은 장인들이 대응을 회피한 것이 아니라 새로운 문화의 변화에 순응하고 함께하는 방법을 알지 못했다. 변화하는 산업 환경과 주거 환경에 순응할 수 있는 양식과 의장과 형태와 기능 등 현대 감각적인 디자인 부재로 소비자를 만족시키지 못하였으며 정부 정책과 제도 또한 뒷받침되지 못하였다. 통영지역 나전칠기 사양화 원인을 여러 문헌에서 지적하듯이 장인들은 스스로 부족함을 채우지 못한 채 그들만의 전유물이라는 공간에 머물러 있었다.

단편적인 것만 바라보는 시각에 국한되어 있었다. 이것은 정규교육 과정 부재와 체계화된 범위 속에서 배움이 이루어지지 않은 결과로서 단순 기능 습득을 우선으로 하는 장인 문화의 불편한 단면이었다. 오로지 앞만 바라보고 하나만을 추구하며 이것이 아니면 안 된다는 아집의 인식에서 비롯되어 발전과 한계에 봉착하는 요인이 되었다. 이러한 요인에도 불구하고 뜻있는 몇몇 장인들에 의하여 통영지역 전통 나전칠기 문화는 간신히 이어 오고 있으나 현실은 암울하였다. 과거 여기에 종사했던 장인들은 고인이 되거나 거의 이직하여 실낱같은 희망을 겨우 유지한 채 몇몇 장인에 의해 간신히 이어지고 있는 상황이 통영지역 나전칠기 문화와 산업의 현실이었다. 여러 가지 사회 현상 등 복합적인 요인을 극복하지 못한 채 전통 장인이 보유한 전통문화 계승과 유지, 존속이라는 숙제를 해결하지 못한 채 설 자리를 차츰 잃어 가고 있었다.

통영 나전칠기는 우리나라 나전칠기 문화 발전의 바탕으로 기초적인 초석을 이루어 발전해 왔으며 지금까지도 그 중심 위치에 우뚝 서

있다. 그러나 지금 통영지역 나전칠기는 마치 외줄 타기를 하듯이 전통 보존이라는 명목으로 겨우 이어 가는 실정이다. 불편하지만 주어진 현실은 직시해야 하며 나전칠기 하면 통영이라는 인식을 심어주기 위해서는 장인, 지역민, 지자체 관련 기관의 계획적이고 체계적인 서로의 노력이 필요함에도 모두 무관심으로 일관하고 있다. 그렇다고 여기에서 안주할 수 없는 일이기에 다시 과거의 그 영광을 재현하기 위한 통영 나전칠기 산업의 근대적 궤적과 눈앞에 놓인 현실을 보면서 올바른 방향으로 나아가기 위하여 몇 가지 제언하고자 한다.

첫째, 지자체가 앞장서서 우리 고유의 통영 나전칠기 산업이 가지고 있던 기반을 잘 활용하여 '나전칠기의 대중화와 고급화' 노력이 요구된다. 통영 나전칠기가 새롭게 태어나고 창조적인 우리 전통문화로 생환하기 위해서는 지자체가 중심이 되어 새로운 나전칠기 문화 콘텐츠 개발을 선도하여 지역 장인들에게 제시하는 시스템이 요구된다. 즉 장인 개인이 디자인부터 홍보, 제작, 판매, a/s까지 소화해 내기에는 거의 불가능하므로 나전칠기 분야를 전담하는 조직적 네트워크를 구성하여 지원해야 한다. 당장 눈앞에 나타나는 이익과 성과는 없어도 먼 미래를 내다보고 과감한 투자가 이루어져야 통영의 나전칠기 문화는 과거의 영광을 재현하는 밑거름이 되어 '통영' 하면 '나전칠기'라는 말을 들을 수 있을 것이다. 과거 지자체에서 어떤 정책을 시행하느냐에 따라서 나전칠기 산업의 발전에 상당히 중요한 역할을 하였으며 영향력 축소와 무관심 상황과 함께 나전칠기 산업도 동반 하락하는 지금의 상황과 비교된다.

둘째, 체계적이고 조직적인 기능인 양성 시스템 구축과 나전칠기 전문 공예연구소 설립이 필요하다. 기능인 양성은 과거 기술원 양성소에서 보듯이 여기에서 배출된 기능인은 통영지역뿐 아니라 우리나라 전국의 각 지역에서 나전칠기 문화의 기둥이 되고 있다. 물론 기능인 양성이 하루 이틀에 이루어지는 것은 아니나 인재 양성과 발굴하는 구체화한 시스템 구축과 전문 연구소 없이는 새로운 장르의 나전칠기 문화 창조는 있을 수 없다. "사람이 있어야 만들어 내지요. 사람을 길러 내야 해요."라는 송주안의 말이 새삼 다가온다. 기능인 양성을 위한 교육기관이 설립되면 이곳을 중심으로 통영 나전칠기 문화가 새롭게 나아가고자 하는 방향성을 제시할 수 있을 것이다. 교육기관은 인재 양성뿐만 아니라 다양한 역할을 담당하는 중심 센터로서 그 역할과 더불어 캠페인과 홍보 활동 등을 위한 인프라 구축을 제시할 수 있는 기구로, 나전칠기 교육기관과 연구소 설립에 지역 시민들도 힘을 함께하는 것이 적극적으로 필요한 시점이다.

셋째, 통영지역 장인들의 단합과 협동이 필요하며 이를 지원하는 지자체의 시스템도 필요하다. 예를 들어 지역 장인들이 함께 모여 전시회를 열어서 토론도 하고 또 나전칠기 문화가 새로운 방향으로 나아가기 위한 세미나도 개최하고 연구회를 조직하여 성과물을 내는 등의 지원 역할을 지자체에서 수행하여야 한다. 장인 개인이 수행하기에는 역부족이며, 이해관계에 따라서 서로 다른 목소리를 내고 주장만 하다 보니 장인들 사이에 서로 반목과 갈등으로 각자도생하는 환경이 되어 구심점 없이 서로 돌아올 수 없는 길을 가고 있는 현실이다. 서로 배타적이고 이기적인 환경에서 각자 이권을 위해 경쟁하고 있으며, 영세성도 면하지 못하고 협업을 위한 시스템 부재와 함께 근시안적인 시각으로 안주하고 있는 장인들의 반성도 필요하다. 단순하게 지자체 지원금 몇 푼으로 해결할 문제가 아니라 장인들에게 실질적인 도움이 되는 방안을 지역 장인들과 함께 지혜를 모아 불편한 요인을 해소해야 한다.

넷째, 새로운 나전칠기 문화를 창조를 위한 장인들 스스로 혁신이 요구된다. 우수한 품질의 공예품이 제작되기 위해서는 현대 감각적인 디자인, 기능, 형태, 재료 개발, 제품의 다양성이 필요하며, 동시에 장인 스스로 자기만의 세계를 구축해야 한다. 이를 위하여 끊임없는 연구와 노력으로 새로운 변화를 수용하고 선도하고, 현대와 전통이 공존하는 다양한 콘텐츠 개발을 위한 적극적인 노력이 필요하다. 나전칠기 문화를 새롭게 부흥하고 과거 영화를 회복하기 위해 정기적인 국내외 전시회 개최와 연구 세미나, 유통과 판매 전략, 양성 체제에 따른 교육 기회 등 다양한 형태로 지자체 주도의 제도적, 정책적 지원이 있어도 장인들 스스로가 새로운 인식과 시대에 순응할 수 있는 역량을 보유하지 않으면 새로운 길은 요원할 것이다.

시대 변화와 흐름을 파악하고 넓은 시야와 안목 그리고 밖을 보는 열린 세계관 등이 부족하고 제한적인 여건으로 창조적인 새로운 문화를 개인이 짊어지고 가기에는 버거운 과제이다. 시대 정체성은 차치하고라도 공예의 본질인 쓰임새에 부응하는 생각과 이념 그리고 쓰임새에 알맞은 것을 만들겠다는 의지가 함축된 예술적인 감각을 키울 수 있는 교육 인프라 구축이 시급한 과제다. 시장에서 조개를 까고 버려지는 흔한 껍데기지만 정성을 다해 가공한 것을 나전칠기 작품에서 하나의 보석으로 존재 가치를 높이도록 하는 안목을 키울 수 있는 공예 교육이 필요하다. 우리 전통을 유지하고 시대에 대한 변화의 대응과 함께 정책 뒷받침이 함께하면 오랜 세월이 흘러도 통영 나전칠기의 아름다움과 더불어 과거 영화를 재현할 것이다.

요컨대, 21세기 문화에 대한 인프라는 사회 환경의 변화와 요구에 따라 변질과 소멸의 위험성을 항상 내포하고 있다. 특히 중요 무형문화는 가업을 이어 가거나 전승자가 지정되지 못하면 자생력이 약화되어 사라질 위기를 맞이하는 가능성과 취약성 때문에 후계자 양성 및 전승을 위한 여건의 구비가 요구된다. 통영지역 중요 무형문화가 세계화 시대에 미래 세대까지 온전히 전승되어 이어질 수 있도록 장인들이 지켜온 역사적 소명 보존과 지역 문화의 위상을 기억해야 한다. 통영지역 중요 무형 문화유산의 하나인 나전칠기는 그 정통성과 맥을 보존하기 위하여 역사적으로 존경과 존중을 받을 수 있는 환경 조성 및 선대 장인들에 대한 선양 사업이 이어져야 한다. 한자의 뜻대로 정말 "무형"이 되지 않도록 지역 문화의 정체성 확립과 통영 나전칠기의 문화적 통합을 위해서는 장인들의 노력은 당연하며 특히 통영 지역주민들과 지자체의 적극적인 관심과 애정과 호응이 요구된다.

1. 기본 자료

『조선왕조실록』, 『승정원일기』, 『순종실록 부록 6권』, 『宣和奉使高麗圖經』, 『東國文獻備考』, 『경국대전』 제6권 공전, 재식, 법제처, 『해동역사』 제35권, 『청장관 전서』 제58권, 『高麗史節要』第19卷, 『新增東國輿地勝覽』 제3권, 『朝鮮總督府官報』(1918), 『朝鮮總督府施政年報』, 『朝鮮年鑑』, 『조선휘보』, 『조선 공장 명부』, 『관보』 제5931호(1971).
「한국사 데이터베이스」, 「한국근현대인물자료 편」, 「한국고전용어사전」, 「2001. 3. 30 세종대왕 기념 사업회」.
『매일신보』, 『동아일보』, 『부산일보』, 『조선신문』, 『경남도민일보』, 『民主衆報社』, 『한산신문』, 『마산일보』, 『경향신문』, 『경남매일신문』, 『시대일보』, 『중외일보』, 『漢城旬報』, 『서울신문』, 『京城日報』, 『皇城新聞』, 『자유신문』, 『상공일보』, 『매일경제』, 『울산신문』, 『문화재 뉴스』, 『ECNOMY Choun』, 『경기일보』, 『대한일보』, 『삼천리』.

2. 학위 논문

강종훈, 『충무시의 도시 지리 연구』, 고려대 교육대학원 석사학위논문, 1981.
강혜영, 『한국 근대 가구에 관한 연구(1880~1960년 의류 수납 가구를 중심으로)』, 홍익대학교 산업미술대학원 산업 공예 전공 석사학위논문, 2002.

곽대웅,『韓國螺鈿漆器研究』, 홍익대학교 대학원 석사학위논문, 1978.

김성수,『統營螺鈿漆器의研究』, 홍익대학교 산업미술대학원 석사학위논문, 1974.

김시연,『충무 나전칠기 산업의 생산·유통구조』, 경북대학교 교육대학원 석사학위 논문, 1995.

김영애,『한국 전통수공업과 장인 사회변천에 관한 연구』, 이화여자대학교 디자인대학원, 디자인학과 디자인 매니지먼트 전공 석사학위논문, 2010.

김재원,『조선시대 가구의 형태에 따른 구성 요소와 목리의 상관관계분석』, 중앙대 대학원 디자인학과 산업 공예 전공 박사학위논문, 2011.

김정수,『개항 이후 사회변동요인이 주택 양식 및 실내 구성에 미치는 영향』, 이화여자대학교 대학원 석사학위논문, 1983.

김태훈,『지방정부의 전통공예산업 정책에 관한 연구(통영 나전칠기 산업의 사례)』, 창원대학교 행정학과 석사학위논문, 2001.

노기욱,『조선시대 생활 목가구 연구』, 전남대학교 대학원, 문화재 협동 과정, 박사학위 논문, 2011.

박명도,『전통공예 의장 의미체계의 전승과 변화』, 경북대학교 대학원 고고인류학과 석사학위 논문, 1992.

박성림,「한국 나전칠기 산업의 지리학적 고찰」, 이화여자대학교 대학원, 석사학위 논문, 1987.

박숙현,『조선시대 나전칠기의 조형미에 관한 연구(안방 가구를 중심으로)』, 숙명여자대학교 대학원 석사학위 논문, 1999.

배광우,『고려시대 나전 모란 당초문 경함의 재현 제작 연구』, 용인대학교 문화재 대학원 석사학위 논문, 2017.

배민재,『1910년대 조선총독부 임시은사금 사업의 운영 방향과 그 실제』, 서울대학교 대학원 석사학위 논문, 2008.

서양열,『기능 장려 제도의 개선방안에 관한 연구』, 호남대학교 복지 행정 대학원 석사학위 논문 2006.

서지민,『이왕직미술품제작소 연구: 운영과 제작품의 형식』, 이화여자대학교대학원 미술사학과, 2014.

성강현,『6·25전쟁 시기 천도교계 포로의 전향과 종교활동에 관한 연구』, 동의대학교 대학원 박사학위 논문, 2015.

성윤석,「통영지역 목가구 제작 기술의 전승과 변화」, 안동대학교 대학원 민속학과 물질문화 전공 석사학위논문, 2007.

신영식,『근대 이후 한국가구의 양식변천에 관한 연구』, 홍익대학교 대학원 석사학위 논문, 1990.

엄승희,『일제강점기 도자 정책과 제작구조 연구』, 숙명여자대학교 대학원 박사학위 논문, 2009.

유문두,『통영 나전칠기의 활성화 방안 연구』, 경남대학교 산업대학원 산업미술학과 석사학위 논문, 2006.

이동일,『칠공예의 역사적 기원에 관한 연구』, 계명대학교 교육대학원 미술교육 전공 석사학위 논문, 1981.

이란희,『조선시대의 나전 연구』, 이화여자대학교 대학원 미술사학과 석사학위 논문, 1993.

이상호,『우정 유강렬론』, 동아대 대학원 석사논문, 1988.

이수영,『한국 전통 칠공예의 나전기법에 관한 연구』, 단국대학교 교육대학원 미술교육 전공 석사학위 논문, 2003.

이종애,『근대 한국공예의 사회적 양상 연구』,숙명여자대학교 대학원 미술사학과 한국미술사 전공 석사학위 논문, 1990.

이지영,『조선 미술 전람회 공예부 연구』, 동아대학교 대학원, 고고미술사학과, 석사학위논문, 2016.

이진영,『개항 이래 한국 전통 가구의 양상과 변천에 관한 연구』, 이화여자대학교 대학원 응용미술학과 석사학위논문, 1980.

이태희,『1930년대 조선총독부 중앙시험소의 위상 변화: 수공업 기술 연구기관에서 자원조사 및 개발 연구기관으로』, 서울대학교 대학원 석사학위논문, 2008.

전지영,『일제강점기 임시은사금의 분배와 성격에 관한 연구』, 강원대학교 대학원 석사학위 논문, 2008.

정복상,『조선 후기 경상도반닫이와 전라도 반닫이의 조형 의식에 관한 연구』, 대구대학교 대학원 박사학위 논문, 2003.

정우태, 『충무 나전칠기에 관한 연구』, 경상대학교 대학원 임산공학과, 석사
학위논문, 1992.

정윤희, 『1910년대 지방 물산 공진회 연구』, 한양대학교 대학원 석사학위논
문, 2016.

정지희, 『20세기 전반 한국 은 공예품 연구』, 고려대학교 대학원 미술사학 전
공 박사학위 논문, 2016.

정호경, 『한국 근대기 미술의 제도화 과정 연구: 개항 후한일 합방까지를 중
심으로』, 한국예술종합학교 미술원 석사논문, 2005.

조현경, 『고려시대 나전칠기에 관한 연구』, 동아대학교 대학원 사학과 석사
학위논문, 2000.

최공호, 『조선 말기와 근대의 나전칠기 연구』, 홍익대학교 대학원 미술사학
과 석사학위 논문, 1987.

최공호, 『韓國 近代 工藝史硏究(制度와 理念)』, 홍익대학교 대학원 미술사학
과 박사학위 논문, 2000.

최행수, 『나전칠기의 문양 분석(18, 19세기를 중심으로)』, 경기대학교 전통
예술대학원 고미술 감정 학과, 석사학위 논문, 2003.

한단아, 『일제강점기 나전칠기 정책과 제작 연구』, 홍익대학교 대학원 미술
사학과 석사학위 논문, 2020.

3. 학술 논문

강만길, 「조선 후기 수공업자와 상인과의 관계」, 『아세아 연구』 제9권 3호,
1966.

곽대웅, 「통영 소목 공방의 특성」, 『전통 공예의 산실 통영 공방의 재조명 학
술 발표회』, 경상남도 문화재청, 1999.

김근배, 「대한제국 초기: 일제 초 관립 공업 전습소의 설립과 운영」, 『한국문
화』 vol. 18, 서울대 한국문화연구소, 1996.

김일룡, 「통영 나전칠기 역사」, 『통영문화』 12호, 통영문화원, 2011.

김일룡, 「통제영 공방 연구」, 『통영 향토사 연구논문집』, 통영문화원, 2000.

김재홍, 「일제강점기 통영 도시계획의 배경과 집행과정에 관한 연구」, 『사회 과학논집』, 울산대학교, 1999.

김헌선, 「한국 장인의 예술과 정신세계(나전칠기 인간문화재를 중심으로)」, 고려대학교 한국학연구소 한국학 연구학회, 1997.

김현구, 「조선 후기 통제영의 공해 구성과 변천」, 『역사와 경계』 제83호, 2012.

노유니아, 「조선 나전사와 한국 근대 나전칠기」, 도쿄대학 인문 사회계 연구 과, 2016.

박종분, 「답사 여행의 길잡이 11: 한려수도와 제주도」, 한국문화 유산답사회, 2008.

손영학, 「경남 통영의 나전칠기 연구」, 향토사연구회 학회, 2003년.

송방웅, 「통영 나전칠기의 회고와 전망」, 통영 여성 포럼, 2011.

서유승·고정훈, 「옻칠 문화 계승을 위한 통제영 12 공방에 관한 연구: 상· 하 칠 방의 옻 칠예가 타 공방에 끼친 영향을 중심으로」, 『한국상품 문화 디자인학회 논문집』 47권, 한국 상품문화디자인학회, 2016.

신희경, 「조선 후기 나전 유물에 관한 연구: 나전 베갯모(민족 1172)의 분석을 중심으로」, 『한국디자인문화학회지』 제19권 제4호, 2013.

안현정, 「조선미술전람회 공예 부의 일본화 경향에 관한 연구」, 『한국디자인 문화학회지』, 2011.

엄승희, 「일제강점기 관립 중앙시험소의 도자 정책 연구」, 『미술사학 연구』 제267호, 한국미술사학회, 2010.

원유한, 「조선 후기 화폐 유통구조 개선론의 일면」, 『역사학보』 56집, 1972.

이가연, 「진남포의 '식민자' 토미타 키사쿠(富田儀作)의 자본 축과 조선인」, 『지역과 역사』 38, 2016.

이광웅, 「조선시대 나전칠기 문양의 조형적 특징에 관한 연구」, 기초조형학 연구학회, 2009.

이규수, 「후지이 간타로의 인천진출과 한국경영」, 『개항장 일본과 제조 일본 인 보고서』, 2015.

이동일, 「지방 공예문화의 행정적 기술에 관한 연구: 충무시의 전통공예품을 중심으로」, 부산대 예술대학 미술학과, 1993.

이영수, 「20세기 초 이왕가 관련 금강산도 연구」, 『미술사학 연구』 271, 한국 미술사 학회, 2011.

이인범, 「한국 박물관 제도의 기원과 성격, 국민 국가주의에서 그 너머에로」, 『미술사 논단』 제14호, 2002.

이형만, 「한국 전통 나전칠기의 우수성」, 아시아 민족 조형학회 국제학술회, 2000.

임승택, 「나전장(螺鈿欌) 김봉룡의 작품 문양 연구」, 『한국 화예 디자인학 연구』 29권, 2013.

장주영, 「한국 근대기의 공예 상황: 근대공예의 구조와 생산과정에 개입한 정치적, 이념적 요인의 연구」, 『디자인학 연구』, 한국디자인 학회, 2013.

조기준, 「경제발전과 경제 의식의 변천, 국민 의식과 국민발전」, 한국 정신문화연구원, 1982.

주영하, 「문화체계로서의 기술: 중국 이족의 옻칠 기술을 중심으로」, 『비교문화연구』 제5호, 1999.

조석래, 「나전칠기 공예의 중심은 통영이다」, 『통영문화』 12호, 통영문화원, 2011.

차철욱, 「전근대 군사도시에서 근대 식민도시로의 변화: 경남 통영의 사례」, 한일관계사학회, 2014.

최공호, 「일제강점기의 전통 공예(나전칠기를 중심으로)」, 『홍익미술』 8, 홍익대학교 미술대학, 1986.

최영숙, 「고려시대 나전칠기 연구」, 미술사연구회 학회, 2001.

한홍열, 「한국 목기 공업에 관한 소고(남원목기를 중심으로)」, 『청주대학교 사범대학 논문집』 제18집, 1986.

허영란, 「21세기 역사학을 찾아서: 한국 구술사의 현황과 대안적 역사 쓰기」, 『역사비평』 통권 102호, 2013.

4. 단행본

고동환 외, 『한국사 33: 조선 후기의 경제』, 국사편찬위원회, 1997.

곽대웅, 『고려 나전칠기 연구』, 미진사, 1984.

국립중앙박물관 편, 『나전칠기: 천년을 이어온 빛』, 고호 출판사, 2006.

권상오, 『칠공예』, 조형사, 1997.

김원룡, 『韓國美術史』, 범문사, 1968.

김인호, 『태평양전쟁기 조선공업 연구』, 신서원, 1998.

김종태, 『韓國手工藝美術』, 예정 산업사, 1991.

동화출판공사 편집부, 「목칠공예」, 『한국 미술 전집』, 동화출판공사, 1974.

목요학술회, 『시민 시대』, 9월호, 2010.

문화재청, 「빛의 예술 나전칠기」, 『월간 문화재 사랑』 12, 2012.

부산근대역사관, 『근대 나전칠기 공예』, 2014.

富田精一, 『富田儀作 傳』, 1936.

山口豊正, 『朝鮮の硏究』, 巖松書堂店, 1911.

山本精一, 『慶南統營郡案內』 第七, 工業及商業 編, 1915.

서영희, 『대한제국 정치사 연구』, 서울대학교 출판부, 2003.

안병선, 『21세기 황금시장 문화산업』, 매일경제 신문사, 2000.

여박동, 『일제의 조선 어업지배와 이주어촌형성』, 보고사, 2002.

예용해, 『인간문화재』, 어문각, 1963.

윤택림 · 함한희, 『새로운 역사 쓰기를 위한 구술사 연구 방법론』, 아르케, 2006.

이경성, 『한국근대미술연구(韓國近代美術硏究)』, 동화출판공사, 1974.

이상태, 허영란, 『구술과 문헌의 경계를 넘어서: 현황과 방법, 구술 · 구술자료 · 구술사』, 국사편찬위원회, 2004.

이종석, 『韓國美術史』, 예술원, 1984.

이종석, 『韓國의 木工藝』, 열화당, 1986.

이태희, 『민속학 연구』 10, 국립 민속박물관, 2002.

임태윤, 고순욱, 최봉수, 『생활 속의 디자인』, 경남대학교 출판부, 2003.

정해조, 『나전장, 국립문화재 연구소』, 민속원, 2006.

조석래, 『통영 나전칠기 공예연구』, 풍해문화재단, 2009.

조선총독부 식산국 편찬, 『조선공장 명부(소화 7년판)』, 사단법인 조선 공업
　　　협회, 1932.

中村資良 編, 『朝鮮銀行會社要錄』」, 東洋經濟新報社, 1921.

최석남, 『한국 수군사 연구』, 오양사, 1964

통영문화원, 『통영시 새 주소 도로명 지명유래집』, 2011.

통영상공회의소, 『통영상공회의소 66년사』, 2002.

통영 시사 편찬위원회, 『統營市地』(상), 1999.

한국 구술사 연구회, 『구술사』, 서울 선인, 2005.

한국 나전칠기 보호 협회, 『한국 월간 나전칠기 · 목칠공예』 7, 9월호, 1989.

이원복, 「목칠공예」, 『한국미의 재발견』, 솔 출판사, 2005.

黑田甲子郎 編, 『元帥寺內伯爵伝(원수寺內백작전)』, 1921년(대정 9년) 발행.

吉廣さやか, 『学習院大学史料館所蔵 朝鮮関連螺鈿漆器三点とその時代』-寺
　　　内正毅の螺鈿細工奨励から朝鮮之螺鈿社, 学習院教材まで, 学習院大
　　　学史料館紀要 21號, 2015.

山本四郎(야마모토시로) 篇, 京都女子大學 研究叢刊5 『寺內正毅 日記: 1900~
　　　1918』, 京都女子大學 發行.

5. 인터넷 사이트

http://www.hanryeotoday.com/news/articleView.html?idxno=20876

http://blog.naver.com/shinc0503/220797405105

http://www.koreanart21.com/column/history/view?id=4685&page=4

http://www.koya-culture.com/news/article.html?no=94269

http://2kim.idomin.com/2560

http://blog.naver.com/chilyounglee

http://blog.naver.com/PostView.nhn?blogId=artinkorea50&logNo=2020800045

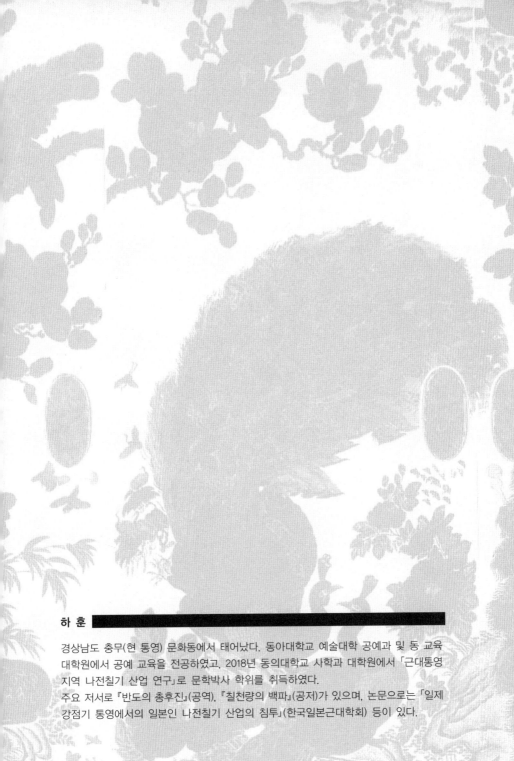

하 훈 ▉▉▉▉▉▉▉▉▉▉▉▉▉▉

경상남도 충무(현 통영) 문화동에서 태어났다. 동아대학교 예술대학 공예과 및 동 교육
대학원에서 공예 교육을 전공하였고, 2018년 동의대학교 사학과 대학원에서 「근대통영
지역 나전칠기 산업 연구」로 문학박사 학위를 취득하였다.
주요 저서로『반도의 총후진』(공역),『칠천량의 백파』(공저)가 있으며, 논문으로는 「일제
강점기 통영에서의 일본인 나전칠기 산업의 침투」(한국일본근대학회) 등이 있다.